国宏智库青年丛书

以创新推进供给侧结构性改革

Promote Supply-Side Structural Reform with Innovation

陈曦 ○著

中国社会科学出版社

图书在版编目（CIP）数据

以创新推进供给侧结构性改革 / 陈曦著 . —北京：中国社会科学出版社，2020.11

（国宏智库青年丛书）

ISBN 978 - 7 - 5203 - 7133 - 9

Ⅰ.①以⋯ Ⅱ.①陈⋯ Ⅲ.①中国经济—经济改革—研究 Ⅳ.①F121

中国版本图书馆 CIP 数据核字（2020）第 169186 号

出 版 人	赵剑英	
责任编辑	范晨星	周　佳
责任校对	李　莉	
责任印制	王　超	

出　　版	中国社会科学出版社
社　　址	北京鼓楼西大街甲 158 号
邮　　编	100720
网　　址	http://www.csspw.cn
发 行 部	010 - 84083685
门 市 部	010 - 84029450
经　　销	新华书店及其他书店

印　　刷	北京明恒达印务有限公司
装　　订	廊坊市广阳区广增装订厂
版　　次	2020 年 11 月第 1 版
印　　次	2020 年 11 月第 1 次印刷

开　　本	710×1000　1/16
印　　张	15.5
字　　数	216 千字
定　　价	88.00 元

凡购买中国社会科学出版社图书，如有质量问题请与本社营销中心联系调换
电话：010 - 84083683
版权所有　侵权必究

前　言

当前，世界经济格局深刻调整，中国经济发展步入新常态，宏观经济形势发生了诸多变化，经济体系持续运行面临着诸多矛盾和问题。中国已处在向创新驱动转变的关键阶段，也迫切需要通过供给侧结构性改革向高质量发展模式转变。供给侧结构性改革已成为今后一段时期中国经济社会发展的主线，而"适应和引领经济发展新常态，推进供给侧结构性改革，根本要靠创新"。

本书以创新与供给侧结构性改革的关系为研究对象，以经济创新理论为基础，从要素、企业、产业三个层面剖析中国以创新推进供给侧结构性改革的基本框架，对创新和全要素生产率增长、企业发展、产业结构优化升级的关系进行实证分析，对创新城市深圳进行案例分析。结合美、德、日、韩四国经验，研究中国目前的创新短板，提出坚持提升科技创新有效供给能力、着力培育发展创新型企业、促进产业创新发展的总体思路，并从四个方面提出了以创新推进供给侧结构性改革的对策建议。本书主要包括八个部分，相关内容包括：1. 提出研究背景和问题，总结现有研究和相关理论基础；2. 分析以创新推进供给侧结构性改革的基本理论及分析框架；3. 基于计量经济模型，从提高全要素生产率、促进企业发展、优化产业结构三个层次，对以创新推进供给侧结构性改革的理论进行实证检验；4. 以深圳为例，对以创新推进供给侧结构性改革的理论进行地区案例研究；5. 分析美、德、日、韩四国在以创新推进供给侧改革和结构性调整等方面的经验，提出对中国的启示；6. 分析中国供给侧结构性改革的创新短板；7. 提出在中国以创新推进供给侧结构性改革的政策建议；8. 总结主要结论。

　　本书对创新和供给侧结构性改革的关系和契合点进行了厘清，提出创新是推进供给侧结构性改革的现实路径选择、根本动力，是推进供需两侧共同发展的有效手段。从夯实要素基础、激发主体活力、带动产业结构优化升级三个层级，提出以创新推进供给侧结构性改革的基本框架。具体来说，在要素层面，通过创新优化要素配置结构、提高全要素生产率、强化供给体系的基础设施网络支撑；在市场主体层面，通过创新提升市场主体的发展水平和素质、形成市场主体多样化协同发展的新格局；在产业层面，通过创新加快发展壮大战略性新兴产业、大力提升传统产业质量和效益。运用计量经济模型，对上述基本框架进行了实证分析，证明了创新对提高全要素生产率、促进企业发展和优化产业结构的显著正向作用。通过深圳的地区案例分析，再一次证明了创新对于供给侧结构性改革的积极作用。对美、德、日、韩四国通过创新举措提高要素生产率、降低企业成本、调整产业结构以及合理界定政府和市场关系、打造创新战略的国家顶层设计等有益做法进行了梳理和研究。对中国存在的要素支撑不够、企业和产业创新能力不足、创新的体制机制政策等环境有待完善等方面的创新短板进行了总结。最后，提出要坚持提升科技创新有效供给能力、着力培育发展创新型企业、促进产业创新发展的总体思路，不断筑牢供给侧结构性改革基石，始终抓牢供给侧结构性改革主体，进而完成供给侧结构性改革的各项任务目标。从不断强化要素基础、明确企业创新主体地位、推进产业结构优化升级、加强体制机制保障四个方面，提出了中国以创新推进供给侧结构性改革的政策建议。

　　供给侧结构性改革是一个宏大的研究课题，笔者能力和水平有限，有些问题不一定能够把握准确，有些内容也需更加深入的研究，敬请读者批评指正。

目　录

第一章　绪论 ……………………………………………………（1）
　　一　供给侧结构性改革的提出背景 ………………………（1）
　　二　关于创新与经济发展的国内外研究 …………………（4）
　　三　关于供给侧结构性改革的国内外研究 ………………（16）
　　四　关于以创新推进供给侧结构性改革的相关研究 ……（25）
　　五　评述 ……………………………………………………（29）

第二章　以创新推进供给侧结构性改革的基本理论及
　　　　分析框架 ……………………………………………（31）
　　一　创新的概念和基本理论 ………………………………（31）
　　二　中国供给侧结构性改革的基本理论和分析框架 ……（40）
　　三　创新与供给侧结构性改革的关系 ……………………（46）
　　四　以创新推进供给侧结构性改革的基本框架 …………（54）

第三章　以创新推进供给侧结构性改革的实证分析
　　　　——基于计量经济模型 ………………………………（63）
　　一　基于创新提高全要素生产率角度的测度 ……………（63）
　　二　基于创新促进企业发展角度的测度 …………………（77）
　　三　基于创新推动产业结构优化角度的测度 ……………（90）
　　四　结论 ……………………………………………………（103）

第四章 以创新推进供给侧结构性改革的案例研究
　　　　——以深圳为例 ……………………………………（107）
　　一 深圳供给侧结构性改革的主要阶段和发展现状………（107）
　　二 深圳经济供给侧的发展及其结构性特点 ……………（115）
　　三 深圳以创新促改革的主要做法 ………………………（120）
　　四 深圳以创新推进供给侧结构性改革的经验与启示……（124）

第五章 发达国家以创新推进供给侧结构性相关改革实践的研究 ………………………………………（126）
　　一 美国以创新推进供给侧结构性相关改革实践的研究……（127）
　　二 德国以创新推进供给侧结构性相关改革实践的研究……（137）
　　三 日本以创新推进供给侧结构性相关改革实践的研究……（146）
　　四 韩国以创新推进供给侧结构性相关改革实践的研究……（158）
　　五 发达国家通过创新推进供给侧结构性相关改革的
　　　　经验与启示 …………………………………………（164）

第六章 中国供给侧结构性改革的创新短板分析……………（169）
　　一 中国以创新推进供给侧结构性改革取得一定成效……（169）
　　二 中国供给侧结构性改革中的创新短板 ………………（175）

第七章 以创新推进供给侧结构性改革的总体思路和对策建议 ……………………………………………（194）
　　一 以创新推进供给侧结构性改革的总体思路 …………（194）
　　二 以创新推进供给侧结构性改革的对策建议 …………（197）

第八章 结论 …………………………………………………（208）
　　一 研究对象的概念界定 …………………………………（208）
　　二 创新与供给侧结构性改革的关系 ……………………（209）

三　以创新推进供给侧结构性改革的基本分析框架 ……… (210)
四　以创新推进供给侧结构性改革的实证研究结论 ……… (210)
五　中国以创新推进供给侧结构性改革的总体思路和
　　对策建议 ……………………………………………… (211)
六　展望 ………………………………………………………… (211)

参考文献 ……………………………………………………… (213)

后　记 ………………………………………………………… (239)

第一章 绪论

一 供给侧结构性改革的提出背景

(一)中国已经处于向创新驱动转变的关键阶段

中华人民共和国成立70年以来,中国的创新经历了从"向科学进军"到"科学技术是第一生产力",从"科教兴国战略"到"建设创新型国家",再到"创新是引领发展的第一动力""创新驱动发展战略"的发展历程,反映了中国对创新发展认识的不断深化,更体现了创新发展战略在不同阶段的历史任务。党的十八大以来,国内外形势发生了重大变化,最显著的就是全球新一轮科技革命和产业变革与中国经济发展方式转变实现历史性交会。从国际看,全球科技创新呈现新的发展态势和特征,在各国政府应对国际金融危机的刺激政策下,以信息技术、生物技术和材料技术等相互融合为标志的新一轮科技革命和产业变革加速孕育兴起。发达国家不断加强技术创新,培育新兴产业,努力扩大出口和实施"再工业化"战略,加快抢占新一轮科技革命和产业变革的制高点;新兴市场国家积极扩大国内需求,大力培育新的增长动力,谋求更大的发展主动权。科技创新成为各国综合国力竞争的战略利器,全球创新版图正在加速重构。从国内看,中国经济发展进入新常态,发展动力由要素驱动、投资驱动转向创新驱动。中国人均国内生产总值已经超过1万美元,其中9个省(市)人均GDP超过全国平均水平,城镇化率达到60.60%,总体上已进入由中等收入向高收入国家、由工业化中期向后期迈进的阶段。同时，中国数量型"人口红利"将逐步消失，劳动力成本将不断上升，资源环境约束日趋强化，要素成本上涨将是不可避免的、持续的并且是合理的趋势，依靠资源、资本、劳动力等要素投入的传统经济发展方式已难以为继。中国现有产业结构仍然以劳动密集型、资源密集型产业为主，技术密集型产业比重低。高技术产业虽然规模增长较快，但很多核心技术仍未掌握。

总体上看，经过改革开放40余年的高速发展，中国经济总量已稳居全球第二，人均GDP超过1万美元。但面对经济社会发展中的突出矛盾和问题，面对全球新一轮科技革命和产业变革的重大机遇和挑战，面对跨越中等收入陷阱的历史任务和要求，增长模式转变迫在眉睫，发展动力转换刻不容缓。在这种背景下，唯有实施创新驱动发展战略，才能扬长避短、趋利避害，促进产业结构转型升级和经济发展方式转变，提升国际竞争力，从根本上防范和化解产能过剩、资源短缺等各类风险和矛盾，保持国民经济持续健康发展。当前，中国已经处于向创新驱动转变的关键阶段。

（二）供给侧结构性改革是今后一段时期中国经济社会发展的主线和首要任务

2008年国际金融危机以来，世界经济格局深刻调整，全球竞争日益激烈，国际形势更加复杂。与此同时，中国经济发展进入新常态，经济运行中结构性矛盾凸显，其中矛盾的主要方面在供给侧。世界经济格局深刻调整，形成新竞争优势、确立中国全球定位需要供给侧结构性改革。习近平总书记在2015年指出，要解决世界经济深层次问题，单纯依靠货币刺激政策是远远不够的，必须下定决心在推进经济结构性改革方面做出更大努力，使供给体系更加适应需求结构的变化。《人民日报》2016年曾刊文指出，当前全球分工格局加快调整，各主要经济体都力求通过结构性调整提升各自在全球分工中的新位势，中国面临着"前有围堵、后有追兵"的双重挤压态势。这就要求中国从供给侧发力，加快产业结构的转型升级，打造国际竞争新优势，在全球分工中占有更有利位置，而其中的关键就是加快结构性改革。中国经济发展进入新常态，经济增长面临的诸多问题倒逼供给侧结构性改革。新常态下中国的宏观经济形势发生了诸多变化，经济体系的持续运行面临着诸多矛盾和问题。这些矛盾和问题在近期主要表现为"四降一升"，即经济增速下降、工业品价格下降、实体企业盈利下降、财政收入增幅下降、经济风险发生概率上升。这些问题主要不是周期性的，而是结构性的。中国供给体系存在的突出结构性矛盾主要包括六个方面。一是产能普遍过剩与需求结构升级矛盾突出，部分传统行业产能严重过剩，而高品质、高性能、高知识技术密集型产品以及医疗、教育等社会必需的基本公共服务供给不足。二是实体经济受成本上升等因素影响发展比较困难，而金融、房地产等经济规模快速扩张，在国民经济中的比重不断提高，经济结构性失衡问题日益凸显。三是市场主体多元化不够，存在"僵尸企业"，造成大量资源错配和浪费，有竞争力和创新能力的企业缺乏。四是劳动力供求结构性矛盾凸显，技能型人才特别是高技能人才供不应求，技能素质相对偏低的劳动力供大于求。五是金融结构与经济转型发展不适应，直接融资比重偏低，制造业、小微企业获得的信贷资源不足，金融资源分布城乡二元结构特征明显。六是科技成果数量众多与有效转化不足，科技成果数量众多，但重大成果、原始创新成果、集成创新成果且转化为现实生产力的较少。在这样的形势下，必须从供给侧结构性改革上想办法，努力实现供求关系新的动态均衡。中国明确提出要推进供给侧结构性改革，并将其作为"十三五"时期经济社会发展主线和今后一段时期建设现代化经济体系的首要任务。党的十九大报告进一步强调，"以供给侧结构性改革为主线，推动经济发展质量变革、效率变革、动力变革"，"建设现代化经济体系，必须把发展经济的着力点放在实体经济上，把提高供给体系质量作为主攻方向，显著增强中国经济质量优势"。这是以习近平同志为核心的党中央深刻把握中国经济发展大势做出的战略部署，是适应和引领经济发展新常态的重要举措，是适应后国际金融危机时期综合国力竞争新形势的主动选择。

（三）以创新推进供给侧结构性改革已成为各界共识

自供给侧结构性改革提出以来，各界专家学者纷纷提出创新是供给侧结构性改革的根本和核心动力、支撑和引领等相关论述。推进供给侧结构性改革必须正确处理好政府和市场、短期和长期、减法和加法、供给和需求的关系，抓好"三去一降一补"工作，加快推进产业结构转型升级，振兴实体经济，提高企业核心竞争力，提高生产要素质量和配置效率，但最根本的是要推进科技创新。这是因为，科技进步和创新是推动供给增长的核心力量，创新的水平决定供给的能力。习近平总书记明确指出，适应和引领经济发展新常态，推进供给侧结构性改革，根本要靠创新。要通过实施创新驱动发展战略，改造提升传统产业，推动新技术、新产业、新业态蓬勃发展，为经济持续健康发展提供源源不断的内生动力。

从目前看，尽管国内外学者对于供给侧结构性改革和创新驱动发展已有大量理论研究，也对创新在推进供给侧结构性改革中的重要作用达成普遍共识。但是，对于供给侧结构性改革和创新的关系，以创新推进供给侧结构性改革的基本分析框架，以及如何通过创新推进供给侧结构性改革，尚未形成系统的有深度的论述和研究成果。本书将通过后续的论述，从理论上厘清创新和供给侧结构性改革的内在关系，对创新推进供给侧结构性改革的传导机制和实现路径进行研究，力求丰富和完善供给侧结构性改革理论体系，进一步探索创新对经济发展质量提升和增长方式转变的作用。

二　关于创新与经济发展的国内外研究

大量理论和实证研究已经从各个角度证明，创新对经济发展具有重要的促进作用，这一点已经形成广泛共识。

（一）关于创新可以有效促进经济发展的相关研究

从以亚当·斯密（Adam Smith）为代表的古典增长理论，到以索洛（Solow）为代表的新古典经济增长理论，再到以罗默（Romer）为代表的内生增长理论，同时包括马克思主义政治经济学和制度经济学在内，创新对于经济发展的促进作用从理论上不断得到证实。索洛、罗默、格罗斯曼（Grossman）和赫尔普曼（Helpman）、阿格赫恩（Aghion）和豪威特（Howitt）从不同角度提出并研究了技术进步和经济增长的关系及其影响因素（Solow，1956；Romer，1990；Grossman，Helpman，1991；Aghion，Howitt，1992）。宋光兴、马瑜从理论和实证两个层面分析了技术进步促进经济增长的作用（宋光兴、马瑜，1998）。胡树林认为要使得中国经济形成高质量的增长必须依靠技术创新（胡树林，2002）。洪名勇从新经济增长理论的角度出发，通过对中国各省区的数据进行实证分析，得出科技创新与地区经济实力存在着正相关关系的结论（洪名勇，2003）。Hall 和 Jones，Johnson 和 Robinson，Acemoglu 和 Johnson 的研究也充分证明了制度因素在经济增长中发挥着重要作用（Hall，Jones，1999；Johnson，Robinson，2001；Acemoglu，Johnson，2003）。赵放认为技术进步和制度因素共同推动经济增长（赵放，2003）。王艾青、安立仁通过对中国经济增长的研究，得出制度变迁的过程促进了经济的增长（王艾青、安立仁，2005）。唐德祥等通过对中国1978—2005年的数据检验，证明了创新对经济增长的促进作用（唐德祥等，2009）。张建伟认为由于生产要素的新组合可以改善生产方式，提高专业化程度和生产率，因此熊彼特提出的创新导致产品、技术、市场和组织形式等新组合的出现，从一定程度上证明了创新对经济转型发展的促进作用（张建伟，2012）。芦苇认为创新是保持经济增长的动力源（芦苇，2016）。

从创新促进经济发展的方式、途径、机制、影响因素，到创新与生产率、企业、市场结构、产业结构的关系等，关于创新的研究也从各个角度和层次得到不断深化。顾海从要素生产率、供需结构的角度出发，认为创新可以提高劳动力、资源、资本、技术等要素的边际生产率和整体利用效率，同时可以促进供给侧结构优化，从而成为促进经济发展的基础力量，且这种促进作用是一种指数形式的积累（顾海，2000）。陈琳通过将企业的发展和技术创新与国家的经济增长和技术进步相结合，从宏观、微观两个层面分析创新与经济增长的关系（陈琳，2001）。Groshby利用澳大利亚1901—1997年全样本数据，挖掘和整理国内专利申请量、国外专利申请量、国内外专利申请总量等数据构建VAR模型，观察专利总量对经济增长和劳动生产率的影响（Groshby，2000）。Jalle则总体研究了1980—2005年73个国家的面板数据（Jalle，2010）。两位学者都发现，创新对经济转型和劳动生产率提高有积极作用。范柏乃认为技术创新促进经济增长的作用机制存在于多个层面，包括提高产品技术含量、增强企业核心竞争力、优化和提升产业结构、烫平经济危机周期（范柏乃，2003）。赵冬初认为创新，特别是自主创新可以改变中国经济的各方面结构，实现要素、产业和社会总需求结构的优化升级，从而促进转变经济发展方式（赵冬初，2009）。沈坤荣和耿强，樊纲等都通过测算创新对经济增长的贡献，研究外资技术溢出与经济转型之间的动态关系，发现技术创新能够通过外资的溢出效应促进中国经济转型（沈坤荣、耿强，2001；樊纲等，2011）。尹德志构建创新与经济转型模型，分析创新对于经济转型的必要性，并且提出了若干举措推动创新驱动经济转型（尹德志，2013）。程郁、陈雪将创新促进经济增长的机制归纳为三个方面，即增加产品多样性、创造新的产业部门和提高生产率（程郁、陈雪，2013）。王华等认为科技创新在引进新技术的同时，也会催生新的产业，使得产业结构向技术密集型不断调整，并由此促进经济增长（王华等，2013）。周忠民通过对湖南省的实证研究，证明科技创新可以促进产业结构转型升级，进而影响经济转型（周忠民，

2016)。蔡跃洲、付一夫通过对中国宏观和产业数据的测算，提出技术进步是全要素生产率的主要源泉，技术优势可以为宏观经济增长提供有力支撑（蔡跃洲、付一夫，2017）。

综上所述，在创新促进经济发展的理论基础之上，目前的研究进一步明确了创新是经济高质量、可持续增长的动力之所在。同时，通过定性和定量分析相结合的方式，在创新对生产率、企业、产业结构发挥的作用，创新影响经济发展的途径和方式等方面进行了更深入的研究。

（二）关于创新提高要素生产率的相关研究

目前大量的实证和理论研究表明，创新对提高要素生产率，特别是全要素生产率有积极作用。在研究创新对要素生产率提高时，所涉及的创新一般主要是指技术创新或者说技术进步。顾海认为技术创新能提高生产要素的使用效率，而且技术创新和制度创新的协同作用可以提高整个经济系统的效率（顾海，2000）。章立军通过对中国省际数据的实证分析，得出创新综合能力对全要素生产率有正面的效应，他提出在其他要素投入既定的条件下，技术变革和创新将发挥关键作用（章立军，2006）。吴延兵对中国地区工业进行了实证研究，证明自主研发对生产率具有积极作用（吴延兵，2008）。黄静波认为技术创新的实质就是提高生产率，影响生产率的技术因素是技术和知识的应用情况及生产要素的组合效率（黄静波，2008）。程惠芳、陆嘉俊针对工业企业全要素生产率进行研究，结果表明对大中型工业企业来说，技术开发和技术改造投入与企业全要素生产率具有显著正相关性（程惠芳、陆嘉俊，2014）。许和连、成丽红的研究指出良好的制度环境和创新均能促进服务业企业全要素生产率的增长，且制度环境的改善有利于创新对全要素生产率增长的促进作用（许和连、成丽红，2016）。刘伟认为效率上升是创新的函数（刘伟，2016）。张先进指出创新驱动有利于提高传统产业要素资源的利用效率（张先进，

2017）。蔡跃洲、付一夫提出从中长期来看，技术进步是全要素生产率增长的主要源泉，他们认为全要素生产率用于衡量经济单元的生产效率，本质上仍是生产率（蔡跃洲、付一夫，2017）。

对于创新促进要素生产率提高的路径，学界也有一些研究。洪银兴认为提高全要素生产率最有效的途径是用科技来替代物质要素的投入，最明显的是依靠创新攀升全球价值链中高端（洪银兴，2016）。黄群慧认为全要素生产率的提高，关键是提高生产要素质量和通过技术创新优化生产要素结合方式（黄群慧，2016）。于晓曦和孙英隽认为创新可以提高劳动质量并扩大资本利用率，具体来说技术创新要求劳动者通过学习和培训提高素质和技能，同时为劳动者节约工作时间；技术可以提高广义资本（资金、机器、设备、自然资源等）的范围，提高资本的集聚速度和规模（于晓曦、孙英隽，2011）。总的来说，创新带来的技术进步可以突破物质要素的"有限性"，使用更少的物质要素获得更多的产出，起到替代效应；技术进步还可以提高生产要素的质量，从而产生质量效应，如提高劳动力素质、利用互联网等技术提供运转效率更高的资金、提取更高品位的自然资源要素、改善生产中间资料的质量等；技术进步可以提高生产中技术类要素的占比，制度创新可以破除制约要素流动和配置的障碍，进而优化要素组合结构，从而产生结构效应。创新提高要素生产率的传导机制可总结为图 1-1。

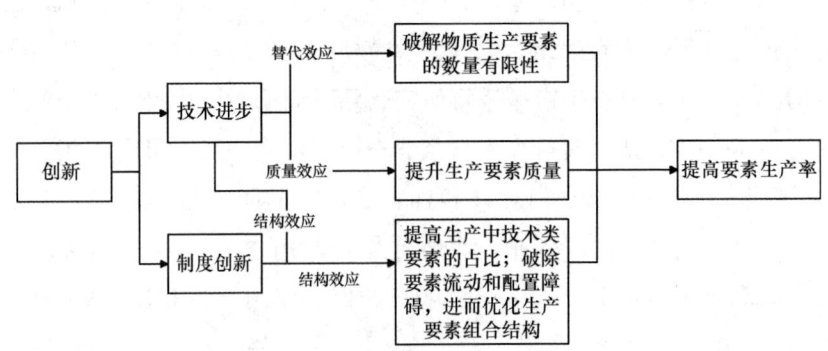

图 1-1 创新提高要素生产率的传导机制

（三）关于创新促进企业发展的相关研究

国内外学者围绕创新促进企业发展进行了广泛研究，主要从影响企业创新的因素、企业在创新特别是技术创新中的核心作用、企业家精神等方面进行探讨，肯定了创新对企业发展的有利作用。从创新推动企业发展的理论上看，Bums 和 Stalker 最早提出创新能力概念，他们将创新能力概括为企业产生新产品、新技术和新思想的能力（Bums，Stalker，1961）。而 Barton 则将概念进一步细化，他将企业技术创新潜力概括为企业技术系统、企业管理系统、掌握并发展核心技术的能力和培养企业创新的能力（Barton，1992）。Tushman 等对技术变革对企业组织的影响作了实证研究，认为技术提升会加速企业成长（Tushman et al.，1986）。经济合作与发展组织（OECD）在 1997 年的《国家创新体系》报告中提出，技术创新的核心是企业，是企业组织生产、创新和获取外部知识的方式。顾海认为技术创新可以增强企业的核心竞争力，促进企业发展壮大（顾海，2000）。陆国庆提出大量的经验研究表明，创新与企业绩效以及企业竞争力显著正相关（陆国庆，2011）。根据熊彼特创新理论的基本思想，创新的原动力来自企业对超额利润的追求和企业家精神。这一思想也在当前的研究中得以继承。常修泽、戈晓宇在《企业创新论》一文中结合熊彼特的创新理论，提出企业家的职能就是通过新技术、新工艺、新产品、新原料、新销售渠道、促进产业重组等，来进行生产模式的改革（常修泽、戈晓宇，1989）。黄群慧提出要在继续推进大众创业、万众创新的同时，重视技术创新中企业家的核心角色，发挥其核心作用（黄群慧，2016）。

对于创新促进企业发展的作用机理也有大量研究。Meyer 和 Utterback，Burgelman，Richard 等从两个层面研究企业创新，一是提高现有工作效率，提供更加契合市场的服务和商品；二是充分利用已有的技术基础进行持续创新的能力（Meyer，Utterback，1993；Burgelman，1998；Richard，2006）。Ottoot 和 Nam 认为，技术创新会直接影响技术效率，而技术效率优势是企业发展成长的重要因素，所以技术创新能够帮助企业实现经营目标，进而实现企业发展（Ottoot，Nam，2002）。阎化海和刘新民利用波特模型，证明技术创新能够巩固企业竞争优势，并对企业未来盈利有潜在影响（阎化海、刘新民，2004）。黄静波认为创新在提升企业生产率、扩大企业市场以及增加企业利润方面起着积极的促进作用（黄静波，2008）。具体来说，创新通过两个途径来提高企业竞争力，一是通过生产流程创新提高生产率，降低生产成本，实现价格优势；二是通过产品创新，提供高质量和差异化产品，更好地满足消费者需求。此外，技术创新也可以影响出口，提升企业在国际市场的竞争优势。王晓芳、权飞过认为提高企业创新能力可以有效提高企业产品质量、提升企业盈利能力和核心竞争力（王晓芳、权飞过，2016）。还有学者认为创新可以影响企业的生产可能性曲线，有利于技术创新的商业化，可以提高新产品开发效率，产生更多的新产品；同时，也可以降低生产成本，提高企业效益（张军、许庆瑞，2014）。一些学者将企业技术创新和企业制度创新相结合，认为制度创新能够帮助企业更快取得技术进步，同时制度创新也能强化技术创新对企业发展所起到的作用。制度创新通过知识产权制度和经营体系创新，尤其是做好创新背后的利益分配，这样将有利于提高企业员工创新的积极性，促进技术进步。创新促进企业发展的传导机制可总结为图1-2。

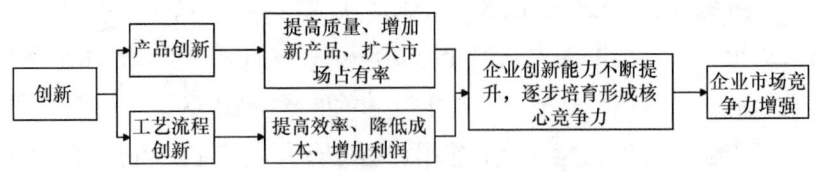

图1-2 创新促进企业发展的传导机制

（四）关于创新推动产业结构优化的相关研究

针对创新推动产业结构优化，学界已有广泛研究和认知。学者们从不同领域的视角对创新和产业结构展开研究，包括产业创新动力学分析（Freeman, Soete, 1987），产业链动态分析（多西, 1998），创新经济学理论和公共政策理论分析（列文, 1987），制度创新理论分析（科斯等, 1994）。从熊彼特创新理论的"创造性毁灭"方面来看，创新意味着毁灭旧产业、创造新产业，创新对产业结构优化起着关键的推动作用。克拉克（Clark）、霍夫曼（Hoffmann）和库兹涅茨（Kuznets）等人认为，通过技术进步，产业结构整体素质和效率向更高层次不断演进，一、二、三产业地位出现"二、一、三""二、三、一""三、二、一"的演进趋势（李政、杨思莹, 2015）。在波特（Porter）的国家竞争优势体系架构中，他认为国家塑造良好的创新环境，有助于产业优势的形成（波特, 2012）。Carlsson从产业规模上解释创新对产业结构升级的影响方式，认为西方国家的企业规模下降，其主要原因是计算机技术的广泛应用提高了生产部门的劳动生产率，节省大量人力资本，同时降低了行业进入门槛，使得大量中小企业能够进入市场参与竞争，提升了市场活力（Carlsson, 1989）。Dosi认为技术创新通过改变产业链而改变产业结构（Dosi, 1998）。顾海通过对工业结构的分析，认为自主创新可以促使高技术工业发展并带动其他工业发展，进而优化工业结构（顾海, 2000）。通过对欧洲153个地区的调研，Greunz发现由于产业结构和创新之间的互相作用，技术进步最终会影响这些地区的产业结构（Greunz, 2004）。Kevin对中国40多个行业和门类进行实证研究，得出技术创新可以改变部门的产业水平的结论（Kevin, 2006）。闫海洲指出科技创新对产业结构升级具有正向影响（闫海洲, 2010）。毛蕴诗等认为需要通过技术升级和高技术产业发展来带动中国产业升级和转型。还有学者认为创新是产业结构优化升级的最主要和最直接推动力（黄茂兴、李军军, 2009；龚轶, 2013；李政、杨思莹, 2015；潘宇瑶, 2016；张先进, 2017）。林春艳、孔凡超认为产业结构演进实质上是技术不断进步或创新的一个过程（林春艳、孔凡超, 2016）。而技术进步是推动产业结构转型升级的核心动力,是促进产业结构转型和新兴产业崛起的有效途径。由此可见,现有研究肯定了创新促进产业结构优化的正向作用。

对于创新推动产业结构优化的传导机制的研究也有长足的发展。现有研究分为两个角度,一是从创新改变需求结构进而改变产业结构的方面,二是从创新直接改变产业结构的方面,分别通过对其中一条路径或对两条路径的综合分析来进行判断。从单一路径来说,有学者认为创新带来的技术进步会改变企业的生产经营模式,也会通过改变生产规模报酬使得特定产业部门快速发展,从而引起产业结构的变动(辜胜阻、刘传江,1998;齐讴歌、王满仓,2012)。渠海雷、邓琪等认为创新带来的新技术会产生新产业,而产业间的关联性会进而导致整个产业结构的变革(渠海雷、邓琪等,2000)。周叔莲、王伟光认为科技创新通过提高劳动生产率、影响需求结构来改变产业结构(周叔莲、王伟光,2001)。还有学者认为创新一方面可以改造传统产业,加速落后产业的淘汰和衰亡;另一方面可以催生新兴产业,新兴产业的成长会导致主导产业的更迭,促进产业结构向高附加值的方向优化(赵洪进、曾玲平,2010;于晓曦、孙英隽,2011)。李政、杨思莹认为创新可以提高本产业的基础技术水平并带动上下游关联产业的发展;创新产生的新工艺和新产品会促使新生产部门和行业的发展;创新带来的技术进步会使得生产要素向更高效率产业部门重新配置,由此引发产业结构的优化升级(李政、杨思莹,2015)。从供需两条路径来分析,顾海认为从供给侧看,创新可以降低生产成本,提高生产质量和效率,从而生产出高附加值和高技术含量的新产品,促进新兴产业部门的形成,持续的技术改进使得新兴产业进入大规模生产经营的高速发展,进而优化产业结构;从需求侧来看,创新所带来的新产品、新工艺和新应用会使消费者的偏好转向高质量和新颖的产品,从而改变需求结构,进而推动产业结构升级(顾海,2000)。Peneder认为创新一方面可以改变产业部门间的劳动生产率,从而导致生产要素向高效率部门的流动;另一方面可以影响总收入、需求结构以及需求的收入弹性,从而影响产业结构(Peneder,2003)。徐冬林认为,创新对优化产业结构的影响分为两方面,一是生产工艺和技术的改进可以生产出新产品或者改善原有产品性能,从而改变需求结构,进而升级产业结构,这是直接影响;二是生产效率的提升可以大幅增加产量,但在需求弹性较小的情况下,会导致收益的下降,从而导致产业部门收缩,进而带来优势产业的更替(徐冬林,2005)。潘宇瑶认为,创新首先通过创新产品改变需求结构,其次通过催生新产业改变供给结构,从而促进产业结构的优化(潘宇瑶,2016)。分析创新推进产业结构优化的传导路径,主要包括两条:一条路径是创新改变供给结构,直接推动产业结构优化。创新带来的新产品的拓展和新市场的介入,加速了对传统产业的改造和淘汰,催生新产业的发展,再加上关联产业的相互作用产生的溢出效应,使得关联产业也快速发展,进而推动了整个产业结构的优化升级。另一条路径是创新改变需求结构,间接拉动产业结构优化。创新带来的技术改进和效率提升,可以有效满足消费者对高质量产品、高端产品、多样化产品的需求,释放由于产业技术限制而无法满足的潜在需求,从而提升需求结构,进而拉动产业结构的优化。创新推进产业结构优化的传导机制可总结为图1-3。

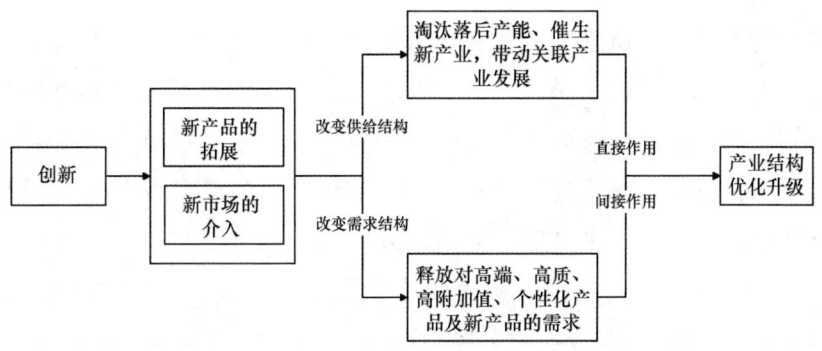

图1-3 创新推进产业结构优化的传导机制

(五) 关于实施创新驱动的相关研究

对于创新驱动的本质和基本内涵已有充分的理解和认识。美国学者迈克尔·波特在《国家竞争优势》一书中首次提出了"创新驱动"的概念。他将国家竞争力发展分为四个阶段，即要素驱动阶段、投资驱动阶段、创新驱动阶段、财富驱动阶段。在中国，创新驱动已经上升到国家战略的层面，成为中国经济发展的主要驱动力量。各界学者对创新驱动发展战略的研究比较丰富。郑新立等根据波特的理论划分，认为创新驱动发展战略是一种新的经济增长方式，以科技创新为动力，加快产业结构调整和经济发展方式的转变，从而推动经济社会长期、协调、可持续发展（郑新立等，2015）。王进富、黄鹏飞认为，创新驱动发展包括理论、制度、体制、管理、商业模式等各方面的创新，其中理论创新是基础，要从理论创新落实到实践中的制度创新。要特别重视科技创新这一现代生产力发展的内在动因（王进富、黄鹏飞，2015）。洪银兴认为创新驱动是利用知识、技术、企业组织制度和商业模式等无形的创新要素，对现有的有形要素进行重新组合（洪银兴，2011）。

在创新驱动因素方面，外国直接投资、政府作用、企业研发、机制创新等都涵盖在研究范围之内。柳卸林研究了对中国创新的驱动因素，发现外国直接投资、政府的科技投资和教育支出、企业自身的研究开发活动以及大学和科研院所与产业的联系是创新的重要驱动力（柳卸林，2006）。Schneider通过对不同国家的面板数据进行分析，得出高新技术贸易、知识产权和外国直接投资对技术创新和经济增长速度的影响差异（Schneider，2005）。李晓伟从技术创新与制度创新的互动规律出发，提出以制度创新为突破口，建立与技术创新相融合的创新制度，从而推动中国建设创新型国家（李晓伟，2009）。梅永红从建立有效的体制机制角度思考如何推动创新驱动发展，提出"制度力"是创新的原动力（梅永红，2010）。夏天分析其他创新型国家的发展历程和经验,研究了进入创新驱动阶段的条件和创新驱动过程的规律(夏天,2010)。罗永泰、任洪源从企业自身和政府支持两方面,提出科技型企业创新驱动发展的路径选择(罗永泰、任洪源,2014)。胡毅等针对战略性新兴产业的创新驱动发展,提出了市场需求、创新投入、创新效率和创新质量四个关键要素(胡毅等,2014)。

在如何实施创新驱动战略方面,产业、企业、制度、技术等统筹协调已成为必然选择。陈曦则认为在确立创新驱动基本格局下,搭建创新驱动平台,完善创新驱动机制是实施创新驱动发展战略的必由之路(陈曦,2013)。任保平、郭晗从"改善供给"的角度出发,认为实现创新驱动应致力于加快产业结构调整、发展创新型经济、推动制度创新,从而改善产品供给、技术供给和制度供给(任保平、郭晗,2013)。张蕾认为要实现创新驱动发展,应从培育有利于创新的文化氛围、提高劳动力质量和人均劳动生产率、促使企业成为创新的主体、大力发展战略性新兴产业、加强产学研协同创新机制建设等多方面着手(张蕾,2013)。肖文圣认为实施创新驱动要软、硬两方面着手,既要进行科技方面的"硬"创新,也要从体制机制、市场、政策等方面推动"软"创新(肖文圣,2014)。王昌林认为实施创新驱动发展战略,要以突破发展瓶颈为主攻方向,以提升企业创新能力为抓手,以推动重点地区率先创新发展为突破口,以增强科技创新能力为支撑,以建设创新型人才队伍为基石,着力推进科技与经济发展结合(王昌林,2014)。

综上所述,当前关于创新驱动发展的研究在充分认识其科学内涵和战略意义的基础上,对其实现路径、体制机制设计、评估及保障、国际经验等方面都进行了相应研究。同时,相应研究不只关注宏观政策层面,也对制度、要素、企业、产业等多层面的作用进行了较全面的阐释。

三 关于供给侧结构性改革的国内外研究

(一) 西方供给经济学与结构性改革的相关理论和实践

西方经济学中的供给理论起源于古典经济学,其将研究重点聚焦于生产领域,也可理解为供给领域。由法国经济学家让·巴蒂斯特·萨伊(Jean-Baptiste Say)在《论政治经济学,或略论财富是怎样产生、分配和消费的》一书中所提出的"萨伊定律",是西方供给经济学理论的重要代表。"萨伊定律"的核心思想是"供给创造需求"。"萨伊定律"提出在资本主义市场经济条件下,供给形成后会自动创造出需求;市场具备自我调节能力,会自发实现供求均衡;供求失衡的现象只会出现在个别部门,而且是暂时现象;社会的总需求始终等于总供给。这一思想在19世纪末20世纪初备受推崇,鼓励市场的自由放任,国家干预被认为是多余的。作为时代的阶段性产物,古典经济学存在着诸多缺陷,主要表现在:对供给侧方面的分析重于对需求方面的关注,对国家层面的分析重于对微观经济层面的关注,分析方法大多为定性分析。

20世纪30年代资本主义世界经济大危机爆发后,西方供给理论曾一度受到普遍质疑,过度依靠市场自动调节的理论开始动摇,以凯恩斯主义经济学为代表性的需求侧经济理论开始盛行。直至20世纪70年代,以高通胀、高失业率与经济停滞低迷并存为特征的"滞胀"现象使得凯恩斯主义侧重于需求管理的弊端凸显出来,供给学派和供给经济学重新登上历史舞台。由美国供给学派的著名代表阿瑟·拉弗(Arthur Betz Laffer)于1974年提出的"拉弗曲线"是供给经济学中的代表性理论,并逐步发展成西方供给学派的主要理论支撑。"拉弗曲线"偏好于减税政策,认为总是存在两种税率能够保证产生同样的收益,主张政府必须保持适当的税率,以保证较高的财政收入。与拉弗同时代的供给学派经济学代表人物裘德·万尼斯基(Jude Wanniski)

将这种新办法命名为供给侧管理或改革。自此，供给学派开始向供给侧经济学演变。由于跟凯恩斯主义的需求侧管理针锋相对，这套新理论也叫作供给经济学。主要代表人物还包括罗伯特·蒙代尔（Robert A. Mundell）、马丁·费尔德斯坦（Martin Feldstein）、保罗·克雷格·罗伯茨（Paul Craig Roberts）等。供给经济学的主张包括：以减税政策来刺激就业、储蓄和投资积极性；以削减政府开支来减少预算赤字；以放宽和取消政府对企业的部分限制性规章条例来减少生产成本；以控制货币供应量来降低通货膨胀。

"里根经济学"和"撒切尔主义"是西方经济学中供给侧理论的典型实践。"里根经济学"是美国总统里根任期内（1981—1989年）实行的经济政策。主要为应对经济疲软、生产停滞、失业率攀高、经济低迷同通货膨胀并存的"滞胀"问题。其总体思路是以供给学派的减税政策来应对经济停滞，以货币学派的控制货币供应量来对付通货膨胀。撒切尔是英国保守党的著名领袖，与同时期的美国总统里根治国理念相近，共同推行新自由主义经济政策。撒切尔主义主张减少国家对经济的干预，大力倡导自由经营。具体政策包括私有化、去监管化、减税、取消汇率管制、打击工会力量以及削减福利开支等。"里根经济学"和"撒切尔主义"所推行的市场导向的自由化改革，后来也被冠以结构性改革的名称。

结构性改革的理论起源于发展经济学中关于结构变化、结构动态变迁等概念。亚太经合组织（APEC）认为，结构性改革是指通过改革制度框架、监管方式和政策设计，增强市场化激励、强化竞争、促进区域经济一体化，从而提高市场运行效率和开放程度，为长期经济增长和收入提升奠定基础。OECD对结构性改革的界定更加宽泛，它将所有旨在促进人均收入水平提升的市场导向的经济改革都称作结构性改革。典型的结构性改革措施包括减税、贸易自由化、竞争政策、私有化、去行政干预、社会福利体系改革等。2008年国际金融危机以来，西方国家特别是欧洲国家以及国际货币基金组织等国际机构开始大力倡导和推行结构性改革以应对危机。采取的主要措施包括减税、加大私有化、减少财政支出、放宽市场准入、降低企业用工成本等。

综上所述,西方供给经济学起源于资本主义市场经济,兴起于20世纪70年代,是在发达国家面临"滞胀"突出问题而凯恩斯需求侧管理束手无策的背景下形成的,主要采取以减税为主、配合减少货币供应量、私有化等手段来推进改革,片面强调供给侧的主导作用,反对政府干预。西方供给经济学对供给侧的大力关注和采取各种手段改进总供给的主张,在经济学研究上具有一定的影响,使得西方经济学界乃至政府层面重新认识了供给侧管理在国民经济管理中的积极作用,对中国的经济建设具有一定的借鉴性意义。但是,也必须认识到,西方供给经济学和结构性改革与中国的供给侧结构性改革存在根本性的不同。

(二) 中国供给侧结构性改革的相关理论

从2015年11月中央财经领导小组第十一次会议首次提出推进经济结构性改革,到2016年1月中央财经领导小组第十二次会议研究供给侧结构性改革方案,再到2017年10月党的十九大将深化供给侧结构性改革作为建设现代化经济体系的重要任务之一,供给侧结构性改革在国内外备受关注。根据《人民日报》文章,供给侧结构性改革的概念可以理解为"供给侧+结构性+改革"的有机统一,即从提高产品的供给质量出发,用改革的办法推进结构的调整,矫正要素配置扭曲的状况,扩大产品的有效供给,提高供给结构对需求变化的适应性和灵活性,进而提高全要素生产率,更好满足广大人民群众的需要,促进经济社会持续健康发展[①]。

1. 现实和理论依据

就目前研究来看,中国实施供给侧结构性改革的现实依据可从国

[①] 《七问供给侧结构性改革——权威人士谈当前经济怎么看怎么干》,《人民日报》2016年1月4日。

际和国内两方面来着眼。从国际来看，世界格局深刻调整，国际竞争日益激烈，中国亟须确定新的竞争优势和全球定位等，从而使供给体系尽快适应需求结构的变化。因此，需要推进供给侧结构性改革，改善要素配置结构和效率，提升自身竞争力，在全球分工中占据有利位势（高虎城，2016；刘尧飞等，2016；谢地、郁秋艳，2016；王昌林等，2017）。从国内来看，中国经济发展进入"新常态"，宏观经济形势发生变化，经济处于"三期叠加"阶段，面临"四降一升"的诸多矛盾和问题。其中主要问题是结构性的，主要矛盾在供给侧。因此，宏观经济管理需要确定新思路，大力推进供给侧结构性改革，以解决当前面临的供需错配和结构性失衡等问题和矛盾（《人民日报》，2016；国家行政管理学院，2016；刘尧飞、沈杰，2016；冯志峰，2016；贾康，2017）。供给侧结构性改革的理论依据是马克思主义与中国实际地结合，是中国特色社会主义政治经济学的理论创新（许梦博，2016；郭杰等，2016；刘元春，2016；王昌林等，2017；陈东琪，2017），且与西方供给学派和结构性改革的相关理论在国情、目标、方法、实践基础等各个方面都有着本质的不同（胡希宁，2016；肖林，2016；赵玲、陈龙，2016）。

2. 思路任务和实践路径

根据相关文章解读，供给侧结构性改革的最终目的是满足需求，主攻方向是减少无效供给、扩大有效供给，根本途径是深化改革，当前重点是"三去一降一补"，要按照"五大发展理念"的要求和"五大政策"的总体思路进行推进①。学界从创新、制度改革、政策支撑、要素市场、企业激励、产业结构调整等各个角度和领域进行了更加深入的研究。现有研究指出，推进供给侧结构性改革要在要素、企业、产业等多层次发力。陈龙提出让要素流动起来，并通过创新引导要素升级；培养企业家精神；积极引导和培养各种新型经营主体、新

---

① 《中央经济工作会议报告》2016年12月。

业态、新模式等（陈龙，2016）。冯志峰认为，推进供给侧结构性改革要促进产业转型升级，矫正要素配置扭曲，改革行政管理体制（冯志峰，2016）。魏杰和杨林提出供给侧结构性改革的两大方向促进生产性资源的合理流动与优化配置以及产业结构的优化升级（魏杰、杨林，2015）。杨雅慧认为，供给侧结构性改革的实质是形成新主体、培育新动力、发展新产业（杨雅慧，2016）。王昌林等首创金字塔形供给体系，构建了要素结构、企业结构、产业结构逐级上升的供给侧结构性改革分析框架，提出改革的基石是提高要素质量和配置效率，关键环节是提升企业发展水平和素质，中心任务是促进产业转型升级，并强调推进供给侧结构性改革根本要靠创新（王昌林等，2017）。具体来说，企业在供给侧结构性改革中居于主体地位并发挥主导作用（张晨，2016；厉以宁，2017），劳动力、资本、资源、技术等的要素市场将是供给侧结构性改革的主战场（刘世锦，2015；王一鸣，2015；肖林，2016），产业结构的优化升级是供给侧结构性改革的重点和主要方向（肖林，2016；谢地、郁秋艳，2016；郭杰，2016）。

综上所述，目前国内对供给侧结构性改革的解读和理论研究较多，主要集中在理论和现实依据、重大意义、基本内涵和要求、思路任务以及实践路径上，从政策层面的研究较多，基于经济学理论和实证的研究较少。此外，通过对供给侧结构性改革理论的研究可以发现，其更加强调长期的政策效应，目的是要达到可持续的、动态的供需均衡或者说是经济均衡，与创新经济学所描述的动态均衡有异曲同工的契合之处。

（三）关于供给侧结构性改革与全要素生产率、企业发展、产业结构以及制度创新之间关系的论述

1. 供给侧结构性改革与全要素生产率

针对全要素生产率与供给侧结构性改革的关系的研究，从目标、主攻方向、关键因素等角度，进一步肯定了全要素生产率的提升对供给侧结构性改革的重要作用。世界银行在2000年的一份工作报告中，对东亚经济复苏和结构性改革进行了分析，提出除了提高受教育劳动力数量、提升资本配置和技术效率以外，可持续的经济增长需要全要素生产率的提升。黄群慧认为供需两侧不匹配的结构性矛盾导致了全要素生产率低下，而供给侧结构性改革正是要通过结构调整和体制机制改革来解决这一问题（黄群慧，2016）。刘伟提出结构演进本质上是效率上升的函数。他从经济发展进入新阶段后约束条件变化的角度出发，认为由于供给侧的劳动力、土地、生态环境等要素成本大幅上升，使得通过增加投入来促进经济增长动力不足，因此供给侧结构性改革需要通过效率的提升驱动经济发展（刘伟，2016）。也有学者认为供给侧结构性改革的目标或者说本意就是提高全要素生产率（王晓芳、权飞过，2016；洪银兴，2016；黄群慧，2016），提高要素生产率是供给侧结构性改革的关键（郁鸿胜，2016；徐淑云，2017）。还有学者进一步提出要将要素市场化改革作为供给侧结构性改革的重点，以此推动生产要素的优化配置，并最终达到提高全要素生产率的目的（刘世锦，2016；杨勇、李忠民，2017）。王昌林等提出供给侧结构性改革的主攻方向是提升供给体系质量和效率（王昌林等，2017）。

从提高全要素生产率的作用上来看，学者们普遍认为效率的提升对增强经济发展动力、产业结构优化具有重要意义。沈坤荣、金刚从供给侧出发，通过制度变革和技术改进着力提升全要素生产率，可以重构经济增长新动力，促进发展新产业新供给，是当前推进供给侧结构性改革的最优选择（沈坤荣、金刚，2016）。蔡跃洲、付一夫认为全要素生产率增长的产业结构调整效应，可以促进要素向科技含量和生产率水平更高的部门集聚，形成结构的优化升级，短期内有利于供给侧结构性改革中淘汰产能过剩行业中的落后产能和降低金融和房地产行业泡沫（蔡跃洲、付一夫，2017）。

综上所述，提高要素质量和配置效率是推进供给侧结构性改革的基石，而全要素生产率的提升则是其中的重中之重。提高全要素生产率，可以促进劳动力、资本等的质量提高和配置效率提升，可以促进生产要素的流动和重组，实现要素结构的优化。提高全要素生产率，可以促进要素向高效益部门配置，形成新产业，实现产业结构的优化，进而构建经济发展新动力。

2. 供给侧结构性改革与企业发展

目前大量的研究都肯定了企业在供给侧结构性改革中的重要作用，特别是对企业创新的核心作用给予了充分的重视。洪银兴认为供给侧结构性改革的目标之一就是通过减轻企业负担、减少行政干预的方式来释放企业活力。他特别强调供给侧结构性改革当前要推进的"去杠杆"和"降成本"，都是为了调动实体经济积极性，以增加有效供给（洪银兴，2016）。黄群慧从企业层面分析了供给结构的问题，指出中国企业目前存在优质企业不足的素质结构问题、所有制结构不合理问题以及高端优质产品不足的产品结构问题，提出要针对这些问题在企业层面推进供给侧结构性改革（黄群慧，2016）。王晓芳、权飞过认为供给侧结构性改革成功的关键在于不断完善市场经济制度，提高企业的核心竞争能力（王晓芳、权飞过，2016）。张先进指出，企业是创新的主体，也是推动创新和供给侧结构性改革的重要力量（张先进，2017）。郁鸿胜认为企业是产品的供给方，因此在供给侧结构性改革中处于主体地位，企业要提高全要素生产率，要依靠创新和提高科技水平来增加产品供给（郁鸿胜，2016）。许小年指出，供给侧改革必须通过企业创新来实现，其中最终目的是搞活企业，重点是创新，核心内容是提高企业效率（许小年，2016）。欧阳慧、阳国亮、程皓从解放和发展社会生产力的角度出发，认为其重点在于激发企业创新活力，进而提出供给侧结构性改革核心任务和基本内容就是激发和释放企业创新活力（欧阳慧、阳国亮、程皓，2016）。王昌林等指出提升企业发展水平和素质是推进供给侧结构性改革的关键环节，要着力提升企业创新能力和竞争力（王昌林等，2017）。游士兵、王梦荻、王今朝认为通过企业的所有制结构所形成的对劳动、资本、技术等生产要素的制度安排，对于一国的供给侧具有根本的决定性作用（游士兵、王梦荻、王今朝，2017）。

对于企业发展，特别是企业创新能力提高对供给侧结构性改革的推进作用，目前也有大量研究。王晓芳、权飞过认为提高企业创新能力促进供给侧结构性改革的传导路径是通过企业技术创新，提高企业产品质量、增强企业盈利能力和核心竞争力，从而解决供需矛盾并逐步化解产能过剩，最终激发经济活力，提升经济增长质量（王晓芳、权飞过，2016）。张玉明、王春燕将企业创新要素分为外部和内部两类，从微观层面阐述了供给侧结构性改革的路径。外部要素包括政府和市场等，内部要素为技术、资本、劳动力、组织等。具体来说，通过政府体制深化和市场机制改革提升外部要素效率，实现制度的有效供给；通过提高内部要素质量、降低要素成本、最终提高要素使用效率，满足差异化的市场需求，缓解供需不均衡；此外，通过内外部要素资源的流动和交互作用，促进产业结构优化（张玉明、王春燕，2017）。李后建、张剑通过经验分析，证明了企业创新可以通过产品创新提供差异化产品、通过工艺创新降低成本等途径提高产能利用率，且对于大中型企业和产能利用率较高的企业作用更加显著（李后建、张剑，2017）。还有学者以国有企业为重点进行分析，认为国有企业应在供给侧结构性改革中发挥带动作用，通过化解过剩产能、处置僵尸企业、推动兼并重组实施创新发展等举措有效推进供给侧结构性改革（杨晶，2017；季晓南，2017）。

综上所述，促进企业发展是推进供给侧结构性改革的关键和核心任务。通过企业的发展，特别是企业创新发展，可以提高产品质量，增加定制化、差异化产品的生产，扩大有效供给；可以提高生产率、利润率和企业竞争力，进而通过改善企业经济活动的集合优化产业结构，提升供给体系质量和效率。

3. 供给侧结构性改革与产业结构

陆国庆认为结构调整的实质是产业升级，而产业创新是实现产业升级的根本路径（陆国庆，2011）。刘伟认为供给侧结构性改革要在效率提升的基础上推动产业结构升级（刘伟，2016）。洪银兴提出供给侧改革需要推动结构调整和优化，具体来说，一方面通过"去库存"和"去产能"调整存量结构，释放资源；另一方面则是推动产业优化升级（洪银兴，2016）。王雅丽从产业革命的角度出发，认为供给侧结构性改革要遵循产业革命的内在逻辑，要通过有效化解产能过剩、提升供给方资源的配置效率、优化产业结构、培育经济发展新动力，使得中国产业发展同步于新一代产业革命，从而实现供给侧结构性改革的目标（王雅丽，2016）。王昌林等提出推进供给侧结构性改革的中心任务是促进产业转型升级（王昌林等，2017）。马晓河等认为供给侧结构性改革的一个关键点就是加快形成新的增长动力，其核心是改造传统产业和培育发展新兴产业，也就是优化产业结构（马晓河等，2017）。有学者聚焦于制造业，认为制造业作为供给侧的主要依托，其生产状况决定供给侧的产品供给状况，是国民经济的物质基础和社会产品的供给主体，而通过制造业的发展为产业结构升级提供条件和动力对供给侧结构性改革至关重要（程皓、阳国亮、欧阳慧，2017）。

综上所述，产业结构的优化升级是推进供给侧结构性改革的核心任务。通过产业结构的合理化，使得产业体系更加符合新时代现代化经济体系的要求；通过产业结构高级化，提升产业竞争力和全球价值链站位，提高经济发展质量。产业结构的优化升级，可以有效实现去粗存精，调整发展空间，提高配置效率，摆脱劳动力、土地和自然资源等要素的产业发展束缚；可以升级整个经济社会的生产能力，激活存量，培育增量，促进形成经济发展新动能。

4. 供给侧结构性改革与制度创新

现有研究普遍认同通过制度创新提高制度供给水平，破除阻碍经济社会发展的体制机制问题,是供给侧结构性改革的重要内容之一。贾康认为供给侧结构性改革的核心内涵就是有效制度供给,改革和制度"红利"是新常态下中国实现转型和可持续发展的关键,制度创新也是化解当前诸多矛盾风险的关键。基于此,他提出了优化实施人力资本战略、创新资源能源价格机制、推动土地制度改革、深化金融制度改革、激发企业经营创业活力、进行教育改革和实施创新驱动战略六个方面的制度创新建议(贾康,2016)。国家行政管理学院经济学教研部于2016年研究提出,应形成更加注重着眼于中长期的高质量制度供给模式,不断优化供给侧环境机制。马晓河认为通过加快体制机制改革打造制度供给的新引擎是当前供给侧结构性改革的重要着力点(马晓河,2017)。韩敬云总结制度创新影响经济发展的两个方面,一是促进社会合理分工,规范经济活动,形成科学合理的货币、市场交易、金融、分配制度,从而降低经济活动成本、提高个体参与经济活动的积极性,进而提高效益;二是影响资本和劳动力的投入与积累水平,通过产权保护和激励机制提高投入产出效率(韩敬云,2017)。

综上所述,关于供给侧结构性改革与全要素生产率、企业发展、产业结构以及制度创新之间的关系,可以概括为提高全要素生产率是供给侧结构性改革的目标和重点,促进企业发展是供给侧结构性改革的关键,产业结构优化是供给侧结构性改革的核心任务,制度创新是推进供给侧结构性改革的重要保障。

四 关于以创新推进供给侧结构性改革的相关研究

(一) 创新在供给侧结构性改革中的地位和作用

从现有研究来看,大多数研究者认为创新是供给侧结构性改革的关键所在,或者说是核心驱动力(张建星、陈效林,2016;马晓河,

2017；文海漓，2017）。胡鞍钢等认为供给侧结构性改革的推进和形成可持续的效果，就要依靠创新发挥作用，特别是要构筑创新驱动增长模式（胡鞍钢等，2016）。陈龙提出供给侧结构性改革要以创新为核心，让创新引领经济结构调整和产业升级（陈龙，2016）。陈效林认为供给侧结构性改革的结构优化、要素升级、制度变革都要依靠创新（陈效林，2016）。刘伟认为从供给侧来看，新阶段中国国民生产的要素成本显著上升，今后应主要依靠创新驱动效率提升带动经济持续增长（刘伟，2016）。厉以宁强调了创新和创业精神在供给侧结构性改革中的重要作用（厉以宁，2017）。王一鸣指出创新的重要性会在供给侧结构性改革中不断凸显（王一鸣，2017）。高德步提出"供给侧"的思维本身就是一种创新思维。创新驱动是供给侧结构性改革的根本动力，而包括技术创新和制度创新的供给创新则是供给侧结构性改革的核心动力。供给创新可以加速结构性调整和产业升级，同时可以创造适合于创新的制度环境（高德步，2017）。贾康提出科技创新及其成果运用是供给侧最重要的生产要素和动力来源之一（贾康，2017）。

此外，也有学者从供给侧结构性改革中的去产能等近期任务以及创新对生产要素、企业、产业结构的促进作用出发，深入论证了创新的重要作用。赵志耘提出促进创新是供给侧结构性改革的本质，创新所带来的引领性发展是落实好"三去一降一补"任务的前提（赵志耘，2016）。张为杰、李少林认为创新驱动机制是转变低端产能过剩、高端产能不足的关键路径（张为杰、李少林，2016）。李后建、张剑认为企业创新能够有效地提高企业的产能利用率，从而有效化解产能过剩（李后建、张剑，2017）。温湖炜使用中国制造业的数据进行分析，证明自主创新和合作创新有利于企业持续、稳定地消除过剩产能。他认为解决中国产能过剩问题的根本途径是供给创新，具体来说就是激发企业自主创新活力、鼓励企业强化自主品牌产品或服务（温湖炜，2017）。赵佩认为供给侧结构性改革的核心目标是提升全要素生产率，实现这一目标的关键是创新。提出要从知识技术创新、体制机制创新和文化环境创新方面破除创新桎梏（赵佩，2017）。张先进从创新有利于化解供需结构矛盾、提高要素利用率、推动产业结构转型升级的角度分析，认为创新驱动是供给侧结构性改革的重要推动力。他提出要通过实施创新驱动战略来推动供给侧结构性改革，给出了营造合理的市场竞争环境，激发科研主体的创新活力等相关对策建议（张先进，2017）。卢现祥认为，中国供给侧结构性改革的实质是向创新型经济的转型，这样有利于经济增长质量和效率的提高（卢现祥，2017）。袁征认为供给侧改革可以促进企业技术创新模式的变革（袁征，2017）。

综上所述，现有研究表明创新在供给侧结构性改革中具有重要地位，创新通过提高生产率、促进企业发展、推动产业结构优化升级等方式发挥着重要的作用，可以说创新是供给侧结构性改革的关键所在和核心驱动力。

（二）如何以创新推进供给侧结构性改革的研究

习近平总书记指出要注重从体制机制创新上推进供给侧结构性改革，着力解决制约经济社会发展的体制机制问题。同时，要以重大科技创新为引领，加快科技创新成果向现实生产力转化，加快构建产业新体系（陈曦、刘继光，2017）。国家行政管理学院经济学教研部研究提出，在推进供给侧结构性改革中，宏观调控要转向创新模式，即以中长期的高质量制度供给为统领，不断优化供给侧环境机制，从而激发微观主体创新、创业、创造的潜能，形成经济发展新动力（国家行政管理学院经济学教研部，2016）。要在新常态下保持经济增长的根本动力，只能从改变供给侧的条件和结构入手，推进新一轮的制度创新，释放新的"改革红利"（方敏、胡涛，2016）。马晓河认为，当前供给侧结构性改革应着力加快体制机制改革，打造制度供给的新引擎（马晓河，2017）。刘志彪认为政府的制度供给和创新是供给侧结构性改革的关键。他提出，由于科技创新是实现转型升级的主要动力，因此在制度供给方面要重点强化推动科技创新的制度（刘志彪，2017）。韩敬云认为制度创新是贯穿供给侧结构性改革始终的关键性环节（韩敬云，2017）。李后建、张剑通过实证研究，证明弱化政府管制和强化法治水平会对企业创新的去产能效应产生正面影响（李后建、张剑，2017）。

赵志耘提出，要以科技创新引领供给侧结构性改革（赵志耘，2016）。刘向荣认为推动供给侧结构性改革的重要突破口是通过推动科技创新来创造新产业，改善供给结构，推动生产力的快速发展（刘向荣，2016）。张为杰和李少林认为，要以技术创新升级传统产业、培养新兴产业，形成供给侧结构性改革的推动力（张为杰、李少林，2016）。厉以宁认为，在供给侧结构性改革的目标体系中，技术创新是重要的一方面，也是企业开拓市场的保证（厉以宁，2017）。高德步考虑到中国目前的发展阶段既有工业化的特征，也受到信息技术发展的极大影响，认为中国供给创新应该将工业时代的产品创新、工序创新、管理创新和信息时代的创意领先、模式创新以及管理创新相结合。在传导机制上，产品创新和新的创意可以增加新产品供给，工序创新和模式创新可以提高效率、降低成本、扩大供给量，管理创新可以优化组织结构，充分发挥人的作用，同样提高效率、降低成本。此外，他还强调要充分发挥中国国有企业在科技创新和产业创新方面的主体作用（高德步，2017）。

综上所述，以创新推进供给侧结构性改革的重点在于制度创新和技术创新两个方面，以制度创新破除改革的体制机制障碍，以技术创新构建经济发展新动力。

（三）以创新推进供给侧结构性改革的分析框架和作用机理研究

针对以创新推进供给侧结构性改革的分析框架和作用机理，学者们也进行了一些研究。于晓曦、孙英隽对技术创新推进供给侧结构性改革的路径进行了描述，即在经济市场中，新的技术通过企业得以应用到实践中，而单个企业及其关联企业组成了产业部门，新技术通过产业部门扩散到整个产业链，并推动产业结构的调整（于晓曦、孙英隽，2011）。蔡跃洲认为科技进步和创新可以带动生产力，也就是供给侧的质的飞跃，从而推动经济社会的全面、协调、可持续发展（蔡跃洲，2014）。王晓芳、权飞过给出了供给侧结构性改革的逻辑路径，即通过技术创新来提升核心竞争力，增强企业的盈利能力，从而促进市场供需均衡，并最终形成经济增长新动力（王晓芳、权飞过，2016）。王昌林等认为创新的水平决定供给的能力（王昌林等，2017）。无论是降低企业成本，促进产业转型升级，提升企业发展水平和素质，还是提高要素质量和配置效率，从根本上讲都必须大力推进以科技创新为核心的全面创新。

五　评述

通过对现有研究的梳理，可以发现，对于创新在促进经济增长上所发挥的作用的相关研究，已经形成了坚实的理论基础并建立了被普遍认可的经济学分析模型。在此基础之上，进一步的研究明确了创新是经济高质量、可持续发展的动力之所在，可以对生产率提高、企业发展、产业结构优化等发挥正面促进作用。结合中国实施创新驱动发展战略，研究提出要统筹协调产业、企业、技术、体制机制等各个层面，提升企业创新能力，增强科技创新能力，着力推进科技与经济发展结合，有效改善产品供给、技术供给和制度供给。

关于供给侧结构性改革的理论，西方的供给经济学和结构性改革虽然在改进总供给、加强供给侧管理等方面对中国的经济建设具有一定的借鉴性意义，但是其在国情、目标、方法、实践基础等各个方面都与中国的供给侧结构性改革存在根本性的区别。对于中国的供给侧结构性改革来说，提高全要素生产率是目标和重点，促进企业发展是关键、产业结构优化是核心任务，制度创新是重要保障。当前中国对供给侧结构性改革的解读和理论研究主要集中在理论和现实依据、重大意义、基本内涵和要求、思路任务以及实践路径上，从政策层面的研究较多，基于经济学理论和实证的研究较少。

现有研究表明，创新在供给侧结构性改革中具有重要地位，创新通过提高生产率、促进企业发展、推动产业结构优化升级等方式发挥着重要的作用，可以说创新是供给侧结构性改革的关键所在和核心驱动力。而以创新推进供给侧结构性改革的重点，在于体制机制创新和技术创新。此外，供给侧结构性改革强调长期的政策效应，目的是要达到可持续的、动态的供需均衡或者说是经济均衡，与创新经济学所描述的动态均衡有异曲同工的契合之处。

第二章 以创新推进供给侧结构性改革的基本理论及分析框架

一 创新的概念和基本理论

(一) 创新的概念

经济学领域中创新的概念是由美籍奥地利经济学家熊彼特（Schumpeter）首次提出的，他在《经济发展理论》（熊彼特，1990）和《经济变动的分析》（熊彼特，1935）中，对创新进行了描述。熊彼特的经济创新理论是以生产技术和生产方法的变革为基础，其对创新的定义概括起来可以理解为生产要素和生产条件的重新组合，建立新的生产函数。新的组合包括生产新产品、采用新工艺、开辟新市场、获得新材料、实行企业新组织形式，也可理解为产品创新、工艺（技术）创新、市场创新、材料创新、组织创新。他认为创新是一种为了获得更高经济和社会效果而创造并执行一种新方案的经济行为。由此可见，熊彼特所说的创新概念，其含义比较广泛，而且是基于生产角度或者说是供给侧角度的经济概念。

创新的概念有广义和狭义之分。广义的创新包括技术创新、管理创新、商业模式创新、制度创新、服务创新等各个方面的经济行为。美国管理学家德鲁克认为，创新是赋予资源新的财富创造能力的行为，主要有两种：技术创新和社会创新。著名经济学家诺思认为，世界经济发展是一个制度创新与技术创新不断互相促进的过程。经济合作发展组织（OECD）将创新定义为"一种新的或显著改进的产品（货物和服务）、工艺过程、商业模式、组织方式等的实现"。在2015年的《美国国家创新战略》中，将创新定义为一种新的且能够创造价值的创意（idea），其可以体现于技术、产品或付诸实践的过程中。其中特别强调创新并不是一次性的新奇事物，而是具有扩散和延展性。美国俄裔经济学家西蒙·史密斯·库兹涅茨认为对创新内涵的理解应该是，企业以追求利润最大化为目的，通过重组生产要素和条件，建立效能更强、效率更高、费用更低的生产经营系统，包括建立市场、组织以及科学、技术、金融、商业、法律、制度等一系列活动（顾海，2000）。狭义的创新是指技术创新。中国在1999年的《中共中央　国务院关于加强技术创新，发展高科技，实现产业化的决定》中明确指出："技术创新，是指企业应用创新的知识和新技术、新工艺，采用新的生产方式和经营管理模式，提高产品质量、开发生产新的产品、提供新的服务、占据市场并实现市场价值的活动。"（刘敏慧，2009）王青、孙守湖认为技术创新是通过采用新技术、新工艺、新设备及新原料、新产品，达到产品种类的增加、产品质量的提高，从而促进技术进步（王青、孙守湖，2004）。黄静波认为技术创新是新技术的首次商业性应用。其中，新技术会产生新产品和新的生产方法，也就是产品创新和生产流程创新（黄静波，2008）。中国还有些学者把技术创新定义为，引进新物品、新科技，让生产要素不断组合，并使其在社会和市场中得到认可的过程，认为创新的最终目标是创造高市场价值。此外，技术进步也常被用来表示创新，具体来说主要是指利用技术提高生产率的活动，其含义也要广于单纯的技术创新。

由上述内容可知，创新的内涵非常丰富。新的技术、产品、生产过程和商业模式可以促进经济增长、创造就业、提高生产率。这些创新的影响不仅仅来自新技术的发展，同样也来自可以创造经济和社会价值的技术新应用和新商业模式。因此，本书中所提到的创新概念，主要是指新的技术、新的产品、新的业态、新的企业组织方式（包括生产方式和经营管理模式）等及其实现商业化和规模化应用的活动，可用图2-1表示。以历次科技革命为例，蒸汽技术、电力技术、信息技术、互联网技术等新技术的产生，带来了纺织机、轮船、汽车、飞机、电话、个人计算机、机器人等新的产品和服务，使得生产方式逐步改进，机械化制造逐步替代纯手工劳动力制造，企业生产实现规模化，劳动生产率大幅提升。应用互联网技术改进传统商业模式，产生了网上购物、移动支付以及一系列"互联网+"的新业态，极大地改变了人们的生活方式。此外，企业组织方式的改变也是创新的重要组成部分，以福特公司为例，通过流水线生产这一创新，极大提高了汽车生产的效率、降低了生产成本，从而拓展了消费群体和市场，使得汽车成为大众化的普惠产品。以上诸多成果均是创新的产物，并且都通过一定方式达到了商业化应用和规模化应用，实现了市场价值，这才是真正的创新的概念和意义。

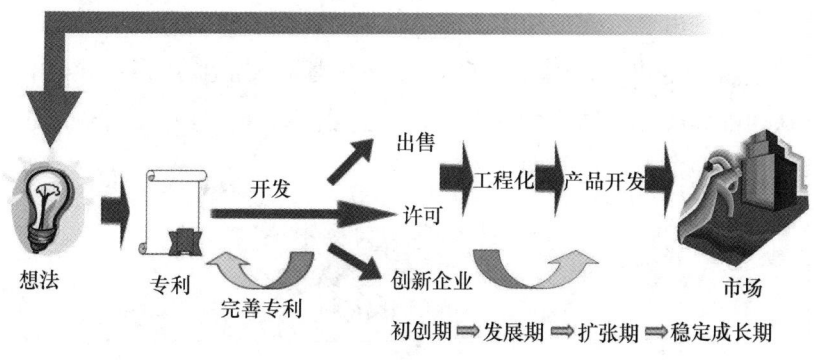

图2-1　本书中创新的概念

（二）熊彼特创新经济学理论

熊彼特在1939年的《经济周期》和1942年的《资本主义、社会主义和民主主义》中，运用创新理论对资本主义的发展变化规律和经济增长及社会进步的动因等进行解释，使得创新理论进一步完善，形成了独特的理论体系。厉以宁曾在《技术创新经济学》一书的序言中，将熊彼特的创新理论归纳为三部分内容：1.创新者即企业家，对垄断利润的追求促使企业家生产新产品或发现新生产方法，即产生生产要素的重新组合，也就是不断创新；2. 经济由于创新而得以发展，创新保证了经济持续不断的发展；3. 创新是一个创造性毁灭的过程，创新是对旧的生产要素的破坏，是对不适应发展的企业的淘汰，即创新又是毁灭。熊彼特通过对资本主义经济运行的考证，从动态的角度进行分析，认为创新是推动资本主义经济发展的内在动力。他认为经济创新会不断地从内部使经济结构发生变革，不断破坏旧结构并创造新结构。经济的运动和发展、周期性起伏波动也是来源于创新的作用。熊彼特的创新理论对经济的非均衡增长以及社会发展非稳定性的影响给出了解释，是对此前从传统静态均衡角度出发的经济增长理论的突破。此外，值得注意的是，熊彼特曾提出，经济体系中的创新一般是由生产者发起，而消费者则是被引导产生新需求。换言之，创新的主动权在生产者一方。由此，也可以理解为熊彼特认为经济的发展是由供给侧推动的。总结熊彼特的经济创新理论，从生产要素的重新组合出发，通过生产者（或者理解成企业）得以实现，最终从内部导致经济结构的不断变革，这本质上是经济供给侧的变革，其理论框架可以简化为图2-2。

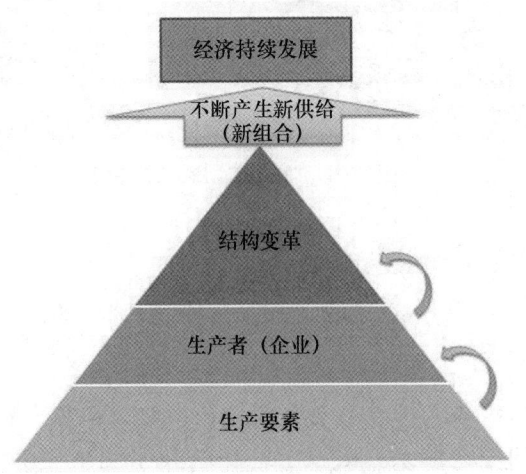

图2-2 熊彼特经济创新理论的简要框架

从 20 世纪 80 年代开始，新熊彼特主义经济学逐渐形成。Haunsch 和 Pyka 曾对新熊彼特主义经济学进行定义，认为其研究内容是由各种创新的引入以及相关的协同衍化过程所驱动的经济质的转化的动态过程（Haunsch，Pyka，2007）。这一学派遵循并发展了熊彼特的创新经济学理论，聚焦国家创新体系、经济长波、产业演进等领域研究创新在经济发展中的作用。国家创新体系从系统的视角和国家层面，将创新与社会、制度等因素结合起来，研究一个国家的创新能力，认可创新政策的作用。长波理论从历史衍化的角度考察技术变革及其与经济、社会整体变迁和协同衍化的方式。产业演进则是研究创新与产业演进和转型发展的关系。熊彼特创新经济学坚持用系统的动态衍化的视角分析经济发展，重视经济的结构问题，强调从供给侧着手改革。其基本特征从一定程度上与中国供给侧结构性改革的实践相符，在创新和创新驱动发展方面取得的一些研究成果对于中国实践具有现实意义。

（三）纳入创新因素的经济增长理论

1. 古典增长理论和马克思主义政治经济学

对于创新促进经济社会发展的作用，在古典增长理论的代表人物亚当·斯密的《国富论》中已有体现。他指出国家财富的增长在于分工，而其中一个重要原因是分工可以促进某些机械的发明，这些机械可以减少劳动力的投入，提高劳动生产率。这表明亚当·斯密已经认识到在资本和劳动力之外，技术的进步也是促进经济增长的重要因素。马克思（Marx）在《资本论》中也多次提到技术进步对资本主义发展的重要促进作用。他非常关注和重视科学力量的发展及其在生产中的应用、对生产关系和社会关系的变革。在马克思主义政治经济学理论中，技术创新可以归为生产力的范畴，制度变迁可以归为生产关系的范畴。马克思曾使用"机器""技术""发明""机器为基础的生产方式的变革""劳动资料的革命""资本有机构成的变化"等来指代技术进步与创新,而"劳动生产率"的提高与"资本有机构成"的变化则被用来衡量技术创新的程度。《资本论》中提到产量的增加可以不依赖于资本量的增加,可以通过加强对自然力的利用,提高劳动者的技术熟练程度,改进劳动协作和组织等来实现,这实际上都是与创新的积累(技术进步和制度创新)所发挥的效应紧密相关。

2. 新古典增长理论

20世纪50年代,经济增长理论进入新古典时代,也称为外生经济增长理论。同一时期,西方经济学理论界重新对熊彼特的创新经济学理论进行认识,将技术进步作为外生变量,开始了对创新与经济增长的关系的研究,并提出了测算创新对经济增长贡献的方法。其间对美国对外贸易中"里昂惕夫之谜"的研究也在一定程度上推动了对技术创新的研究。在此之前,创新经济学理论在相当长的时期中并未引起理论界的足够关注。美国经济学家索洛是新古典增长理论的代表性人物。他在1956年的《对经济增长理论的贡献》中提出,实现长期均衡状态的经济增长率是由劳动增长率与技术进步决定的。在1957年的《技术进步与总生产函数》一文中,索洛给出了一个测度经济增长中技术进步贡献率的比较科学的方法,并由此测算出对美国1909—1949年的非农业部门的劳动生产率的提高中,87.5%的贡献来自技术进步。另外,斯旺(Swan)、米德(Meade)和萨缪尔森(Samuelson)等人也提出了与索洛基本一致的观点和相应的增长模型。新古典经济增长理论将技术进步视为同资本、劳动力一样的经济增长要素,深入研究了技术进步对经济增长作用,证明了技术进步是经济增长的引擎和动力。此外,这一理论对政府在技术创新的干预作用也给予了肯定,认为当技术创新在资源配置等方面出现"市场失灵"情况时,政府可以采取财政、金融等间接调控手段予以干预,以促进技术进步对经济的推动作用。但是,由于新古典经济增长理论假设技术进步是外生的,因此无法解释技术进步产生的原因,具有一定的局限性。

3. 新增长理论（内生增长理论）

20世纪80年代中期以来，以罗默和卢卡斯（Lucas）为代表人物的新增长理论突破了新古典增长理论关于技术进步外生性的假设，强调技术进步是内生的，而资本积累和创新都是促进技术进步和经济增长的重要力量（严成樑、龚六堂，2009）。罗默和卢卡斯等提出的AK模型反映了内生增长理论的基本思想（罗默，1986；卢卡斯，1988）。此后，以罗默为代表的一些经济学家在动态一般均衡的框架下提出了内生的研发和创新推动经济增长的作用机制（Romer，1990）。格罗斯曼和赫尔普曼提出了横向创新理论模型，强调经济增长主要是通过水平创新模式实现。即创新使得产品和生产投入品的种类不断增多，生产者获得垄断利润并降低后来者的研发成本，使得内生创新继续进行，并推动生产率和经济的不断增长（Grossman，Helpman，1991）。阿格赫恩和豪威特提出了纵向创新理论模型，强调经济增长主要是通过垂直创新两种模式实现的。即创新使得产品质量不断提高，生产者通过不断地暂时保持技术领先获得准租金，质量低的产品被逐步淘汰，从而促进技术的不断进步。同时，他们也认为创新可以带来最终生产部门的全要素生产率提高（Aghion，Howitt，1992）。新经济增长理论将创新作用内生化，对创新作用于经济增长的机制进行了详细论述，从理论上明确解释了创新是经济持续增长的源泉和关键动因，突破了新古典增长理论的局限性。

4. 制度经济理论

制度经济理论特别是新制度经济理论的出现，为研究长期经济增长提供了全新视角。其将制度视为经济增长的内生变量，丰富了经济增长理论。制度创新也可称为制度变迁，通常认为其包含新制度的产生和新旧制度模式转换两个方面。新制度经济理论的代表人物诺斯（North）通过对海洋运输业中生产效率等问题的研究，证明了经济组织和市场制度的变革可以有效提高生产效率（North，1968）。诺斯认为制度是一系列被制定出来的规则、程序和行为的道德伦理规范。他将制度分为正式和非正式两类，正式的制度包括政府制定的法律法规和政策，非正式制度包括价值信念、伦理规范、道德观念、风俗习惯及意识形态等因素。20世纪70年代以来，以诺斯为代表的新制度经济学家在深入研究制度创新问题的基础上创立了制度创新理论，认为制度是决定经济绩效的关键因素。制度创新通过促进技术创新的形成、改善资本、推动教育发展等促进经济增长。通过后续研究，新制度经济学家进一步指出制度变迁或制度创新对经济增长具有决定性作用（诺斯、托马斯，1994；Olson，1996）。

（四）基于创新的经济增长理论的数理解释——以索洛模型为例

通过绪论中对供给侧结构性改革理论的研究可以发现，其更加强调长期的政策效应，目的是要达到可持续的、动态的供需均衡或者说是经济均衡。因此，借鉴索洛模型的思路和方法，对稳态情况下创新促进经济可持续增长和发展的论断进行数理分析。首先给出以下假设：

假设1. 规模报酬不变，即 $F(NK, NL) = NF(K, L)$。

假设2. 资本和有效劳动的边际收益递减。

假设3. 投资等于储蓄且为常数，即 $\Delta K = I$，$I = S$，$\Delta K = S$。

假设4. 储蓄率 s 和折旧率 δ 是外生给定的，$S = sY$。

用 A 来表示创新，将生产函数扩展为：

$$Y = F(K, L, A) \tag{2.1}$$

被解释变量 Y 为总产出，其随解释变量资本 K、劳动力 L 和创新 A 的变化而变动。将有效劳动用 AL 表示，公式（2.1）可简写为：

$$Y = F(K, AL) \tag{2.2}$$

上式可以解释为，资本和有效劳动决定了产出水平。在给定资本存量的情况下，如果创新水平提高 N 倍，要保持等量的产出则所需劳动力将减少为原来的 1/N。

在稳态下，人均资本和人均有效产出是稳定不变的，使用人均情况进行分析，公式（2.2）可写为：

$$Y/AL = F(K/AL, 1) \quad (2.3)$$

即 $y = f(k)$ (2.4)

用 g_L 表示劳动力增长率，g_A 表示创新率，则有效劳动 AL 的增长率可以表示为 $(g_L + g_A)$。为了维持单位有效劳动，所需的必要投资水平可以表示为：

$$\delta k + (g_L + g_A)k = (\delta + g_L + g_A)k \quad (2.5)$$

人均资本的净变化即是储蓄超出必要投资的部分：

$$\Delta k = sy - (\delta + g_L + g_A)k \quad (2.6)$$

在稳态下，$\Delta k = 0$，则

$$sy^* = sf(k^*) = (\delta + g_L + g_A)k^* \quad (2.7)$$

稳态下，人均有效资本和人均有效产出均保持不变，分别为 k^* 和 y^*，见图 2-3。稳态情况下的总产出 $Y = ALy^*$，由于 y^* 保持不变，则总产出的增长率取决于劳动和创新的增长率，即为 $(g_L + g_A)$。由此可推稳态下人均产出增长率等于创新率 g_A。也就是说创新可以导致人均产出的持续增长，在一定程度上论证了创新是经济持续增长的源泉，也就是说创新可以保证经济的可持续发展。

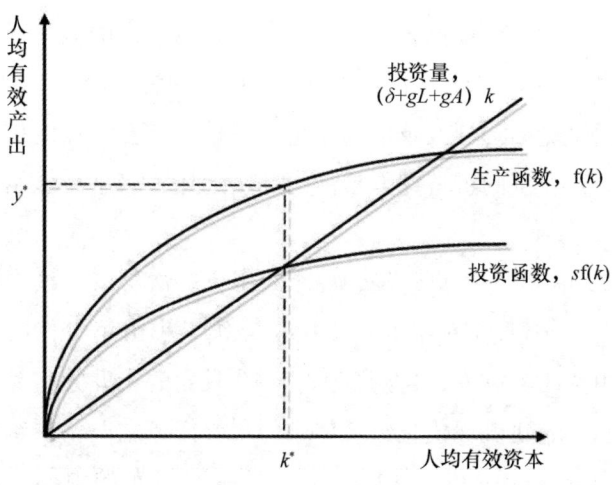

图 2-3 稳态下的人均有效资本和产出

综上所述，自古典增长理论开始，包括马克思主义政治经济学、熊彼特创新理论、新古典经济增长理论、内生增长理论以及制度经济学在内，无论是从学理还是经济模型上来看，研究创新在促进经济增长上所发挥的作用已经形成了坚实的理论基础。

二　中国供给侧结构性改革的基本理论和分析框架

（一）中国供给侧结构性改革的概念与经济学中的结构理论

1. 中国供给侧结构性改革的概念

当前，中国正处在新旧动能转换的关键时期，经济发展步入新常态，原有依靠出口、投资、消费"三驾马车"，通过数量型扩张投入来拉动的经济发展模式已经动力不足。与此同时，人口、土地等传统要素红利逐渐减少、生产成本大幅攀升，宏观经济形势发生了诸多变化，经济体系的持续运行面临着诸多矛盾和问题。其中，"结构性问题最突出，矛盾的主要方面在供给侧"。再加之世界经济格局处在深刻调整之中，各主要经济体都力求通过结构性调整提升在全球分工中的新位势，中国的传统比较优势正在逐步减弱，新的竞争优势尚未形成，面临着"前有围堵、后有追兵"的双重挤压态势。因此，迫切需要通过供给侧结构性改革向高质量发展模式转变，深度挖掘经济增长强力，提升经济的可持续发展能力。在上述背景下，供给侧结构性改革应运而生。

从2015年11月中央财经领导小组第十一次会议首次提出推进经济结构性改革，到2016年1月中央财经领导小组第十二次会议研究供给侧结构性改革方案，再到2017年10月党的十九大将深化供给侧结构性改革作为建设现代化经济体系的重要任务之一，供给侧结构性改革在国内外备受关注。根据《人民日报》发布的内容，供给侧结构性改革的概念可以理解为"供给侧+结构性+改革"的有机统一，即从提高产品的供给质量出发,用改革的办法推进结构调整,矫正要素配置扭曲的状况,扩大产品的有效供给,提高供给结构对需求变化的适应性和灵活性,进而提高全要素生产率,更好满足广大人民群众的需要,促进经济社会持续健康发展(陈曦、刘继光,2017)。这一概念是在马克思主义指导下的中国特色社会主义政治经济学的理论创新,是与中国国情和发展实践相结合的产物。特别需要注意的是,中国供给侧结构性改革与西方供给经济学和结构性改革在国情、目标、方法、实践基础等各个方面都存在根本性的区别,不可混为一谈。

2. 经济学中的结构主义理论

经济结构主要考察国民经济的构成及其各个因素之间的相互关系,主要包括各个部门、各个地区、各种组织以及社会再生产的各方面(冯根福、刘世爵,1983)。具体到本书的三个层次,分别涉及代表各类要素之间关系和相对比重的要素结构、代表各种类型企业之间关系和比重的企业结构以及代表国民经济中各类产业的构成和比重的产业结构。经济结构的合理与否,对国民经济的顺利发展和人民生活水平的改善和提高具有至关重要的作用。经济结构是在生产力和生产关系、经济基础与上层建筑的矛盾运动中形成和发展的。因此,对于经济结构的研究,要联系生产力、生产关系和上层建筑。

通常认为结构主义是在20世纪五六十年代被引入经济学分析,其批判了新古典经济学的假设前提(樊士德,2009),主要强调经济的结构特征,被称为结构主义经济学,或者说经济学中的结构主义理论。最早源于拉美经济委员会主任Raul Prebisch并在此后不断发展,在此对其发展历程不再赘述。结构主义的研究方法有三个特点:首先,结构主义思路区别于以发达国家社会经济结构为分析背景的新古典主义经济学理论,对完全竞争、价格灵活调整等的完美性持怀疑态度,在一定程度上主张政府干预,相对更适用于发展中国家经济发展的研究;其次,结构主义理论重视经济持续的非均衡状态,从经济的整体性和系统的结构角度分析其发展;最后,结构主义理论注重对经济结构的动态演化的研究。结构主义理论通过结构刚性和制度刚性分析非均衡状态,进而解释经济发展运行机制(马颖,2002)。从供给侧角度来看,结构刚性是指资本和劳动等要素的流动迟缓,商品和服务的供给落后,不能迅速调节以适应需求量的变动;制度刚性是指制度结构不能对经济发展做出迅速的反应和调节。值得注意的是,发展中国家宏观经济结构和各个生产部门之间的关系是结构主义重要的研究对象,其认为巨大的结构变化所能带来的显著的规模经济、递增收益和外部经济效应,可以促进和加速发展中国家的经济发展。由此可见,结构主义理论对中国推进供给侧结构性改革具有一定的借鉴意义。

综上所述,结合经济学中的结构主义理论和中国实际,本书中所研究的供给侧结构性改革具体为中国目前正在实施推进的供给侧结构性改革,既体现经济学普遍意义上的供给侧的结构性调整,又具有基于本国实际的中国特色。其概念可以理解为从国民经济的供给侧着手,针对由于结构失衡所带来的非均衡状态,在发挥市场调节作用的同时,运用整体性、系统性的改革手段,促进国民经济中的产业、企业、要素等各方面结构的动态优化,从而实现经济的高质量、可持续发展。

(二) 推进供给侧结构性改革的基本框架

各界学者对供给侧结构性改革的基本要求和分析框架进行了大量研究。有学者从产业视角对供给侧结构性改革进行分析,认为供给侧结构性改革的着眼点是产业和企业,相关政策的着力点和落脚点是激发企业创新能力、改变供给结构、提升供给质量、提高全要素生产率,提供更多有效供给。此外,还提出改革的核心是提升效率和提高全要素生产率,同时强调在资本、劳动、人力资本和技术四个供给侧增长因子中,要将技术作为核心因子(陈少兵,2016)。这一观点中明确提出了全要素生产率、企业、产业在供给侧结构性改革的重要组成部分,也再一次强调了创新对推进供给侧结构性改革的核心作用。王昌林等通过"供给侧 + 结构性 + 改革"的结构对供给侧结构性改革的核心要义进行分析,将"供给侧"分为生产要素、生产者和产业三个逐次递进的层次,构建了金字塔形的供给体系分析结构(详见图2-4)。同时,提出"结构性"即为生产要素、企业和产业的配置组合,结构决定了经济发展的质量和效率;"改革"则是通过完善制度建设来调整生产关系,改变配置组合(王昌林等,2017)。本书将借鉴这一框架内的结构要素,通过对要素、企业、产业三个层次的分析,具体阐述以创新推进供给侧结构性改革的实现路径和传导机制。

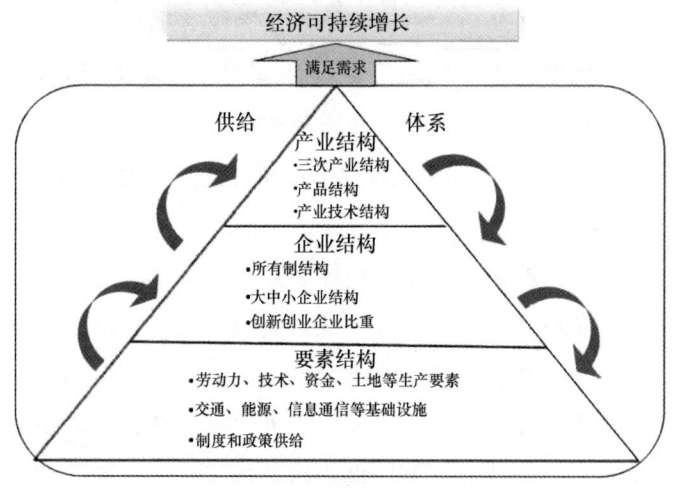

图2-4 供给侧结构性改革的分析框架①

1. 提高要素质量和配置效率是推进供给侧结构性改革的基石

劳动力、资本、技术、土地、资源等是物质生产所必需的关键要素,是维系国民经济运行及企业生产经营所必需的基本条件。从长期看,影响经济增长的主要动因是劳动力素质的提高、知识的增长、资

---

① 图片来自王昌林等,2017,《供给侧结构性改革的基本理论:内涵和逻辑体系》,《宏观经济管理》第9期。

源配置效率和结构的变动等因素。目前中国在要素领域存在的主要问题包括劳动力供需结构失衡、金融资源配置方式和对象不适应经济转型需求、有效科技成果供给不足、抑制发展的体制机制束缚过多等。因此，推进供给侧结构性改革，必须着力提高生产要素的质量和配置效率，包括提高劳动力素质，提高技术的有效供给，提升金融服务实体经济能力，推进土地制度、资源环境制度等改革，盘活过剩产能沉淀的各类生产要素，让生产要素从低效率、过剩领域转移到高效率、有需求领域，实现资源优化再配置，进而提高全要素生产率。

2. 提升以企业为主的市场主体的发展水平和素质是推进供给侧结构性改革的关键

企业是生产活动的组织者，也是产品和服务的提供者。生产要素的组织和投入需要企业来执行，产品的生产、流通需要企业来完成，具有同类属性的企业经济活动的集合形成了产业。企业是经济体系中的供给主体，是经济政策得以落实并生效的关键。因此，企业作为最重要的市场主体，在供给体系中处于承上启下的关键地位。目前中国企业存在的问题主要体现在市场主体多元化不足，包括缺乏有竞争力和创新能力的企业，大多数行业企业普遍规模较小、缺乏大企业、产业集中度不高，一些行业虽然有大企业，但存在创新能力不足、主业不突出、竞争力不强等问题。因此，推进供给侧结构性改革，必须发挥企业、企业家、创业者等的关键作用，优化企业素质结构、规模结构，增强企业竞争力和创新能力，激发各类市场主体的创业、创新活力。

3. 实现产业结构的优化升级是推进供给侧结构性改革的核心任务

大量研究表明，合理的产业结构是经济发展的必要条件。只有产业供给符合市场需求、产业结构适应需求结构，要素资源才能得到有效配置和利用，经济才能实现可持续发展。目前中国产业结构存在的主要问题包括高知识技术密集型产品供给不足，一般工业消费品和低端农产品严重过剩，但高质量、高性价比产品供给不足等。因此，推进供给侧结构性改革既要做强做大优势产业、培育壮大新兴产业、加快改造传统产业、发展现代服务业、推进农业供给侧结构性改革，又要主动淘汰落后产能，腾出更多资源用于发展新产业，有序推动产业在区域之间的合理布局，并提高中国产业在全球价值链条中的地位。

综上所述，供给侧结构性改革主要包括三个层次的任务：一是要素层面，要提高要素质量和配置效率，这是推进供给侧结构性改革的基础；二是以企业为主的市场主体层面，要提升市场主体的发展水平和素质；三是产业层面，要促进产业转型升级。这三个层次形成了递进关系，即生产要素投入企业，企业生产出产品和服务，形成产业，进而推动经济发展。推进供给侧结构性改革的逻辑框架如图2-5所示。

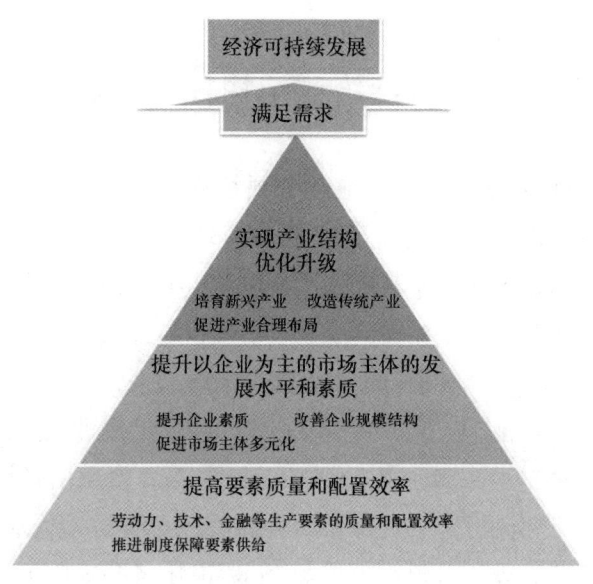

图2-5 推进供给侧结构性改革的逻辑框架

此外，供给侧结构性改革的最终目的是满足需求，深入研究市场变化，理解现实和潜在的需求，在继续解放和发展社会生产力的过程中更好满足人民日益增长的美好生活需要。主攻方向是提高供给质量，减少无效和低端供给，扩大有效和中高端供给，增强供给结构对需求变化的适应性和灵活性。根本途径是深化改革，完善市场机制在资源配置中的决定性作用，深化行政管理体制改革，打破垄断，健全要素市场，真正发挥价格机制在引导资源配置方面的作用。当前的具体任务包括"三去一降一补"，即去过剩产能、去房地产库存、去债务杠杆、降企业成本、补发展短板（陈曦、刘继光，2017）。深化供给侧结构性改革的重点在于"破立降"，即破除无效供给、培育新动能、降低实体经济成本。今后，仍将继续坚持以供给侧结构性改革为主线不动摇，更多采取改革的办法，更多运用市场化、法治化手段，在"巩固、增强、提升、畅通"八个字上下功夫。即巩固"三去一降一补"成果，增强微观主体活力，提升产业链水平，畅通国民经济循环。

三 创新与供给侧结构性改革的关系

习近平总书记强调，"适应和引领经济发展新常态，推进供给侧结构性改革，根本要靠创新"，"要以全球视野、国际标准提升科学中心集中度和显示度，在基础科技领域作出大的创新、在关键核心技术领域取得大的突破。要突破制约产学研相结合的体制机制瓶颈，让机构、人才、装置、资金、项目都充分活跃起来，使科技成果更快推广应用、转移转化"[①]。习近平总书记还指出，"推进供给侧结构性改革，落实好'三去一降一补'任务，根本要靠创新，必须在推动发展的内生动力和活力上来一个根本性转变，塑造更多依靠创新驱动、更多发挥先发优势的引领性发展"。上述论述精辟阐述了创新和供给侧结构性改革之间的关系。由此可见，推进供给侧结构性改革根本要靠创新，其中既包括科技创新，也包括制度创新。

---

① 《践行新发展理念深化改革开放 加快建设现代化国际大都市》，《人民日报》2017年3月6日。

供给侧结构性改革中的供给侧实质上就是生产侧，即通过改进生产方式、提高生产效率等来扩大高端、有效产品的供给，促进供给与市场的有效均衡。从供给侧来看，主要包括五大要素，即劳动力、资本、土地和自然资源、技术、制度，其中劳动力、资本、土地和自然资源是传统的生产要素供给，技术是创新带来的生产要素供给，此外制度供给也是重要的一个方面。创新既通过带来新技术这项重要生产要素从而产生新产品供给，也通过带来新业态、新企业组织方式等影响供给质量和效率的成果。改革开放以来，中国经济在一段时期内保持了长期高速发展，主要得益于劳动力、资本、土地这三大要素的支撑。随着中国经济发展进入"新常态"，人口红利降低、土地等资源要素成本上升、资本边际效益递减，使得传统三大要素的驱动作用正在减小，创新驱动成为必然。创新是五大发展理念之首，是引领发展的第一动力，也是贯穿供给侧结构性改革的主线。以科技创新为核心的全面创新，对于提高要素质量和配置效率、提高全要素生产率、提升企业发展水平和素质、促进产业结构优化升级具有重要作用，更有利于增强有效供给、提高供给结构的适应性、促进经济运行提质增效，在供给侧结构性改革中发挥核心和关键作用。

（一）创新是推进供给侧结构性改革的现实路径选择

供给侧结构性改革不仅要考虑短期的平衡，而且要考虑长期发展；不仅要考虑总量的平衡，而且要考虑结构的优化。抓创新就是抓发展，谋创新就是谋未来。无论从时代背景、现实需求，还是阶段目标来看，要实现供给侧结构性改革的任务和目标，很重要的一点就是要通过创新来实现新的供需平衡。

1. 以创新把握新科技革命的机遇符合供给侧结构性改革的时代背景

促进人类社会不断发展的主要因素是有效供给对于需求的回应与引导。从蒸汽机革命、电气革命再到信息技术革命，每一轮科技革命和产业变革总能创造出新的供给能力，带动新的巨大需求，形成新的供需平衡。当前，新一轮科技革命和产业变革已经蓬勃兴起，这是推进供给侧结构性改革的时代背景，也是最大的机遇。新的科技革命将给供给侧带来三个方面的重大变革，一是推进生产工具从机械化、自动化向智能化、数字化、网络化的跃升，提升创造新供给的能力和水平；二是激发知识、技术、智力、数据等高能生产要素潜力，在要素供给方面取得新突破；三是将信息技术革命、生物技术革命、新能源革命等引向深入，拓展劳动对象范畴，形成新的经济范式，推动供给体系和供给方式的深刻变革。这三个方面的根本性变革将带来供给能力的大幅跃升，能否抓住机遇实现供给结构的根本性调整，是决定能否实现新的供需平衡的重要因素。

2. 以创新解放和发展生产力可以满足供给侧结构性改革的现实需求

供需失衡的三大问题（有供给无需求、有需求无供给、供给体系低效率抑制有效需求）是制约中国经济持续发展的主要矛盾，矛盾的主要方面集中在供给侧。解决问题的关键是解放和发展生产力，着力提高供给体系的质量和效益。一方面，要通过"三去"淘汰落后生产力，创造发展新空间；另一方面，更重要的是要突破束缚生产力发展的障碍，激发市场主体创新活力，发展新的生产力，创造更多有效供给和高端供给。2008年国际金融危机以来，世界经济持续疲软，有效需求不足、增长动力匮乏是全球性的困难。研究观察不难发现，各国、各地区对金融危机的应对之策不同，效果也大相径庭。从国内看，一些城市将增长寄希望于房地产、基础设施等投资拉动，泡沫风险日益严重。与此相反，以深圳为代表的一些城市，将金融危机作为倒逼转型的重大机遇，加大创新投入，顺利实现产业转型和动能升级。深圳GDP增长50%的贡献来自战略性新兴产业。实践证明，唯有创新才能推动生产力达到新水平，唯有创新才能创造新供给，进而引发新需求，最终实现供需匹配。

3. 以创新促进高质量增长有助于实现供给侧结构性改革的阶段目标

按照索洛的经济增长理论，推动经济增长的因素包括劳动、资本、自然资源等生产要素的投入以及技术进步、资源配置效率提升、生产组织优化、规模效益等全要素生产率的提升两大方面。各国经验表明，要素投入在进入中等收入水平之前对发展的贡献更为显著，而从中等收入向高收入的跨越更多要靠全要素生产率的提升，要实现这一目标就必须走创新驱动发展道路。不同时期实施的供给侧管理政策，目标和着力点不尽相同。20世纪八九十年代，中国也在供给侧实施了卓有成效的改革举措，取得了经济奇迹。比如家庭联产承包、发展乡镇企业、支持劳动人口农转非、支持技术和资本的引进等，其主要着力点在于打破对生产要素流动的束缚，提高要素配置效率，释放要素潜力，提升供给能力，从而在要素驱动和投资驱动道路上取得了举世瞩目的成就。当前，中国正处于从中等收入国家向高收入国家跃升的关键阶段，人口红利即将消失，能源资源、生态环境约束凸显。近年来，投资收益率大幅降低，靠生产要素投入的规模扩张来拉动经济增长的道路已难以为继。现阶段，推进供给侧结构性改革必须通过加快技术进步、提高人力资本素质、改革产业组织模式来促进全要素生产率的提升，培育经济发展的新动能。从这个角度看，供给侧结构性改革的目标，就是推动经济发展从要素驱动的低水平阶段向创新驱动的高水平阶段迈进。

（二）创新是推进供给侧结构性改革的根本动力

推进供给侧结构性改革，就是要减少无效和低端供给，扩大有效和中高端供给，增强供给结构对需求变化的适应性和灵活性，实现更高水平的供需平衡。实现这个政策目标必要要解决有效供给不足、要素配置扭曲、供需衔接不畅等一系列问题。马克思主义政治经济学认为创新活动是协调生产力与生产关系、经济基础与上层建筑之间矛盾的重要机制，习近平总书记也多次强调，创新是引领发展的第一动力，发展动力决定发展速度、效能、可持续性。这里强调的创新，是以科技创新为核心的全面创新，涵盖技术创新、组织创新、制度创新等方方面面。

1. 技术创新是提升有效供给能力的核心动力

当前中国低端供给过剩、有效供给不足，产品和服务的供给质量不能适应需求变化，一方面，大量制造业领域严重产能过剩；另一方面，高端需求要靠进口产品、海外购物来满足，中国庞大的市场需求没有有效转化为经济增长的动力。解决这个问题的突破点就是建立市场导向的技术创新机制，引导更多企业围绕需求变化强化技术创新，创造高端产品和优质服务。习近平总书记多次强调，当今时代社会化大生产的突出特点，就是供给侧一旦实现了成功的颠覆性创新，市场就会以波澜壮阔的交易生产进行回应。例如，2014年中国新能源汽车正式进入产业化阶段，2014年、2015年两年销量增长均超过300%，2016年销量突破50万辆，占全球市场的40%以上。另外，近年来中国智能手机、生物创新药、移动互联网等的迅猛发展都说明，只要紧扣经济社会发展重大需求，加快技术创新步伐，把创新成果变成实实在在的产业化活动，不断适应多样化、个性化、高端化的需求变化，提高产品和服务的质量和竞争力，就能将供给侧结构性改革落到实处。

2. 以数字经济为依托的生产组织创新是实现供需有效衔接的重要动力

供需衔接不顺畅、供需信息不对称是导致供需失衡的又一个大问题，突出体现在创新要素衔接难、物流效率低、交易成本高、个性化需求得不到满足，等等。应该看到，当前中国模仿型、排浪式消费阶段基本结束，主流消费更加注重个性化和多样化。传统以工厂为中心，规模化、批量化生产，层层转包的模式已经不能适应新的需求变化。与此同时，新一代信息技术持续蓬勃发展，在经济社会各个方面广泛渗透和深度融合，推进生产、流通、消费等经济活动发生深刻变革。生产组织的数字化转型能够有效解决供需信息不对称、衔接效率低等问题，这是供给侧结构性改革的重要驱动力。事实上，数字经济的发展给生产力和生产关系都带来了重大变革。生产力层面，知识和信息（数据）成为关键生产要素，生产工具内涵逐渐从实物扩充到信息通信技术。信息化的应用加速了资源要素流动，降低了资源利用成本，提高了供需匹配效率。生产关系层面，信息技术的渗透推动了资源共享化和组织平台化，生产资料的所有权和使用权实现分离。在近年来的企业实践中，海尔对生产组织的创客化、平台化改造，青岛红菱创立的客户决定生产（C2B）的营销模式，以滴滴出行、共享单车、小猪短租为代表的分享经济业态，虽然生产力都没有大的突破，但供给形式发生了革命性的变革，用精准化、灵活化的供给满足个性化的需求，实现了供需结构的有效衔接。与此同时，生产企业利用云计算和大数据分析迅速掌握真实的市场需求，提升需求信息的实时性和有效性，能够更有效地提供产品和服务，最终使更高水平的供需平衡成为可能。

3. 制度创新是优化要素配置的关键动力

解决要素配置结构扭曲，提高资源向中高端实体经济配置的效率根本上要靠改革，必须通过制度创新激发市场主体的内生动力和活力。熊彼特提出，创新是对生产要素的重新组合的过程。从计划经济向市场经济转轨的变革，极大地解放了生产力，这是过去几十年中国经济增长的最强劲动力。当前改革进入深水区，制度创新所蕴含的发展动力也在积聚中越发壮大，一旦阻碍创新的制度樊篱被打破，经济社会将迎来第二次迅猛增长。优化要素配置，在微观层面，要通过制度创新激发企业家、科研人员和劳动者的创新精神，调动人的积极性。党的十八大以来，国家着力推动的科技成果"三权下放"改革、股权激励改革、"双创"政策环境的营造，这些都是围绕激发创新精神，从而推进供给侧结构性改革的重要着力点。在宏观层面，要通过制度创新将更多优质资源配置到有创新力和竞争力的企业和产业上，让资源更多地流向有需求、有前途、效益高的经济形态，从而优化供给结构，提高供给水平。放宽新兴领域的市场准入限制、实施普惠性的创新制度等的提出，都为实现供给侧结构性改革的长期目标提供了强劲动力。

（三）创新是推进供需两侧共同发展的有效手段

随着中国经济的快速发展，供给和需求的规模都在迅速扩张。供给在量上大幅提升，但需求向更高质量、更具个性化和服务化的方向迈进。这也导致了有效供给不足、供需错配这一重大问题。创新既能创造新供给，又可带动新需求，是推进供需两侧共同发展的有效途径。新需求催生新供给，新供给创造新需求。推进供给侧结构性改革，要实现供给和需求在结构上的互动与统一，促进经济发展的可持续性。在2017年"一带一路"国际合作高峰论坛举行期间，被20国青年评为中国"新四大发明"的高铁、网购、支付宝和共享单车，是中国从"跟跑"到"并跑"再到"领跑"过程中创新支撑的标志性产品和服务。它们不仅代表了科技创新、管理创新、商业模式创新等创新引领的巨大发展，更是从供给侧发力提高供给质量和效率、改变需求结构、促进行业提升和快速发展的鲜活案例。

1. 创新创造新供给

创新可以催生新要素、新产品、新技术、新企业、新制度以至新的产业，创造出各类新的供给，大力提升供给体系能力，有效满足消费者对高质量、多样化、个性化产品和服务的需求，从而弥合供给与需求的脱节部分。以高端装备自主创新为依托的高铁在方便、快捷、舒适度等方面大大提升了中国铁路客运供给质量。同时，陆续推出的高铁创新产品和服务，包括开行夜间高铁动卧列车、开发新一代网上铁路客票系统、提供高铁网络订餐等，满足多元需求，改善出行体验，不断提升供给水平。随着数字技术的飞速发展，以淘宝、京东为代表的互联网电商平台成为新经济引领者，通过保障供需快速对接的平台供给，消除地域限制和城乡限制，有效降低成本，扩大交易规模，提高交易效率。支付宝、微信支付等以移动网络技术和智能手机技术为支撑的普惠金融带动了一系列新供给的产生，网络约车、网络直播、网络音乐等互联网行业迅猛发展。共享单车的出现，带来了"共享单车＋公共交通"的新出行模式，大大提高了自行车的使用效率，也为减少城市资源浪费、节约城市空间、促进绿色低碳出行发挥了作用。网购、移动支付和共享经济使得互联网和实体经济深度融合，不仅提供了新的供给方式和供给渠道、降低了交易成本和企业运行成本、催生了一系列新产品和新产业供给，更是为国民经济发展提供了珍贵的大数据供给。通过大数据可以帮助产业链上下游及时了解需求，进而又倒逼供给侧的改革创新。

2. 创新带动新需求

创新可以释放由于产业技术限制而无法满足的潜在需求，从而提升需求结构。高铁的出现也大大改变了人们的出行和消费需求。据统计，2016年高铁发送旅客人数为11.8亿人次，占国家铁路发送旅客的42.6%，已成为人们的出行首选。此外，2013—2017年，仅京津冀地区，高铁客流带来的新需求，就为6万余家企业和单位带来了"高铁红利"。淘宝、京东等电商平台的供给也直接导致了中国网购需求的大幅增加。根据中国电子商务研究中心的数据，2017年上半年中国网购用户达到了5.16亿人。2016年中国电子商务交易额超过20万亿元，网民7.1亿人，互联网普及率达到51.7%，平台经济已经占据了GDP的10.5%。支付宝等移动支付手段大大改变了人们的生活需求，通过网约车软件进行叫车和付款，通过微信预约挂号就医，通过扫描二维码支付餐费并享受优惠，以及通过支付宝缴纳水电煤气等生活费用已经成为常态。摩拜单车的数据显示，共享单车出现后，在自行车、公共交通、小汽车三种交通方式中，自行车出行次数的占比由5.5%提高到11.6%，而小汽车的出行次数减少了55%，大大改变了人们的出行需求。

四 以创新推进供给侧结构性改革的基本框架

中国大力推进供给侧结构性改革,本质上来说是要提高经济发展的质量和效益,促进可持续发展,提升国家整体竞争力。根据波特1990年提出的国家竞争优势理论,衡量一个国家整体优势和竞争力的关键是该国的竞争环境和对创新的推动是否有效。除了政府政策和可遇而不可求的机会这两个方面以外,一个国家竞争优势主要取决于四个要素:一是要素条件,如熟练劳动力的供给、资本公积、自然资源、基础设施状况等;二是需求状况,即该国市场对产品和服务的需求;三是相关及支持产业;四是企业的战略、结构与竞争状况。六个方面形成了著名的钻石模型,如图2-6所示。结合中国的供给侧结构性改革来说,钻石模型主体四要素中,产业、企业、要素三个方面都处于供给侧,是提升国家竞争优势的主要方面,也是研究供给侧结

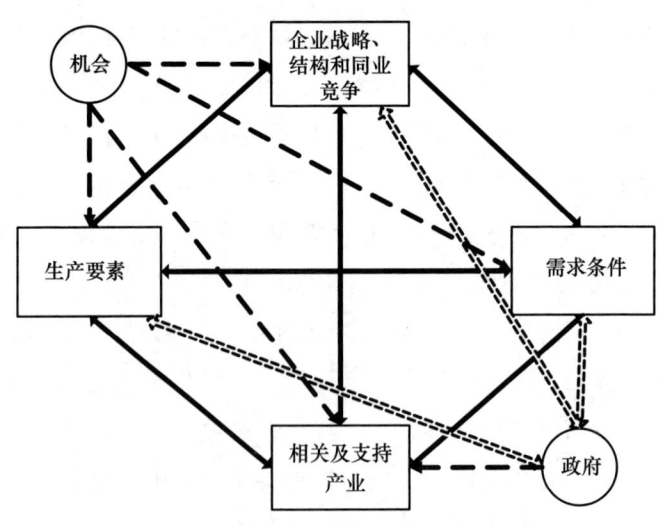

图2-6 波特钻石模型

构性改革的三个重要层次。这与前面的论述中提到的供给侧结构性改革主要包括要素层面、企业层面、产业层面三个层次的任务相吻合。而通过创新，则可以有效夯实供给侧结构性改革的要素基础，激发市场主体活力，带动产业变革。

（一）创新有助于夯实供给侧结构性改革的要素基础

提高要素质量和配置效率是推进供给侧结构性改革的基石。以创新推进供给侧结构性改革，既包括增强技术要素的有效供给，也涵盖优化生产要素配置并提高全要素生产率，还涉及强化供给体系的基础设施网络支撑。

1. 创新有利于优化要素配置结构

创新可以促进技术进步，而技术本身就是一种重要的生产要素。特别是在劳动、资本和自然资源等要素的投入对经济增长的边际效益逐渐减弱的发展阶段，创新要素的驱动作用就愈加重要。亚当·斯密在《国富论》中就已指出分工可以促进某些机械的发明，这些机械可以减少劳动力的投入，提高劳动生产率。其已将技术进步视为促进经济增长的重要因素。马克思在《资本论》中曾使用"机器""技术""发明"等来指代技术进步，特别是提到产量的增加可以不依赖于资本量的增加，可以通过加强对自然力的利用，提高劳动者的技术熟练程度，改进劳动协作和组织等来实现。新古典经济增长理论直接将技术进步视为同资本、劳动力一致的经济增长要素，深入研究了技术进步对经济增长的作用，证明了技术进步是经济增长的引擎和动力。内生增长理论将创新作用内生化，详细论述了创新横向创造新的产品和生产投入品，纵向提高产品质量的作用机制，从理论上明确解释了创新是经济持续增长的源泉和关键动因。创新可以直接增强技术要素的有效供给，通过激发知识、技术、智力、数据等高能生产要素潜力，产生新要素的供给，增加技术类生产要素的供给和占比，促进要素的重新组合，直接影响要素配置结构。

2. 创新有利于提高全要素生产率

根据熊彼特的观点，创新本身就是对要素的重新组合。创新通过有效优化要素配置结构并提升配置效率，进而促进全要素生产率的提高。首先，通过技术等创新要素的引入，可以突破原有土地、自然资源等物质要素的"有限性"，可以使用更少的物质要素来保证相同的产出，盘活要素存量，优化要素结构并提升物质要素生产率。如机器的使用大大减少了人力的使用，提升了劳动生产率。其次，创新可以提高生产要素的质量，从而产生质量效应，提升要素供给质量。如提高劳动力素质、提取更高品位的自然资源要素、改善生产中间资料的质量等。以劳动力要素为例，人是生产力中最活跃的因素，通过鼓励创新可以激发和保护企业家精神，也有助于建设知识型、技能型、创新型的劳动者大军，有利于充分发挥人力资本的作用，提高劳动力供给质量。最后，创新产生的技术进步和新的业态模式可以提高各类要素的集聚效率和运转效率，从而提高全要素生产率。以中国共享经济为例，2016年全国市场交易额约34520亿元，融资规模约1710亿元，参与人数超过6亿人次，达到了市场规模万亿级、融资千亿级、参与人数亿级的水平，各类要素的集聚速度大大增加，特别是资金运转效率大幅提高。

3. 创新有利于强化供给体系的基础设施网络支撑

基础设施网络是供给体系的重要组成部分，也是提高供给体系质量的基础条件之一。提升基础设施支撑能力是提升供给能力的重要内容。为更好服务于主导产业的快速发展，历次工业革命均伴随着基础设施方面质的提升。不同于以往几次变革主要依托于交通和能源基础设施的发展，新一轮产业变革将依托于以信息基础设施、重大科技基础设施、产业创新平台等能够支撑知识密集型产业加快发展的"软性"基础设施的建设。加大这些方面的投入既是"补短板"，也是"谋未来"，是供给侧结构性改革的重要着力点。"软性"基础设施的建设主要依靠创新来实现。一方面，构建重大科技基础设施、产业创新平台、创业孵化平台等，为提升科技供给能力以及知识的生产和价值转化奠定基础；另一方面，大规模建设第五代移动通信技术（5G）基础设施、大数据中心、宽带光纤网络、能源互联网、工业互联网、民用空间基础设施等新一代信息基础设施，逐步补齐智能基础设施的短板，为未来形成新的供给能力奠定基础。

由此可见，在供给侧结构性改革的要素基础方面，创新可以优化生产要素配置、提高全要素生产率、强化供给体系的基础设施网络支撑，其实现路径和传导机制如图2-7所示。

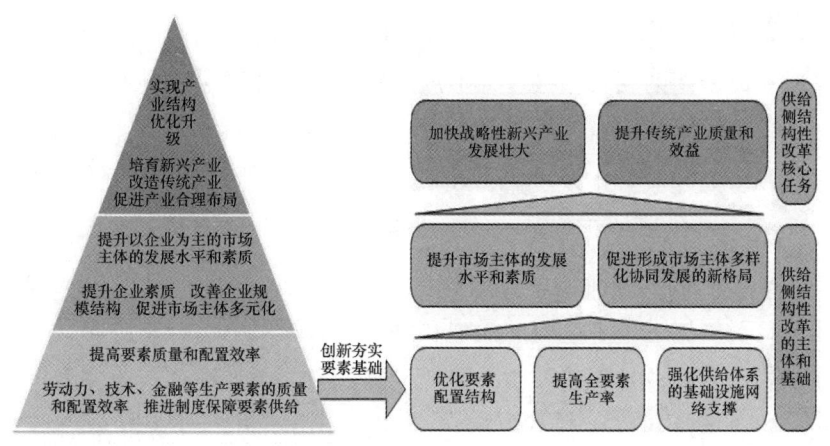

图2-7 以创新夯实供给侧结构性改革要素基础的实现路径和传导机制

（二）创新有助于激发供给侧结构性改革的主体活力

激发市场主体活力、调整市场主体结构是推进供给侧结构性改革的关键环节。创新是激发供给侧结构性改革的主体活力的引擎。以创新推进供给侧结构性改革，既包括提升市场主体的发展水平和素质，也涵盖形成企业多样化协同发展的新格局。

1. 创新能够有效提升市场主体的发展水平和素质

从当前世界500强企业的发展历程来看，这些企业在激烈的市场竞争中不断发展壮大的秘诀，就是始终把创新放在首要位置。企业依靠独特的产品和先进的技术建立起市场竞争优势，同时将这些先进技术和科技成果产业化。超强的技术开发能力保证了企业立于不败之地，也在一定程度上推动了本国乃至世界经济的发展。企业已经成为中国的创新主体。从1999年开始，企业已经取代科研机构成为主要的研发投入主体。自2007年起，中国企业资金占全部研发（R&D）支出经费比重始终维持在70%以上。企业通过产品创新，提高产品质量，促进新产品更新，生产出更符合市场需求或者引领市场需求的产品和服务，不断扩大市场占有率，提高供给质量并增加有效供给。企业通过工艺流程等创新，提高企业生产率，降低生产成本，提高利润率，提升供给效率并增加自身盈利潜力。同时，企业创新能力的提高，有助于调动创新积极性，形成创新机制，进而保证企业自身活力和竞争力。此外，通过改善企业经济活动的集合来优化产业结构，可以进一步提升供给体系质量和效率。

2. 创新能够促进形成市场主体多样化协同发展的新格局

从企业规模结构上说，创新既可以发挥大企业的引领和带动作用，又可以促进中小企业的涌现和发展，形成大中小企业协同共进的新格局。大企业具有研发实力强的优势，可以成为推动产业技术进步和科研成果转化的主体。以腾讯为例，2010—2016年，其整合内外部资源力量，通过众创空间等形式为创新创业者提供平台，孵化的上市公司超过30家，促进就业2000万人，实现经济价值900亿元。中小微企业则是经济活力的源泉和实施创新创业的重要载体，在科技创新、促进经济增长、增加就业等方面发挥着不可替代的作用。从企业素质结构来说，创新既可以促进优质企业发展壮大，又可以使得落后企业淘汰出局，自动完成市场选择，为市场保留具有竞争力和创新实力的企业。据统计，2016年中国新登记企业达552.8万户，其中战略新兴产业和现代服务业领域的企业呈现出迅猛发展的态势。此外，创新可以有效整合产、学、研等各类市场主体资源，促进各类主体协同发展。通过增加市场主体多样性和提高市场主体结构合理性，不断提升供给体系质量和供给能力。以中国高铁的创新过程来看，其核心主体是包括原南车、北车在内的高铁企业，其他主体包括参与创新的产业链上的各类企业、政府部门、高校、科研院所和金融机构等。通过政府之力引进先进技术缩小差距，通过产学研之力实现消化、吸收后的集成创新，通过全产业链之力实现产业升级，通过市场需求之力引导原始创新，通过试验平台检验创新成果，最终实现自主创新的新供给。

由此可见，在供给侧结构性改革的市场主体方面，创新可以有效提升市场主体的发展水平和素质、形成市场主体多样化协同发展的新格局。以创新激发供给侧结构性改革主体活力的实现路径和传导机制如图2-8所示。

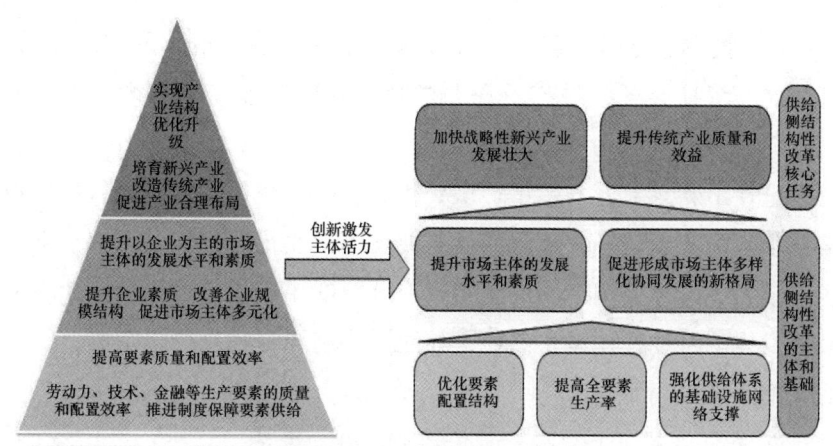

图2-8 以创新激发供给侧结构性改革主体活力的实现路径和传导机制

（三）创新有助于带动产业结构优化升级

实现产业结构的优化是生产力发展的重要表现，也是供给侧结构性改革的重要抓手。习近平总书记在中央经济工作会议上强调，推进供给侧结构性改革要向振兴实体经济发力、聚力。创新是实体经济发展的制胜法宝。以创新推进供给侧结构性改革，既包括推动战略性新兴产业蓬勃发展，也涵盖用新技术新业态全面改造提升传统产业。此外，关联产业的相互作用产生的溢出效应，使得创新成果可以扩散到整个产业链，进而推动整个产业结构的优化升级，带来产业变革。

1. 依靠创新可加快战略性新兴产业发展壮大

有研究提出，此前的结构性产能过剩是第二次产业革命的"遗产"，大量传统领域投资面临市场饱和、收益递减困境，走出困境的根本出路在于依靠技术进步和产业升级构造新的经济范式。必须按照创新驱动发展的总体思路，加速打造经济发展新的"四梁八柱"，这是加快培育经济发展新动能，实现新旧动能转换的核心关键。加快发展战略性新兴产业既能创造新供给、提供新服务，又能培育新消费、满足新需求，是实施创新驱动发展战略的先导力量，也是实施供给侧结构性改革的重要举措。以新一代信息、生物、纳米、新能源等为代表的新一轮科技革命已经呈现出多领域、跨学科、群体性突破态势，正在向经济社会各领域广泛深入渗透。新的产业变革呈现数据要素化、创新多元化、生产智能化、产品服务化、资源共享化等新的特征，呈现出新兴产业与数字转型交相辉映的新格局。近年来，中国以信息、生物、新能源为代表的战略性新兴产业快速发展，新兴产业市场规模大、人才储备多、应用领域广等新的比较优势已十分突出，对经济发展的带动作用越发凸显，如能因势利导，完全可以借新兴产业的变革实现"弯道超车"。

2. 依靠创新可有效提升传统产业质量和效益

中国已形成完备的产业体系和庞大的制造基础，具有规模大且多元化的传统产品和服务的需求市场，这也是中国推进供给侧结构性改革的优势条件之一。产业升级既包括发展以高端技术为核心的新兴产业，也包括在已有产业中采用新装备、新技术、新商业模式等，推进产业向价值链高端的跃升。推动专业化分工协作不断深化，开发和利用更多中高级生产要素等，都要依靠创新驱动。以共享单车为例，依托微信、支付宝等新兴移动支付方式，自行车这种在城市交通资源配置中地位不断下降的夕阳产业变为了朝阳产业。由共享单车带来的自行车定位芯片、智能锁具、实心胎、汽车轴传动技术、高端变速器等技术提升,颠覆了传统的自行车制造业,引发了自行车行业的全产业链创新。2008年国际金融危机以来,发达国家积极推进"再工业化",利用先发优势不断强化其全球竞争优势和价值链高端位置,对中国产业转型升级、向全球价值链高端攀升形成压力。中国必须依靠技术、管理、产业组织等多方面的创新,改造提升传统产业,构建以智能制造为核心的新型制造体系,提高现代服务业创新发展水平,推动农业生产向集约化、外向型发展,促进农业与二、三产业交叉融合,形成有竞争力的现代产业体系。

由此可见,在供给侧结构性改革的产业方面,创新可以加快战略性新兴产业的发展壮大、大力提升传统产业的质量和效益。以创新实现产业结构优化升级这一供给侧结构性改革的核心任务的实现路径和传导机制如图2-9所示。

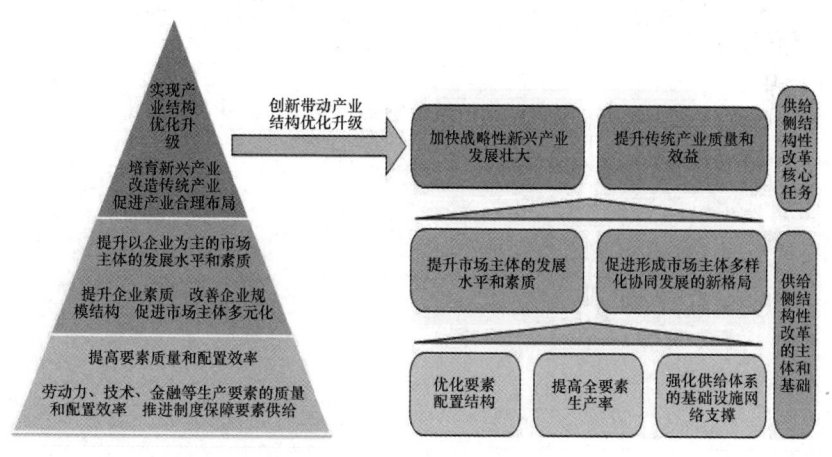

图2-9 以创新实现产业结构优化升级的实现路径和传导机制

综上所述,以创新推进供给侧结构性改革,主要包括夯实要素基础、激发主体活力、带动产业结构优化升级三个层级。具体来说,在要素层面,要通过创新优化生产要素配置、提高全要素生产率、强化供给体系的基础设施网络支撑;在市场主体层面,要通过创新提升市场主体的发展水平和素质、形成市场主体多样化协同发展的新格局;在产业层面,要通过创新加快发展壮大战略性新兴产业、大力提升传统产业质量和效益。以创新推进供给侧结构性改革的基本框架如图2-10所示。

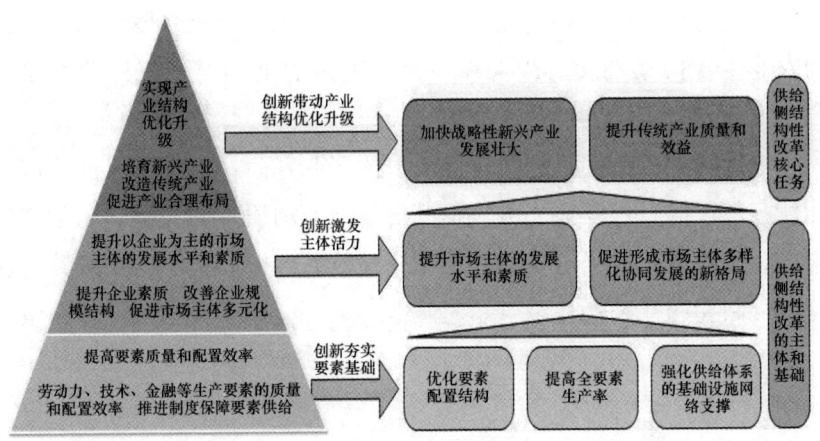

图2-10 以创新推进供给侧结构性改革的基本框架

第三章 以创新推进供给侧结构性改革的实证分析

——基于计量经济模型

通过上一章的论述，已经在理论上解释了创新从要素生产率、企业发展、产业结构三个层次推进中国供给侧结构性改革的分析框架和实现路径。基于此，本章将其总结为三个理论假设，分别为假设一：创新可以提高中国全要素生产率，进而有效推进供给侧结构性改革；假设二：创新可以促进中国企业发展，进而有效推进供给侧结构性改革；假设三：创新可以推动中国产业结构优化，进而有效推进供给侧结构性改革，并最终提升中国经济发展质量。下面将通过构建计量经济模型，利用中国实际数据对理论假设进行实证检验，从提高全要素生产率、促进企业发展、推动产业结构升级三个方面测度中国创新对供给侧结构性改革的推进绩效，验证理论假设在中国实践中是否成立。

一 基于创新提高全要素生产率角度的测度

随着经济的发展，劳动力、资本、资源等要素成本上涨将是不可避免的、持续的并且是合理的趋势，在要素数量有限且成本不断增长的情况下，要维持经济的可持续和健康发展，提高要素生产率就变得至关重要。《大英百科全书》则将生产率定义为"通过对产出物与产出该物的投入物之比的计算而获得的生产有效性的度量"。在 OECD 发布的《生产率测算手册》中指出"生产率通常被定义为一组产出指标与一组投入指标的比率"。在马克思的分析框架中,要素生产率包括劳动生产率、资本生产率和土地生产率。索洛提出了全要素生产率(Total Factor Productivity,TFP),指的是各种要素集合所产生的生产率之和大于各单个要素投入的生产率之和,其中的差额就是全要素生产率,又称广义技术进步。涉及投入要素质量提高、资源配置效率提高、技术进步、规模效益等。目前全要素生产率一般理解为一个系统的总产出量与全部生产要素真实投入量之比。提高全要素生产率是供给侧结构性改革的目标和重点。创新是提高全要素生产率的重要手段。对比中国全要素生产率变化与创新投入和产出情况,可以发现,全要素生产率的变化虽然不明显,但整体与创新的投入与产出呈现出相同的上升趋势,详见图 3-1。

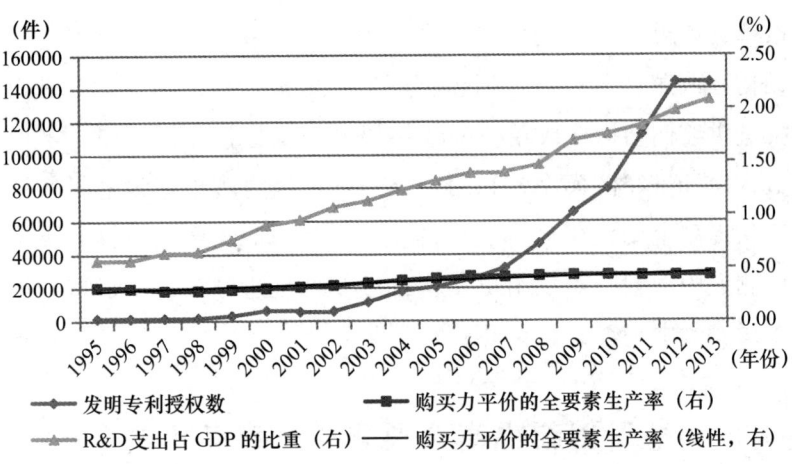

图 3-1 中国全要素生产率变化与 R&D 支出占 GDP 的比重、发明专利授权数

资料来源:对应年份《中国科技统计年鉴》、Penn World Table 9.0。

（一）现有实证研究情况

经济学理论认为创新能促进全要素生产率的提高。20世纪60年代开始学者们陆续就创新对全要素生产率的影响进行了实证测度。随着理论的进步和计量经济学的长足发展，相关的实证研究成果丰硕。学者们通常用R&D存量、专利数和专利授权数等来表征创新，用DEA模型中Malmquist指数生产率模型测算全要素生产率，也有少数采用非参数的HMB生产率指数方法测算全要素生产率。不同学者的研究视角不同，会造成具体模型设计的差异，但普遍的实证研究结果与理论分析基本一致，认为创新能够提高全要素生产率。

从20世纪60年代开始，国外学者把R&D存量作为一种生产要素放入柯布—道格拉斯（Cobb-Douglas）生产函数，进而测算R&D的产出弹性。Griliches以及Mansfield的研究都认为R&D能显著提高全要素生产率（Griliches，1964；Mansfield，1965）。20世纪80年代，新经济增长理论成为解释创新与全要素生产率的主要理论观点，学者纷纷用该理论完善全要素生产率与研发存量之间关系的研究框架，并得出了更加精确的结论。Griliches，Griliches和Mairesse，Cuneo和Mairesse，Hall和Mairesse，Adams和Jaffe，Mairesse和Hall，Harhoff，Dilling-Hansen等进行了企业层面的研究，这些研究分别利用美国、法国、德国、日本和丹麦的企业数据进行测算，得出的结论差异较大，整体来看，R&D的产出弹性区间为0.05—0.60（Griliches，1980a；1986；Griliches，Mairesse，1984；Cuneo，Mairesse，1984；Hall，Mairesse，1995；Adams，Jaffe，1996；Mairesse，Hall，1996；Harhoff，1998；Dilling-Hansen et al.，2000）。Sveikauskas等，Bernstein，Englander等，Verspagen进行了产业层面的研究，这些研究利用美国、日本、OECD国家的数据从产业层面测算了R&D的产出弹性，区间为0—0.50（Sveikauskas et al.，1982；Bernstein，1988；Englander et al.，1988；Verspagen，1995）。以上为国外学者对创新的产出弹性的测算。

　　进入21世纪，中国更加深入地融入全球化进程当中。创新成为知识经济时代的显著特征，国内学者对创新的关注也日益增加，在实证方面产生了大量的研究成果。从实证研究的理论基础看，学者普遍以新古典生产函数理论为基础，分析研发支出与生产率的关系。张海洋以新古典生产函数测算了中国内资工业部门的生产率，认为中国内资工业部门的全要素生产率的增长率平均值超过10%（张海洋，2005）。李小平使用柯布—道格拉斯生产函数估算了研发投入对全要素生产率的影响（李小平，2007）。吴延兵利用生产函数法估算了自主研发与生产率的关系（吴延兵，2006，2008）。吕光桦等利用新古典生产函数测算了中国的区域全要素生产率（吕光桦等，2011）。此外，根据不同学者具体研究范畴的不同，其理论基础也存在一定差异，如章立军研究创新环境、创新能力与全要素生产率的关系，波特的国家竞争优势理论和系统论就是其重要的理论基础（章立军，2006）。魏下海、王岳龙将聚集效应城市化理论作为其研究创新、城市化和全要素生产率的理论基础（魏下海、王岳龙，2010）。这样的例子比比皆是，因本书重点关注创新与全要素生产率的关系，对此不再赘述。从实证模型看，关于测度创新对全要素生产率影响的模型十分丰富。比较常见的有线性回归模型（章立军，2006；李小平，2007），此外经典文献中的模型还有一阶差分法、固定效应法（吴延兵，2008）、协整分析、误差修正模型（王岳龙、魏下海，2010）、地理加权回归模型GTWR（吕光桦等，2011）、广义矩估计GMM（李燕萍、彭峰，2012）等。测算全要素生产率的模型方法比较统一，大多数论文使用DEA模型中Malmquist指数生产率模型测算不同行业或不同企业的全要素生产率。值得注意的是，很多学者都结合其具体研究范畴的相关理论自主构建模型进行实证分析（冯志军、陈伟，2013）。

　　从研究结论看，一般结论是创新能使全要素生产率提高，二者之间呈正相关关系。如章立军的计量结果表明创新综合能力对全要素生产率存在正向效应（章立军，2006）；吴延兵认为自主研发显著促进生产率的提高（吴延兵，2006；2008）；魏下海、王岳龙认为长期来看创新对全要素生产率有正向影响（魏下海、王岳龙，2010）；吉生保、周小柯认为技术进步会使全要素生产率年均提高4.3个百分点（吉生保、周小柯，2010）；吕光桦等认为R&D资本驱动全要素生产率提高，中国区域R&D全要素生产率平均为0.468（吕光桦等，2011）；李燕萍、彭峰认为自主研发推动高科技产业全要素生产率提高，R&D的产出弹性区间在0.06—0.13（李燕萍、彭峰，2012）；冯志军、陈伟认为企业自主研发的产出弹性为0.102，中国大中型工业企业的自主研发创新对全要素生产率提高影响显著（冯志军、陈伟，2013）。但是，也有部分研究结论不同于一贯的理论直觉，表明创新有时并不能提高全要素生产率。如张海洋认为内资部门R&D并不能明显提高全要素生产率（张海洋，2005）；李小平认为自主R&D投资与生产率提高的关系并不显著（李小平，2007）；吕光桦等认为R&D人员投入与TFP负相关（吕光桦等，2011）。出现有悖理论分析的结论，原因主要包括：（1）研发创新需要长期的坚持和不断投入，由于样本期间选择较短，创新成效尚未显现；（2）短期内，研发投入过于密集，当期的研发成本远大于产出效益，抵消了研发创新对全要素生产率的促进作用；（3）中国有资金实力进行研发的企业大型国有企业居多，研发资金使用不当、研发人员效率低下也是现实存在的问题。

（二）模型方法和数据说明

1. 方法选择

全要素生产率模型所用数据为面板数据，涉及14年（2003—2016年）、29个省份的时间序列数据，横截面数量多于时间序列长度。横截面数据取自29个省份，跨度较大，可能存在不可观测的个体固定效应。模型的被解释变量为全要素生产率增长率，在一定时期具有一定的稳定性，存在一定的滞后影响。内生解释变量的存在可能造成误差项与解释变量的相关性。此外，除固定效应以外，误差项可能存在异方差和序列相关问题。因此，本部分采用 GMM（广义矩估计）方法进行面板数据分析，以期得到更有效的参数估计。

2. 数据来源

鉴于数据的可获得性，本书剔除了数据缺失的重庆和西藏两地，利用 2003—2016 年中国内地 29 个省份的数据进行实证分析，原始数据来源于历年《中国统计年鉴》《中国科技统计年鉴》《中国金融年鉴》和《中国高技术产业统计年鉴》。为统一各变量指标数量级，消除异方差带来的影响，对 INNO、GDP 变量做对数处理。全要素生产率模型各变量描述性统计结果如表 3 - 1 所示。

表 3 - 1　　　　　全要素生产率模型变量描述性统计

	观测数	均值	标准差	最小值	最大值
TFP	406	0.019	0.428	-0.851	1.118
INNO	406	8.900	1.655	4.320	12.510
GDP	406	9.141	1.037	5.970	11.300
MAR	406	6.285	1.711	2.530	11.710

资料来源：《中国统计年鉴》《中国科技统计年鉴》《中国金融年鉴》《中国高技术产业统计年鉴》，数据经过笔者计算。

（三）变量选取和模型设定

1. 被解释变量

本部分的被解释变量为全要素生产率增长率（用 TFP 表示）。在 OECD 的《生产率测算手册》中提到：通过经济理论与指数理论二者的结合，可以确定生产率测算的基本思路。而这些基本思路的实现必须建立在数据可得性或可接受的数据成本的基础之上。由于投入组合和产出组合的多样性和不确定性，很难计算 TFP 的绝对值，经济分析中讨论更多的是 TFP 的变化，"TFP 增长率"或"TFP 指数"，因此本书使用 TFP 增长率作为测度全要素生产率情况的指标。

本书使用柯布—道格拉斯（C-D）生产函数，采用索洛余值法测算 TFP，公式见（3.1）。根据索洛模型，经济增长可以分解为资本、劳动要素和"被忽略因素"（索洛余值）三部分的增长，而全要素生产率即为除资本和劳动投入以外其他所有因素对于产出增长的影响。其中使用就业人数表示劳动投入，使用永续盘存法（PIM）计算资本存量。资本存量的具体计算公式为 $K_t = I_t + (1 - \sigma_t) K_t - 1$，其中 K_t 为 t 年资本存量，I_t 为 t 年新增资本量，σ_t 为折旧率。以 1952 年为基期，借鉴张军的测算结果（张军等，2004），并利用其计算方法测算近年数据。

$$Y_t = A e^{\gamma_t} K_t^\beta L_t^\alpha \qquad (3.1)$$

式（3.1）中 Y_t 表示 t 期的实际产出（实际 GDP），K_t 表示 t 期末的资本存量，L_t 表示 t 期劳动力，β 和 α 分别表示资本和劳动的产出弹性，γ_t 为 TFP 增长率。上述方程用人均的形式表示，并两边取对数：

$$Ln(y_t) = Ln(A) + \beta Ln(k_t) + \gamma_t \qquad (3.2)$$

式（3.2）中 y_t 表示 t 期的人均产出，k_t 表示 t 期末人均资本存量。利用估计出的各省份资本存量、劳动力和 GDP 数据对上述生产函数进行回归。利用回归结果和各期产出、资本存量以及劳动力数据，可计算出 1996—2016 年各省份 TFP 增长率（详见表 3-2）。

表 3-2　　　　　　　　部分年份各省份 TFP 增长率　　　　　　（单位：%）

	1996 年	2001 年	2006 年	2011 年	2016 年
北　京	-1.16	-0.96	-0.82	-0.62	-0.63
天　津	-0.47	-0.42	-0.22	-0.25	-0.45
河　北	0.03	-0.20	-0.08	-0.05	-0.32
山　西	-0.34	-0.57	-0.42	-0.45	-0.85
内蒙古	-0.32	-0.20	-0.29	-0.30	-0.69

续表

	1996 年	2001 年	2006 年	2011 年	2016 年
辽　宁	0.44	0.56	0.52	0.53	0.11
吉　林	0.07	0.08	0.20	-0.07	-0.35
黑龙江	0.27	0.25	0.40	0.39	0.02
上　海	-0.57	-0.50	-0.29	-0.15	-0.13
江　苏	-0.03	-0.19	-0.05	0.08	0.05
浙　江	0.18	0.01	0.06	0.20	0.13
安　徽	0.91	0.80	0.85	1.04	0.89
福　建	0.68	0.52	0.54	0.58	0.42
江　西	0.31	0.16	0.17	0.35	0.27
山　东	-0.07	-0.29	-0.17	-0.15	-0.27
河　南	0.02	-0.15	-0.03	-0.20	-0.45
湖　北	0.73	0.36	0.32	0.47	0.29
湖　南	0.39	0.25	0.35	0.48	0.33
广　东	0.28	0.25	0.41	0.44	0.29
广　西	0.35	0.05	0.10	-0.09	-0.26
海　南	-0.13	-0.07	0.15	0.33	0.09
四　川	-0.32	-0.52	-0.48	-0.16	-0.10
贵　州	-0.01	-0.14	-0.03	0.22	0.12
云　南	1.19	1.05	1.10	1.14	0.85
陕　西	-0.45	-0.34	-0.14	0.00	-0.18
甘　肃	-0.67	-0.75	-0.72	-0.67	-0.96
青　海	-0.19	-0.37	-0.27	-0.03	-0.53
宁　夏	-0.26	-0.19	-0.15	0.06	-0.31
新　疆	-0.40	-0.33	-0.20	0.03	-0.36

2. 核心解释变量

本部分的核心解释变量为创新。专利申请数、专利授权数和三方专利数等（均以万人计）是衡量科技创新的三个代表性指标，考虑到全书所指的创新是以科技创新为核心，因此，本部分使用专利授权数作为衡量科技创新的指标（用 INNO 表示）。

3. 控制变量

除了科技创新这一核心解释变量以外，地区全要素生产率的影响因素还有多种，包括地区经济发展水平、政府干预（王小鲁、樊纲，2004）、开放程度（吴延兵，2008）、城镇化（魏下海、王岳龙，2010）、制度环境（许和连、成丽红，2016）以及人力资本、治理能力（国家发展改革委投资研究所2017年研究成果）等。考虑到数据的可获得性及研究的侧重点，本部分有选择地确定了经济发展水平、制度环境两个指标作为控制变量。

地区经济发展水平是一个综合性的指标，反映了不同地区的资源禀赋、发展程度，涵盖了地区的基本经济状况，且从理论上来看经济发展水平不断提高会对全要素生产率有正向促进作用。本部分使用地区生产总值增长率（用GDP表示）来衡量地区经济发展水平。

制度环境中包含的要素市场情况、产品市场情况、产权保护等法律环境、政府作用等一系列内容，综合反映了地区的经济体制状况，也在一定程度上反映出制度创新的情况，对全要素生产率有着重要影响。本部分使用中国经济改革研究基金会国民经济研究所编制的市场化指数（用MAR表示）来衡量制度环境。该指数从政府与市场的关系、非国有经济的发展、产品市场的发育程度、要素市场的发育程度、市场中介组织发育和法律制度环境五个方面来衡量各省份的市场化水平，是目前来说比较科学的市场化指标。由于该报告目前只公布了1997—2014年的数据。因此，本书借鉴韦倩等的做法（韦倩等，2014），根据非国有固定资产投资在全社会固定资产投资中的比重指标，对2015年和2016年的市场化指数进行了可比性的调整和估计。具体方法为：首先以各省份市场化指数为被解释变量，以非国有固定资产投资比重为解释变量进行回归估计，根据结果推断出二者的线性关系，并据此进一步计算各省份2015年和2016年的市场化指数。

4. 滞后项的设定

在宏观经济运行中,存在着大量的滞后效应。由于全要素生产率的增长与前期阶段存在一定的关联性,因此本节的被解释变量不仅受到同期各个解释变量的影响,还可能会受到这些因素以及被解释变量本身前期一定阶段的影响。将被解释变量、核心解释变量以及经济发展水平的滞后一期纳入模型,更有助于解释创新、经济发展水平等对全要素生产率增长的作用机制。

5. 基础模型

根据样本数据的散点图初步判断,TFP 与创新 INNO、地区经济发展水平和市场化程度之间均存在正的线性相关性,与理论预期和实际情况相符(详见图 3-2)。此外,由图 3-2 还可以看出,不同地区 TFP 随时间变化趋势并不相同,有的平稳增长,有的先增后降,有的呈波动性。因此,在一定程度上,被解释变量的省级差异有助于估计决定被解释变量的因素。这也意味着,存在不随时间变化的个体固定效应,为应用动态面板模型提供了一定的思路和证据。

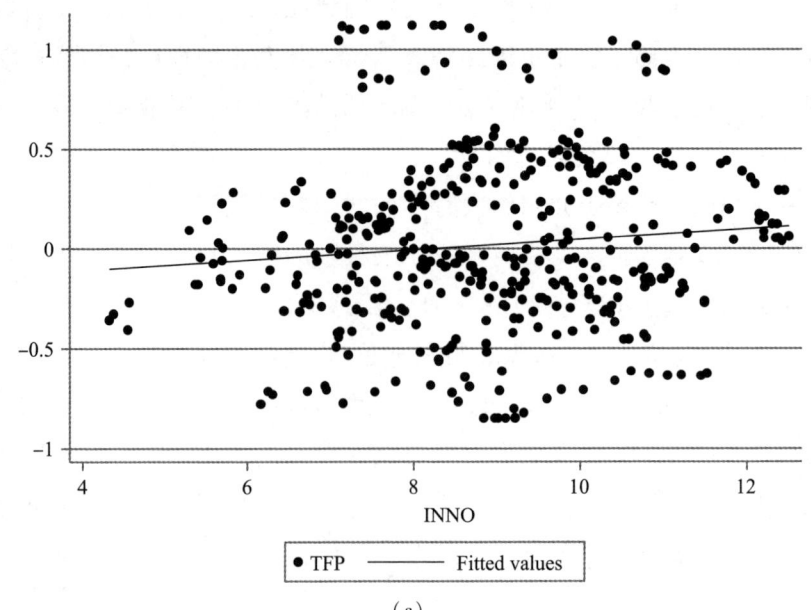

(a)

第三章 以创新推进供给侧结构性改革的实证分析

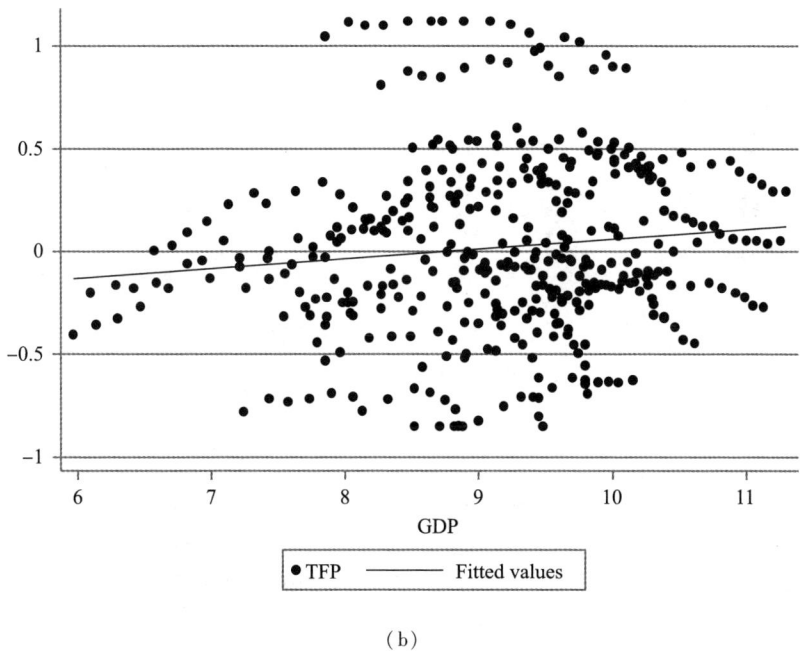

（b）

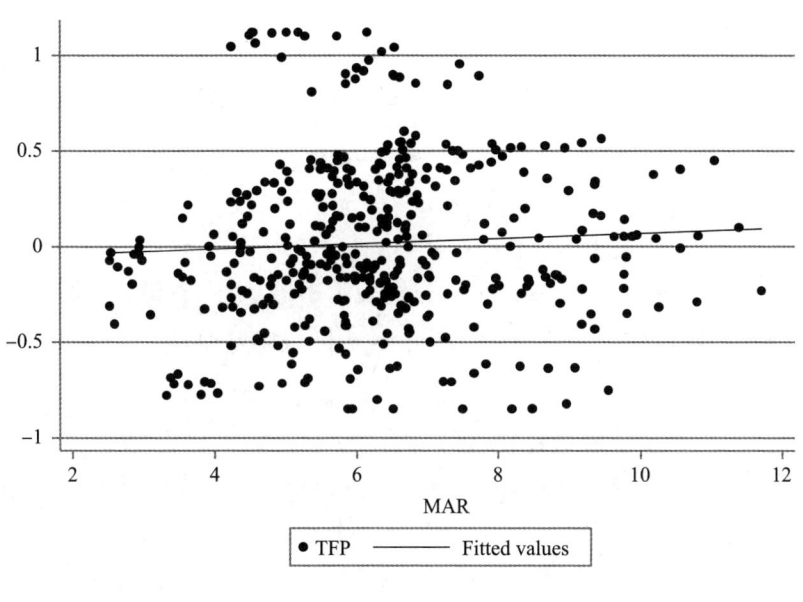

（c）

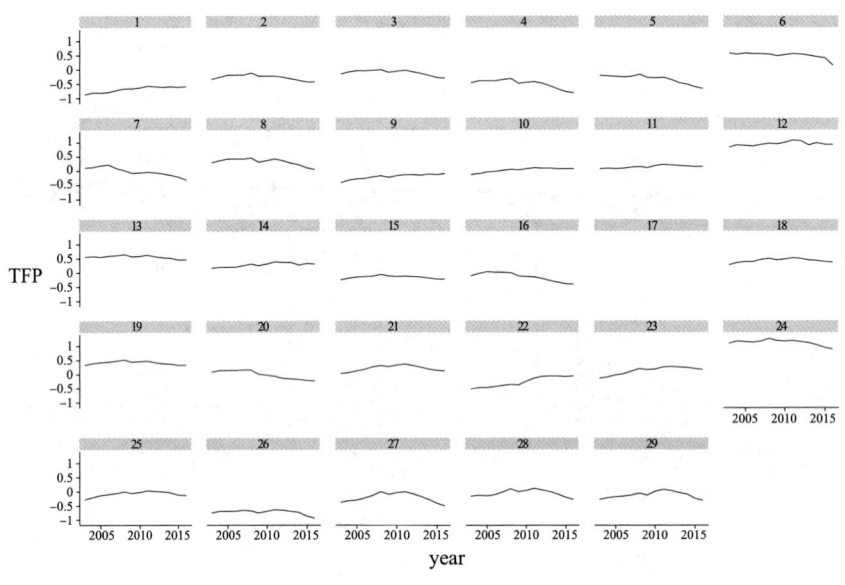

(d)

图 3-2 TFP 与各解释变量散点图 (a、b、c) 和各地区 TFP 随时间趋势变化图 (d)

使用面板数据进行实证分析,根据上述变量情况,建立计量模型如下:

$$TFP_{it} = \alpha_0 + \alpha_1 TFP_{it-1} + \alpha_2 INNO_{it} + \alpha_3 INNO_{it-1} + \alpha_4 GDP_{it} + \alpha_5 GDP_{it-1} + \alpha_6 MAR_{it} + \mu_i + \varepsilon_{it}$$

其中,下标 i=1,2,…,分别表示中国 31 个省份,下标 t=1,2,…,表示时期;μ_i 为个体效应,ε_{it} 为随机误差项。

(四) 计量结果及解释

运用系统 GMM 法对模型参数进行估计,具体结果如表 3-3 所示。

表 3 – 3　　　　　创新促进全要素生产率增长模型计量结果

Variables	TFP
L. TFP	0.813***
	(0.0428)
INNO	-0.0196
	(0.019)
L. INNO	0.0228*
	(0.0143)
GDP	0.825***
	(0.0474)
L. GDP	-0.819***
	(0.038)
MAR	0.000403
	(0.00163)
Observations	348
Number of province	29
Wald test p	0
Hansen test p	0.1
Arellano-Bond test for AR (2)	0.83

注：1. L. 表示变量的滞后一阶值；2. ***、**和*分别表示在1%、5%和10%水平上显著，括号内为系数标准误差；3. 系数联合显著性的Wald检验的原假设为各解释变量的系数均为零；4. Hansen检验的原假设为工具变量是外生有效的；5. Arellano-Bond AR (2) 检验的原假设为扰动项不存在二阶序列相关。从统计意义上，以上检验通过可以证明模型的设定是合理有效的。

1. 模型参数检验

根据表3 – 3的显示结果，模型均通过Wald显著性检验，模型系数联合显著。检验工具变量有效性的Hansen检验未能拒绝原假设，说明模型选择的工具变量是有效的。检验扰动项二阶自相关的Arellano-Bond检验接受原假设，认为不存在二阶自相关或更高阶的自相关。此外，采用HT检验、IPS检验、Beritung检验对面板数据单位根进行检验。根据表3 – 4的结果显示，HT检验和IPS检验均拒绝了

"存在单位根"的原假设，证明了模型的残差不存在单位根现象，动态面板数据是平稳的。Beritung 检验的 P 值为 0.12，接近 0.1，考虑到面板数据时间序列长度较短，可以认为面板数据是平稳的。以上统计检验说明，运用系统 GMM 方法估计创新对全要素生产率增长的影响是合理可行的。

表 3-4　　　　　　　　TFP 模型面板数据平稳性检验结果

检验方法	Statistic	z	P-value
HT 检验	0.4706	-7.7529	0.0000
IPS 检验	-3.4626		0.0003
Beritung 检验	-1.1667		0.1217

2. 模型系数结果

根据模型估计结果显示，TFP 的滞后一阶显著为正，数值达 0.813，说明前期 TFP 的增长率对后期增长的影响较大。创新指标 INNO 的滞后一阶显著为正，考虑到专利这一指标产生时效和发挥作用具有一定的滞后期，该结果与理论假设相符。在其他变量保持不变的条件下，专利授权数指标每增加一个单位，则滞后一期的全要素生产率增长率平均提高约 0.023 个单位。当期 GDP 显著为正，滞后一期系数则显著为负。在控制其他变量条件下，国内生产总值增长率每提高一个单位，则全要素生产率增长率平均提高 0.825 个单位。市场化程度 MAR 虽然对 TFP 存在正向影响，但效果并不显著。

3. 模型结论

总体而言，全要素生产率模型的估计结果基本与预期相符，证明了创新对于全要素生产率增长具有显著的正向作用。实证检验结果符合假设一，即创新可以提高全要素生产率，进而有效推进供给侧结构性改革。当期的经济发展水平对全要素生产率增长也有正的积极作用。市场化程度对全要素生产率增长的影响不显著。

具体来说，第一，实证结果证实了创新可以促进全要素生产率的增长率提高，且这一作用具有滞后性。以专利授权数为代表的创新指标每增加一个单位，会使滞后一期的全要素生产率的增长率提高约 0.023 个单位。因此，在实践中，可以通过加大创新投入，提高创新产出，进而促进全要素生产率的增长。同时，也要认识到创新因素发挥作用需要一定的过程，不会一蹴而就，不可急于求成。第二，结果显示中国当前的制度环境对全要素生产率的支撑作用尚不明显，考虑到制度创新是优化要素配置结构和效率的关键动力，进而可以推断出，如果要达到更好地促进全要素生产率增长的效果，需要加强对制度环境的改善，具体来说，通过各类制度使得政府与市场的关系和权责更加明确、完善要素市场和产品市场、健全对于产权等的法律保障等尤为重要。

二 基于创新促进企业发展角度的测度

促进企业发展是供给侧结构性改革的关键。习近平总书记指出，"推进供给侧结构性改革，要从生产端入手……降低企业成本……""降成本、补短板，是为了提高企业竞争力、改善企业发展外部条件、增加经济潜在增长能力"。由此可见企业在中国推进供给侧结构性改革中的关键作用。企业作为经济活动的基本单元，是供给侧改革的重要着力点。企业是创新的主体，创新可以有效促进企业发展。创新主要通过三条路径促进企业发展：一是通过产品创新，提高产品质量，促进新产品更新，生产出更符合市场需求或者引领市场需求的产品和服务，提高供给质量并增加有效供给，扩大市场占有率；二是通过工艺流程等创新，提高企业生产率，降低生产成本，提高利润率，并影响未来的盈利潜力；三是通过提升创新能力，调动创新积极性，形成创新机制，保证竞争力和市场地位。

（一）现有实证研究情况

随着市场竞争日益激烈，以技术创新为重点的企业核心竞争力正日渐成为学者们研究的热点问题。从理论上看，最初学者们将技术创新融入经济增长模型，通过经济增长理论解释技术创新对企业发展的影响，并提出有利的创新政策和研究机构的智力支持可以促进企业有效利用创新成果，增强企业经营能力。Atkinson 和 Galai 等将研究视角集中在微观层面，认为对于企业而言，长期技术创新对企业盈利能力的影响作用不明显，反而会由于机会成本导致一定的投资风险（Atkinson, Galai, 1996）。与其观点相反，Ottoot 和 Nam 则表示，技术创新会直接影响技术效率，而技术效率优势是企业发展成长的重要因素，所以技术创新能够帮助企业实现经营目标，进而实现企业发展（Ottoot, Nam, 2002）。国内学者也在企业层面，对技术创新影响企业发展的理论机制进行了探讨。王核成认为技术创新是企业持续发展的基础，他利用投入产出理论，分析了创新促进企业发展的影响因素（王核成，2001）。阎化海和刘新民扩大研究范围，利用波特模型，证明技术创新能够巩固企业竞争优势，并对企业未来盈利有潜在影响（阎化海、刘新民，2004）。陈英分别从生产过程中的流程创新和最终的产品创新两方面分析二者的关系，认为流程创新比产品创新更能推动企业进步（陈英，2004）。

  以上的理论研究侧重从实际经济现象概括和描述创新与企业发展的关系。进入21世纪以来，学者们更重视用量化实证的方法研究创新对企业发展的影响，在不同层面、不同区域和不同领域形成了大量研究成果。Ernst, Lach, Yang, Kim 等分别利用美国制造业的面板数据、德国机床制造企业的面板数据、中国台湾时间序列数据和韩国制造业经验数据进行回归分析（Ernst, 2001；Lach, 1995；Yang, 2006；Kim et al., 2009）。Peters, Aiello 和 Cardamone 等分别以德国、意大利制造业企业面板数据模型研究劳动力生产率、劳动生产率的增长率与产品创新之间的关系并进行实证分析（Peters, 2008；Aiello, Cardamone, 2009）。Lai 和 Chang 以台湾省机械制造业企业为研究样本，比较了创新技术进展不同的样本企业的经营业绩（Lai, Chang, 2010）。于洁明和郭鹏根据现有研究中已经成熟构建的区域技术创新体系，研究技术创新投入和企业经营产出之间的关系（于洁明、郭鹏，2012）。李映照和潘昕同时研究了医药行业和电子信息行业，分别从两个行业中选取了17家和10家有代表性的上市公司，利用效率模型，比较分析两个行业中创新对企业经营绩效影响的区别（李映照、潘昕，2005）。王君彩和王淑芳将创新因素细分为研发强度、研发人员数量和研发人员占比，用线性回归模型研究电子信息行业中研发投入与企业绩效之间的关系（王君彩、王淑芳，2008）。还有一些学者通过专利数量，实证研究技术创新与企业发展，Deng, Lev, Narin 以及 Lin, Lee, Hung 以美国企业为样本，利用专利数据和企业盈利水平，分析二者之间的相关性（Deng, Lev, Narin, 1999; Lin, Lee, Hung, 2006）。胡珊珊和安同良利用中药企业和西药企业专利数据和企业经营情况数据，实证分析了专利和经营成果之间的关系（胡珊珊、安同良，2008）。李柏洲和苏屹使用了大型企业样本，对大型企业专利注册量和利润之间的关系进行回归分析和格兰杰检验（李柏洲、苏屹，2010）。

从实证结果上看，大致分为三种情况。一是技术创新能够有效促进企业发展，改善企业经营业绩，提高企业利润率。如 Deng, Lev 和 Narin 发现美国制造企业研发投入越多，专利申请数量和授权数量增加，都会带来经营效果改善，相应股价提升越明显（Deng, Lev, Narin, 1999）。Lin, Lee 和 Hung, Peters, Aiello 和 Cardamone 也表示，研发技术的密集程度和专利技术储备量与企业经营业绩之间存在正相关关系（Lin, Lee, Hung, 2006; Peters, 2008; Aiello, Cardamone, 2009）。Yang, Kim 等，Lai 和 Chang 发现就制造业来看，不同国家和地区实证结果基本相同，技术创新能够为企业带来独特的技术优势，促进业绩提高，专利申请量和研发技术存量均会对企业生产率产生重要影响，而且专利的影响更大（Yang, 2006; Kim et al., 2009; Lai, Chang, 2010）。李映照和潘昕也发现在计算机行业，这种正相关关系显著，但是在医药行业也没有稳定的正相关关系（李映照、潘昕，

2005)。于洁明和郭鹏也发现科技创新人员投入对销售收入有正向作用，但是科技创新固定资本投入会有阻碍作用（于洁明、郭鹏，2012）。第二种情况的结论是如果科技创新耗费的实际成本和机会成本超过其所带来的收益，则技术创新与企业发展呈负相关关系。如Rouse 和 Boff、Mank 和 Nystrom、Chamanski 都得出由于信息鸿沟的存在，技术创新投资和企业实际发展之间的信息不匹配，可能存在内部交易或滞后交易，导致科技创新会阻碍企业发展，拉低企业利润（Rouse，Boff，1998；Mank，Nystrom，2001；Chamanski，2001）。郭斌对中国软件业进行研究后也得到类似结论（郭斌，2006）。第三种情况的结论是两者之间的关系并不明显，这种结果的研究较少，主要有朱卫平和伦蕊经过实证研究结果显示企业创新人力投入和资金投入对企业业绩并没有显著影响（朱卫平、伦蕊，2004）。王君彩和王淑芳发现在电子信息行业，这种相关关系并不显著（王君彩、王淑芳，2008）。胡珊珊和安同良发现在制药企业中，两者缺乏显著的关联性（胡珊珊、安同良，2008）。

（二）模型方法和数据说明

微观企业层面的 R&D 活动数据获取一直是创新实证研究中的难点。由于目前中国官方只进行过两次全国 R&D 资源清查，分别在2000 年和 2010 年，间隔时间较长，时效性较差，且企业微观层面数据获取困难。本书借鉴肖文的做法，采用行业面板数据作为代表进行分析（肖文，2017）。考虑到数据可获得性和连续性，采用各行业的企业数据平均值进行替代。

本部分数据主要来源于国资委统计评价局《企业绩效评价标准值》和 wind 数据库。取具有"企业绩效评价"相关指标的农林牧渔、能源、食品饮料、纺织服装、化工、造纸印刷、电子电器、钢铁、有色金属、建材家居、机械设备、汽车、医药生物、公用事业、交通运输、TMT、文教体娱及工艺品、旅游酒店、房地产及建筑业、批发零售业等 20 个大类行业，使用其中各个细分行业的企业全行业平均值指标。剔除了没有"企业绩效评价"相关指标的"金融保险业"大类，剔除了企业指标数据不全的"汽车"大类中的"汽车整车制造业""汽车零部件及配件制造业""汽车修理与维护服务业"，"公用事业"大类中的"热力生产和供应业""市政公用业""产权交易服务业""市场管理服务业""工程管理服务业"，"交通运输"大类中的"公共电汽车客运业""轨道交通业"以及"旅游酒店"大类中的"大旅游"。最终数据来自 133 个细分行业连续 11 年（2006—2016年）的面板数据。各变量描述性统计结果如表 3-5 所示。由于本节主要采用面板数据考察技术投入对行业资产收益率影响，考虑到数据的特点和研究主要问题，拟建立静态面板模型。

表 3-5　　　　　　　　　企业模型变量描述性统计

	观测数	均值	标准差	最小值	最大值
ROA	1463	5.163	3.626	-9.200	21.80
EINNO	1463	1.536	1.545	0.200	11.90
SIZE	1463	6.885	4.387	-6.500	23.40
LIA	1463	63.530	7.791	37.500	99.50

资料来源：2007—2017 年国资委统计评价局《企业绩效评价标准值》以及 wind 数据库，数据经过计算。

（三）变量选取和模型设定

1. 被解释变量

本部分的被解释变量为企业发展。根据此前的学者的研究，通常使用企业的经营业绩或绩效（Lai, Chang, 2010；李映照、潘昕，2005；王君彩、王淑芳，2008）、企业经营产出（于洁明、郭鹏，2012；胡珊珊、安同良，2008）、企业盈利水平或利润（Lin, Lee, Hung, 2006；李柏洲、苏屹，2010）作为衡量指标。本书选用企业绩效（用 ROA 表示），即资产收益率作为企业发展指标。

2. 核心解释变量

本部分的核心解释变量为创新。考虑到数据的可获得性，本部分采用企业创新投入指标——技术投入比率（用 EINNO 表示）作为衡量科技创新的指标。技术投入比率是企业本年科技支出（包括用于研究开发、技术改造、科技创新等方面的支出）与本年营业收入的比率，反映企业在科技进步方面的投入。

3. 控制变量

除了创新这一核心解释变量以外，可以影响企业发展的因素还有多种。根据此前学者们的研究和相关文献，这些影响因素包括经济政策（Riding, Haines, 2001）、市场和环境条件（Park, Bae, 2004）以及规模、资源可获取性和企业成立年数（Dahl, Reichstein, 2007），此外还包括法制、融资、所有制结构（杜传忠，2012），甚至于企业战略和管理者特征等，都会从不同层面对企业产生影响。考虑到数据的可获得性及研究的侧重点，本部分有选择地确定了企业规模、资金状况两个代表性指标作为控制变量。企业规模是公认的重要的企业发展影响因素之一，本书采用各行业总资产增长率平均值（用 SIZE 表示）作为衡量企业规模的指标。资金的充足与否在很大程度上会影响企业的发展成效，本书采用各行业资产负债率平均值（用 LIA 表示）作为衡量企业资金状况的指标。

4. 模型设定

根据样本数据的散点图初步判断，企业发展 ROA 与创新 EINNO 之间存在较明显的正的线性相关性，与企业规模存在正向关系，与企业资产负债率存在负向关系，与理论预期和实际情况相符（详见图 3-3）。此外，由图 3-3 还可以看出，不同行业的企业 ROA 随时间变化趋势不完全一致，有些行业企业表现很平稳（如林业、水利），有些行业企业呈上升趋势（如电子、元器件制造业），也有行业企业呈下降趋势（如食品制造业）。这说明在一定程度上，ROA 的行业差异有助于估计决定 ROA 的因素。

第三章 以创新推进供给侧结构性改革的实证分析 | 83

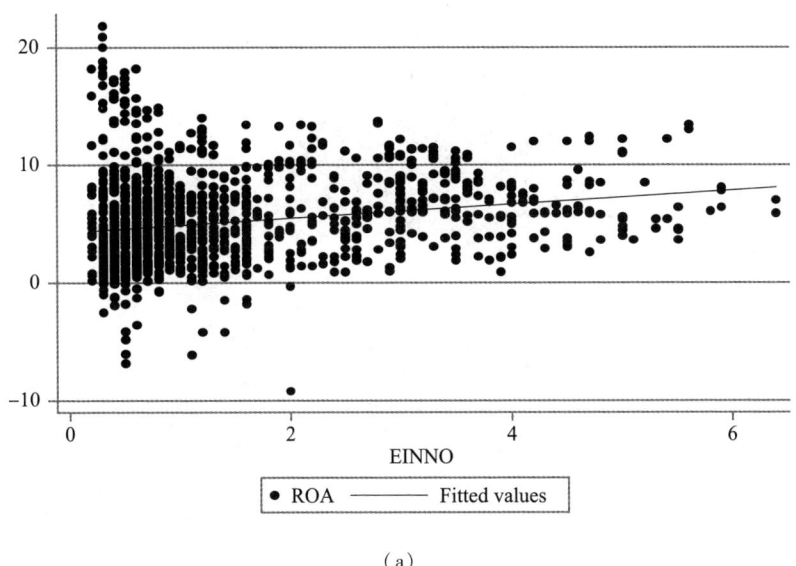

(a)

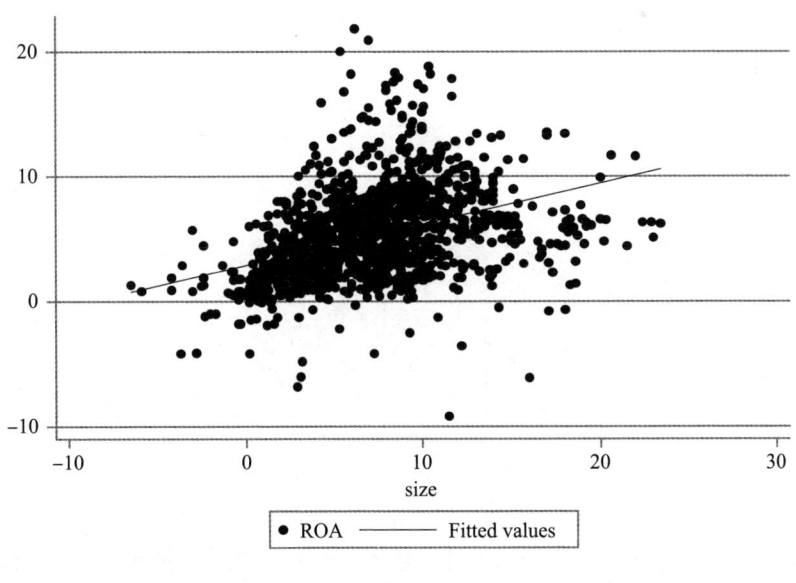

(b)

84 | 以创新推进供给侧结构性改革

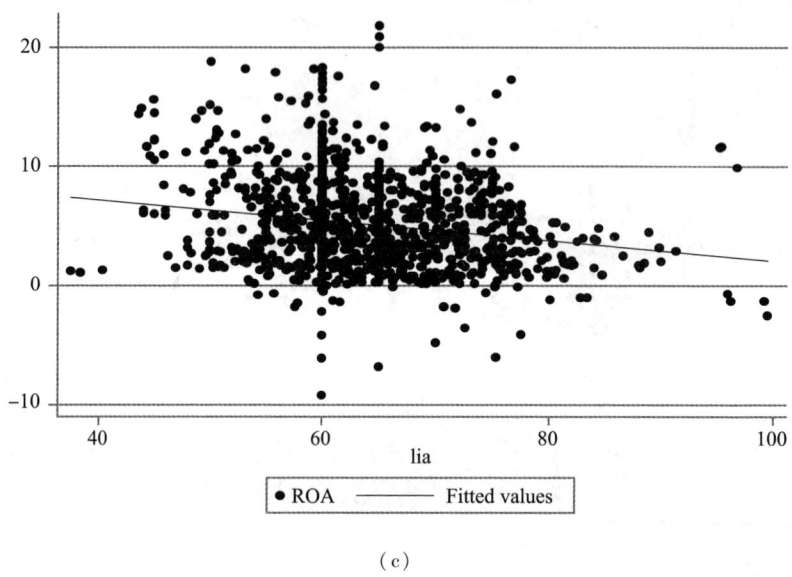

(c)

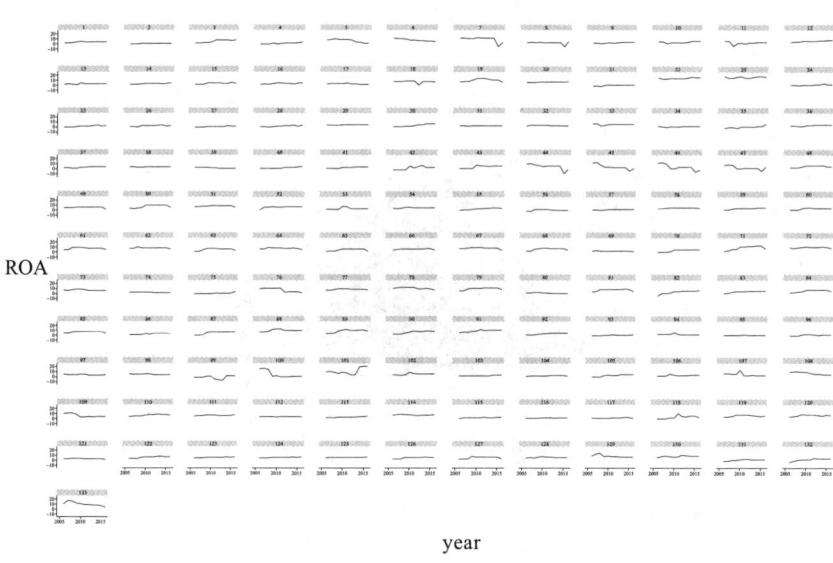

(d)

图3-3 企业发展和科技创新、企业规模、资产负债率散点图（a、b、c）和企业发展时间趋势图（d）

使用面板数据进行实证分析,根据上述变量情况,建立模型如下:

$$ROA_{it} = \alpha_0 + \alpha_1 EINNO_{it} + \alpha_2 SIZE_{it} + \alpha_3 LIA_{it} + \mu_i + \varepsilon_{it}$$

其中,下标 i = 1,2,…,分别表示中国各个行业,下标 t = 1,2,…,表示时期,μ_i 为个体效应,ε_{it} 为随机误差项。

(四) 计量结果及解释

建立静态面板模型,分别进行混合 OLS 回归并考虑固定效应和随机效应,具体估计结果如表 3 - 6 所示。

表 3 - 6　　　　　创新促进企业发展模型计量结果

	(1) 混合 ols	(2) fe_ rubust	(3) lsdv	(4) re	(5) mle	(6) ols(加入虚拟项)	(7) ols(加入虚拟项和交互项)
Variables	ROA	ROA	ROA	ROA	ROA	ROA	ROA
einno	0.33 *	0.22 **	0.22 **	0.23 *	0.23	0.12 **	0.18 **
	(0.19)	(0.09)	(0.09)	(0.08)	(0.15)	(0.06)	(0.71)
size	0.33 ***	0.23 ***	0.23 ***	0.24 ***	0.24 ***	0.32 ***	0.32 ***
	(0.04)	(0.02)	(0.02)	(0.02)	(0.04)	(0.02)	(0.20)
lia	- 0.07 **	- 0.06 ***	- 0.06 ***	- 0.06 ***	- 0.06 ***	- 0.07 ***	- 0.07 ***
	(0.03)	(0.01)	(0.01)	(0.01)	(0.02)	(0.01)	(0.11)
ds						1.38 ***	2.08 ***
						(0.33)	(0.55)
ds_ einno							- 0.23 *
							(0.14)
Constant	6.86 ***	6.89 ***	6.17 ***	6.84 ***	6.84 ***	6.91 ***	6.76 ***
	(2.11)	(0.72)	(0.97)	(0.73)	(1.35)	(0.75)	(0.76)
Observations	1435	1435	1435	1435	1435	1463	1463
R-squared	0.20	0.16	0.72			0.21	0.21
Number of industry	133	133	133	133	133	133	133

注:***、** 和 * 分别表示在 1%、5% 和 10% 水平上显著,括号内为系数标准误差。

1. 混合 OLS 回归

首先，假设行业间不存在个体效应，使用全部数据进行 OLS 回归。考虑到同一行业在不同时期的扰动项之间常常存在自相关，因此使用聚类稳健的标准误。此时，同一行业在不同时序的观测值允许存在自相关，不同行业的个体观测值则不相关。

混合 OLS 模型 F 统计量为 32.05，P 值为 0.00，模型整体显著。调整 R^2 为 0.20，说明解释变量具有一定的解释力。在忽略个体效应的条件下，模型所有解释变量系数全部显著且系数符号与预期相符。科技创新指标 EINNO 显著为正，在保持其他条件不变的情况下，EINNO 每增加 1 个单位，企业资产收益率 ROA 平均增加 0.33 个单位。企业规模指标 SIZE 显著为正，保持其他条件不变的情况下，SIZE 每增加 1 个单位，ROA 平均增加 0.33 个单位。企业资产负债率 LIA 显著为负，保持其他条件不变的情况下，LIA 每增加 1 个单位，ROA 平均减少 0.07 个单位。

2. 固定效应

从 ROA 在 133 个行业随时间变化趋势图（图 3-3）可以看到，不同行业 ROA 可能存在不随时间变化但随个体而异的个体效应。因此，本节采用固定效应模型解决上述遗漏变量问题。同样地，考虑到扰动项的自相关和个体异质性问题，模型使用聚类稳健标准误估计。

根据回归结果，调整 R^2 为 0.16，说明解释变量能够解释被解释变量 16% 的变动。模型所有系数显著，且系数符号与预期相符。科技创新指标 EINNO 显著为正，在保持其他条件不变的情况下，EINNO 每增加 1 个单位，企业资产收益率 ROA 平均增加 0.22 个单位。企业规模指标 SIZE 显著为正，保持其他条件不变的情况下，SIZE 每增加 1 个单位，ROA 平均增加 0.23 个单位。企业资产负债率 LIA 显著为负，保持其他条件不变的情况下，LIA 每增加 1 个单位，ROA 平均减少约 0.06 个单位。与混合 OLS 模型相比，在接受个体固定效应情况下，EINNO、SIZE 和 LIA 对 ROA 的影响系数减弱，但 EINNO 对

ROA 的正向影响的显著性提高。

此外,通过加入行业虚拟变量的方式,考察是否存在个体效应。调整 R^2 由前一模型的 0.16 增加到 0.72,主要是因为增加了 132 个行业虚拟变量,极大程度地解决了之前模型遗漏未曾观测到的因素问题。绝大多数虚拟变量均显著,因此可以拒绝"所有个体虚拟变量都为 0"的原假设,即认为存在个体效应,应该允许每一个行业拥有自己的截距项,而非使用混合回归。同时,模型各解释变量的系数与个体固定效应模型保持一致,从一定程度上说明模型解释变量设定合适,解释变量系数具有较强的稳定性。

此外,通过定义年度虚拟变量在固定效应模型中考虑时间效应。但是,结果发现,一方面,加入时间虚拟变量,模型解释力并没有显著增强;另一方面,所有的时间变量系数均不显著。因此,模型不考虑时间效应。与个体固定效应模型相比,加入时间效应的双固定效应模型,EINNO 系数虽然为正,但变得不再显著,可能与加入不相关的时间变量有关。以上模型已基本确立了个体效应的存在,但个体效应仍可能以随机效应的形式存在。

3. 随机效应

用 FGLS 和 MLE 两种估计方式建立随机效应模型。可以发现,使用 FGLS 和 MLE 两种估计方法得到的模型参数几乎完全一致。同固定效应模型相比,随机效应模型的结果系数偏大。通过稳健的 hausman 检验,来选择使用固定效应模型还是随机效应模型。因为固定效应模型与随机效应模型相比,前者增加了"个体异质性与解释变量相关"条件,也可被视为过度识别条件。检验结果拒绝原假设,认为扰动项与解释变量相关。鉴于此,本部分应采用个体固定效应模型。

4. 虚拟变量和交互项

参考国家发展改革委《战略性新兴产业重点产品和服务指导目录(2016 版)》,在本书选取的 133 个行业中,战略新兴产业涉及电子工业、家用影视设备制造业、专用设备制造业、医疗仪器制造业、交通运输设备制造业、铁路运输设备制造业、汽车制造业、医药工业、化学品原药、制剂制造业、电子计算机制造业、信息技术服务业、计算机与软件服务业。考虑到133个行业的异质性，尽可能减少模型存在的内生性，加入是否属于战略新兴产业这一虚拟变量（如果某一产业属于战略新兴产业，则 ds = 1；否则，ds = 0），并通过结果验证创新对处于不同产业的企业的作用区别。估计结果显示，虚拟变量（是否属于战略新兴产业）显著为正，说明在控制其他变量的条件下，相较于传统产业，战略新兴产业中企业资产收益率的正向效应增加。虚拟变量与创新变量的交叉项显著为负，意味着创新对企业资产收益率的影响受到企业所处产业类型的约束。如果该产业属于战略新兴产业，则单就创新这一个指标来说，其会对资产收益率产生负的影响。即对于处于战略新兴产业中的企业，在保持其他条件不变的情况下，EINNO每增加1个单位，企业资产收益率ROA平均减少0.05个单位。但是，由于在企业属于战略新兴产业的情况下，企业收益率整体会显著提升约2.08，且企业的技术投入率EINNO不可能超过1，因此虽然属于战略新兴产业的企业的技术投入率对企业资产收益率的影响为负，但整体上企业收益率是提高的。

此外，采用HT检验、IPS检验、Beritung检验对本模型进行单位根检验，结果如表3-7所示，P值均拒绝原假设，证明面板数据是平稳的。

表3-7　　　　　　　　企业模型的平稳性检验结果

模型	HT 检验	IPS 检验	Beritung 检验
混合 ols	0.5508 (0.0000)	-1.7077 (0.0438)	-4.8563 (0.0438)
固定效应 （组内差分）	0.5595 (0.0000)	-2.0341 (0.0210)	-4.3287 (0.0000)

续表

模型	HT 检验	IPS 检验	Beritung 检验
固定效应 （虚拟变量法）	0.5595 (0.0000)	-2.0341 (0.0210)	-4.3287 (0.0000)
随机效应 （gls）	0.5584 (0.0210)	-2.0028 (0.0226)	-4.3859 (0.0000)
随机效应 （mle）	0.5595 (0.0000)	-2.0341 (0.0210)	-4.3287 (0.0000)
ols （加入虚拟项）	0.5491 (0.0000)	-1.9205 (0.0271)	-4.8470 (0.0000)
ols （加入虚拟项和交互项）	0.5493 (0.0000)	-1.9102 (0.0281)	-4.4756 (0.0000)

注：(1) 以上三种检验都是面板单位根检验的常用方法。其中，IPS 检验克服了共同根缺点，更贴近现实经济规律。(2) 括号内为 P 值。

5. 模型结论

总体而言，企业模型的估计结果基本与预期相符。证明了科技创新对于企业发展具有显著的正向促进作用。实证检验结果符合假设二，即创新可以推动中国企业发展，进而有效推进供给侧结构性改革。企业规模增长有利于提高企业资产收益率，而企业资产负债率的增长不利于企业效益提升。

具体来说，第一，实证结果证实了创新对企业收益的促进作用，即技术投入比率每增加 1 个单位，企业资产收益率平均增加约 0.22 个单位。技术投入对企业收益的影响是即期的，也就是说企业技术的进步可以较快反映到其收益水平上。因此，通过增加企业的技术研发投入，可以在一定程度上快速提高企业的收益率，促进企业的发展。第二，对于属于战略新兴产业中的企业来说，技术进步对企业收益率的提高的正向影响更为明显。但是，由于本身处于新兴行业或者传统行业的技术前沿和领先阵地，通过引进吸收等方式进行创新的机会不大，其创新基本都要依靠自主创新，要取得相应成果，所需投入的资金、人力、物力都非常庞大，因此在一定时期内技术投入率的增加会对其企业资产收益率产生负的影响，但从整体来看仍会促进企业收益的提高。这一结论也在一定程度上证明了，在推动战略新兴产业发展的过程中，除了依靠企业自身力量外，国家在财政支持和政策保障上给予倾斜尤为重要。

三 基于创新推动产业结构优化角度的测度

产业结构是指国民经济各产业部门之间以及各产业部门内部的构成，也可具体理解为农业、工业和服务业等在一国经济结构中所占的比重。产业结构演变是衡量国家经济实力的重要标志。产业结构优化就是产业结构向着合理化和高级化的方向演进。具体来说，产业结构合理化是指产业结构符合发展规律，产业内部和产业间关系协调，资源有效利用率高；产业结构高级化是指产业结构向高技术化、高服务化、高加工度化、高集约化、高附加值化的方向发展。产业结构优化升级是实现经济可持续发展的核心要求。从世界经济发展来看，全球范围内经历的历次重大产业结构变迁都是以技术革命为推动。从蒸汽机的发明，到电力和内燃机的应用，再到电子计算机的应用，以及现在的信息技术、互联网技术等，都不断促进着产业结构的优化升级。产业结构优化是供给侧结构性改革的核心任务。创新可以促进产业结构的优化调整。从理论上看，创新可以使得产品的成本下降，产量提高。一方面，对于需求弹性大的产业来说，这种情况会使得部门产品价格下降，需求增多，吸引生产要素的流入，使得该产业继续发展壮大；另一方面，对于需求弹性小的产业来说，价格的下降会导致收益下降和生产要素的流出，进而使得产业收缩。两种方式共同作用，促使产业结构发生调整。中国产业结构变化与创新投入和产出情况见图3-4，可以发现，随着研发支出和创新产出的提升，中国二、三产业之比也逐步优化。

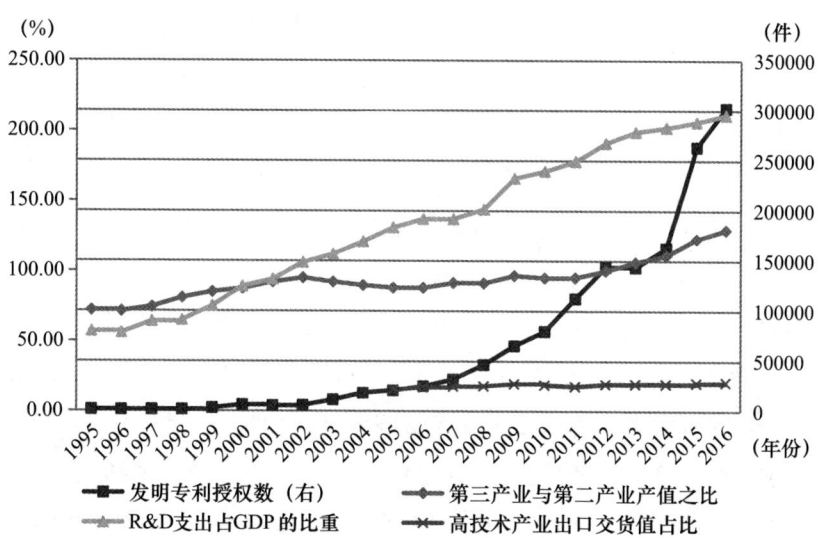

图3-4 第三产业和第二产业产值之比、高技术产业出口交货值占比与
发明专利授权数、R&D支出占GDP的比重

资料来源：国家统计局，wind数据库。

（一）现有实证研究情况

当前关于技术创新与产业结构升级测度的文章多数是利用面板数据建立静态模型或者动态模型，也有学者利用模拟数理分析或者空间面板模型使得研究的范围和层次更丰富。Pavitt构建了以创新为主要研究内容的产业依赖模型，探究创新和产业升级之间的关系，不同产业之间创新所发挥的作用有显著差异，市场环境对企业创新产生重要影响；反过来，创新影响行业发展，通过淘汰落后产业，推动产业升级（Pavitt，1984）。Arthur从产业进化理论和市场选择机制理论出发，研究技术和产业之间的关系，证明在市场竞争下，技术的优胜劣汰是技术创新的主要途径（Arthur，1989）。Antonelli，Dolata提出了技术和产业之间关系的一般范式，技术变革引起产业变革，产业变革反过来推动技术进步，二者的相互作用是持续并且剧烈的（Antonelli，

2002；Dolata，2009）。R&D 投入产出分析一直是创新与产业结构分析中的热点，Griliches，Cuddington 构建了技术循环模型和技术变革模型，阐述不同形式的创新对产业结构的不同影响（Griliches，1990；Cuddington，2001）。Peneder，Greunz，Kevin 分别对经合组织国家、欧洲国家和地区、中国不同行业进行了实证研究，证明了技术创新可以改变部门的生产力水平，从而促进产业结构升级（Peneder，2003；Greunz，2004；Kevin，2006）。Altenburg 比较研究了中国和印度两个国家的创新驱动发展情况，发现两个国家均能通过巨大的国内市场和充足的外汇储备使经济发展从要素驱动转化为效率驱动（Altenburg，2006）。国内学者则探讨了测度创新影响产业结构的指标体系，创新对产业结构升级的作用机制，自主创新与产业结构的实现路径，同时加入区域因素，有些学者还融入空间因素进行研究。陈国宏和邵赞、曹琼等构建了完整的测度创新影响产业结构的指标体系，分别研究了技术创新对中国工业产业结构优化和农业生产率提高的作用，从一、二产业角度评价产业结构变化（陈国宏、邵赞，2001；曹琼等，2013）。陈大龙和王莉静、邢会等研究了创新对产业结构升级的作用机制，结合当前产业研究热点，寻求创新在制造业和战略新兴产业中的作用（陈大龙、王莉静，2010；邢会等，2016）。邢琦将研究重点聚焦在自主创新推动产业结构升级的实现路径上（邢琦，2014）。冯南平和杨善林、齐红倩和耿鹏、党玮等加入区域因素，利用面板数据研究全国各省份和华东地区创新与产业结构升级的关系（冯南平、杨善林，2012；齐红倩、耿鹏，2012；党玮等，2015）。潘雄锋和刘凤朝、王昱和成力为在实证模型中融入空间因素进行研究，构建空间面板模型（潘雄锋、刘凤朝，2010；王昱、成力为，2013）。

就研究结果来看，Pavitt 发现不同产业之间创新所发挥的作用有显著差异，市场环境对企业创新产生重要影响；反过来，创新影响行业发展，通过淘汰落后产业，推动产业升级（Pavitt，1984）。Arthur，Sengupta 证明了技术创新可以改变部门的生产力水平，从而促进产业结构升级（Arthur，1989；Sengupta，2014）。闫海洲、陈大龙和王莉静、龚轶、邢会等发现产业技术创新对产业结构升级有积极作用（闫海洲，2010；陈大龙、王莉静，2010；龚轶，2013；邢会等，2016）。孙军、孙建发现技术创新能改变生产部门之间的要素分配，能够使资本、劳动、技术等要素向生产率更高生产部门转移，促进产业升级（孙军，2008；孙建，2011）。何德旭和姚战琪、齐讴歌和王满仓、张秀武和林春鸿进一步研究创新对产业结构升级的影响途径，指出创新能够使稳定的经济均衡产生巨大的波动，使生产要素的集聚方式和产业结构发生变化，尤其是高技术产业部门的发展与技术创新和技术突破存在紧密联系，技术创新的"极化效率"和"扩散效应"决定着产业结构变化（何德旭、姚战琪，2008；齐讴歌、王满仓，2012；张秀武、林春鸿，2014）。冯南平和杨善林、齐红倩和耿鹏、党玮等以具体区域为例证明了创新对产业结构升级的正向影响（冯南平、杨善林，2012；齐红倩、耿鹏，2012；党玮等，2015）。

（二）模型方法和数据说明

1. 方法选择

产业结构模型所用数据为面板数据，涉及 14 年（2003—2016年）、31 个省份（模型 1）和 30 个省份（模型 2）的时间序列数据，横截面数量多于时间序列长度。横截面数据取自 31（或 30）个省份，跨度较大，可能存在不可观测的个体固定效应。模型的被解释变量为产业结构优化升级的程度，在一定时期具有一定的稳定性，存在一定的滞后影响。内生解释变量的存在可能造成误差项与解释变量的相关性。此外，除固定效应以外，误差项可能存在异方差和序列相关问题。因此，本部分采用 GMM（广义矩估计）方法进行面板数据分析，以期得到更有效的参数估计。

2. 数据来源

鉴于数据的可获得性，本书在估计产业间优化模型时，利用

2003—2016年中国内地31个省份的数据进行实证分析；估计产业内升级模型时，利用2003—2016年中国内地30个省份的数据进行实证分析，剔除了数据缺失严重的西藏地区。原始数据来源于历年《中国统计年鉴》《中国科技统计年鉴》《中国高技术产业统计年鉴》、各省份统计年鉴、《中国市场化指数报告》和wind数据库。为统一各变量指标数量级，消除异方差带来的影响，对INNO、TINO、GDP变量均做对数处理。产业间优化模型各变量描述性统计结果如表3-8所示，产业内升级模型各变量描述性统计结果如表3-9所示。

表3-8　　　　　产业间优化模型变量描述性统计

	观测数	均值	标准差	最小值	最大值
IS	434	0.999	0.516	0.497	4.165
INNO	434	8.760	1.790	2.770	12.510
GDP	434	9.036	1.142	5.221	11.300
OPEN	434	0.315	0.388	0.034	1.681
MAR	434	6.160	1.870	-0.300	11.710

资料来源：2004—2017年《中国统计年鉴》《中国科技统计年鉴》、各省份统计年鉴、《中国市场化指数报告》以及wind数据库，数据经过笔者计算。

表3-9　　　　　产业内升级模型变量描述性统计

	观测数	均值	标准差	最小值	最大值
IC	420	0.192	0.199	0	1.062
TINO	407	5.786	2.221	0	12.001
GDP	420	9.132	1.027	5.970	11.300
OPEN	420	0.322	0.393	0.034	1.681
MAR	420	6.305	1.691	2.530	11.710

资料来源：2004—2017年《中国统计年鉴》《中国高技术产业统计年鉴》、各省份统计年鉴、《中国市场化指数报告》以及wind数据库，数据经过笔者计算。

（三）变量选取和模型设定

1. 被解释变量

本部分的被解释变量为产业结构优化升级。为进行更准确的测度，将产业结构优化升级分为两种类型。一种是产业间优化，主要指在整个产业结构中经济发展的重点由第一产业向第二产业和第三产业逐渐转移的情况。产业间优化的衡量指标较多，例如三次产业增加值占 GDP 比重、非农产业的比重、产业结构层次系数、第三产业与第二产业产值的比、三次产业人口占总就业人口比重、新产品产值等。借鉴吴敬琏和干春晖、郑若谷、余典范等学者的研究（吴敬琏，2008；干春晖、郑若谷、余典范，2011），本部分采用第三产业与第二产业产值之比（用 IS 表示）来衡量产业间优化程度，其比值越高，则经济趋于服务化的水平越高。另一种是产业内升级，主要是指产业内部向精加工、高附加值、高新技术水平的纵深发展。本书选择高技术产业为产业内升级的代表，考虑到数据的可获得性，使用高技术产业出口交货值与该地区出口贸易总值的比重（用 IC 表示）来衡量产业内升级水平。

2. 核心解释变量

本部分的核心解释变量为创新。专利申请数、专利授权数和三方专利数等（均以万人计）是衡量科技创新的三个代表性指标，考虑到全书所指的创新是以科技创新为核心，因此，产业间优化使用专利授权数作为衡量创新的指标（用 INNO 表示）。此外，由于同科技发展水平最密切相关的是发明专利授权数，因此产业内升级使用高技术产业有效发明专利数进行衡量（用 TINO 表示）。根据样本数据的散点图初步判断，创新与产业结构优化升级之间存在较明显的正的线性相关性（详见图 3-5）。

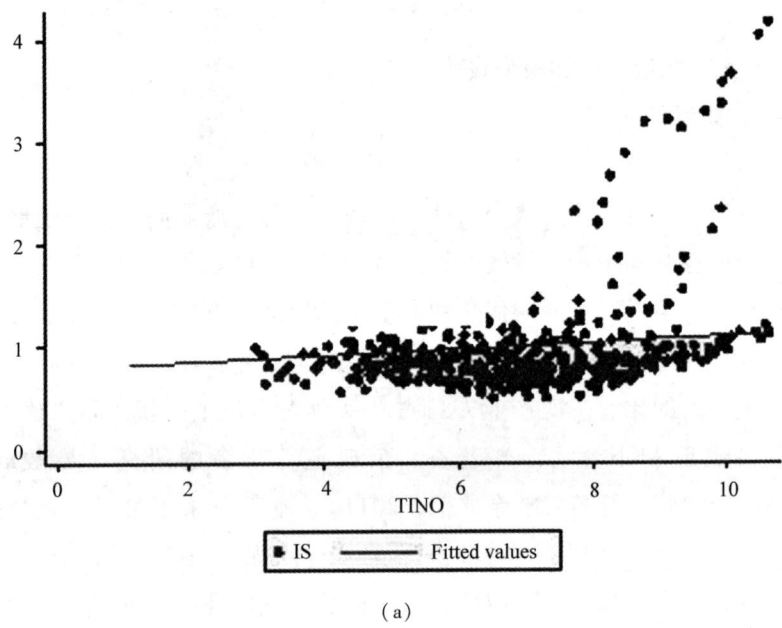

(a)

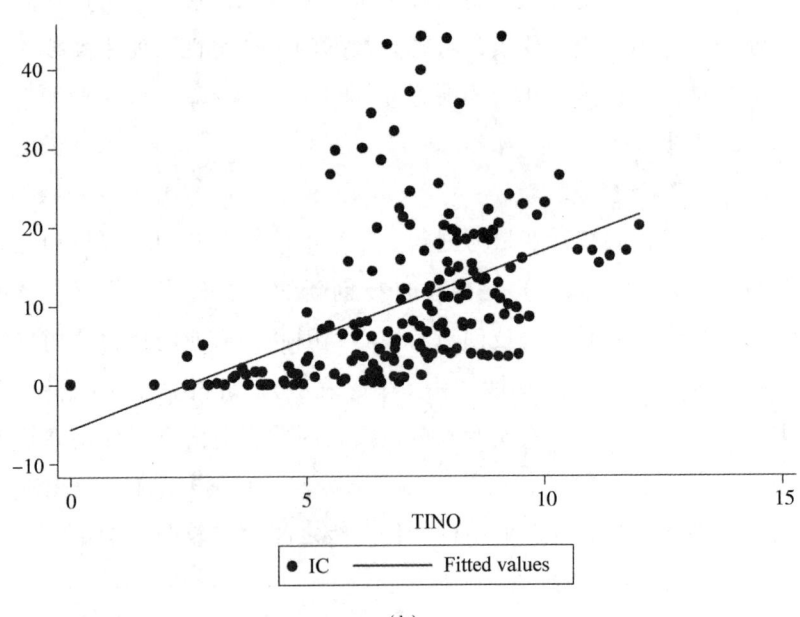

(b)

图3-5 产业结构变动和创新散点图：IS 模型（a）和 IC 模型（b）

3. 控制变量

除了科技创新这一核心解释变量以外，可以影响产业结构优化升级的因素还有多种。根据此前学者们的研究和相关文献，这些影响因素包括经济发展水平、利用外资水平、市场化程度、对外开放程度、人力资本、基础设施、固定投资、政府政策支持等，都会从不同方面对产业结构优化升级产生影响。考虑到数据的可获得性及研究的侧重点，本部分有选择地确定了经济发展水平、外商直接投资、市场化程度三个代表性指标作为控制变量。

地区经济发展水平代表了不同地区的资源禀赋、发展程度，综合反映了地区市场容量、消费水平、科技教育水平和基础设施等基本经济状况，与产业结构的变动有密切联系。随着经济的发展，个人收入提高，会影响对各产业的需求，如对第三产业需求增加，进而影响产业结构。本部分使用地区生产总值增长率（用 GDP 表示）来衡量地区经济发展水平。

在开放的经济环境下，对外开放水平在产业升级过程中的重要作用已从各个角度被证实，其产生的技术外溢效应可以有效促进本地区产业结构的优化升级。本书使用地区进出口总额与地区生产总值的比重（用 OPEN 表示）来衡量对外开放水平，进出口总额使用各年的平均汇率折算成以人民币为单位的数额。

制度环境反映了地区的经济体制综合情况，对产业发展有着重要影响，也在一定程度上代表了制度创新的情况。本书使用中国经济改革研究基金会国民经济研究所编制的市场化指数（用 MAR 表示）来衡量制度环境。该指数从政府与市场的关系、非国有经济的发展、产品市场的发育程度、要素市场的发育程度、市场中介组织发育和法律制度环境五个方面来衡量各省份的市场化水平。

4. 滞后项的设定

在宏观经济运行中，存在着大量的滞后效应。由于产业结构优化过程并非一蹴而就，而是基于原有结构的基础上不断调整，因此本节的被解释变量不仅受到同期各个解释变量的影响，还可能会受到这些因素以及被解释变量本身前期阶段的影响。将被解释变量、核心解释变量以及经济发展水平的滞后一期纳入模型，更有助于解释科技创新、经济发展水平等对产业结构优化的作用机制。

5. 模型设定

从不同地区产业结构随时间变化趋势可以看出（详见图3-6），不同地区的变化趋势并不相同，有的呈增长态势，有的保持平稳，有的呈下降态势。因此，在一定程度上，被解释变量的省级差异有助于估计决定被解释变量的因素。这也意味着，存在不随时间变化的个体固定效应，对于应用动态面板模型提供了一定的思路和证据。

本章基准计量模型设定如下：

模型1：

$$IS_{it} = \alpha_0 + \alpha_1 IS_{it-1} + \alpha_2 INNO_{it} + \alpha_3 INNO_{it-1} + \alpha_4 GDP_{it} + \alpha_5 GDP_{it-1} + \alpha_6 OPEN_{it} + \alpha_7 MAR_{it} + \mu_i + \varepsilon_{it}$$

模型2：

$$IC_{it} = \alpha_0 + \alpha_1 IC_{it-1} + \alpha_2 TINO_{it} + \alpha_3 TINO_{it-1} + \alpha_4 GDP_{it} + \alpha_5 GDP_{it-1} + \alpha_6 OPEN_{it} + \alpha_7 MAR_{it} + \mu_i^* + \varepsilon_{it}^*$$

其中，下标 i = 1, 2, …, 分别表示中国各个省份；下标 t = 1, 2, …, 表示时期；μ_i 和 μ_i^* 为不可观测到的个体区域效应；ε_{it} 和 ε_{it}^* 为随机误差项。

相较于差分 GMM，系统 GMM 在有限样本情况下，更容易克服弱工具变量问题，因此本章使用系统 GMM 对模型参数进行估计。为了进一步检验工具变量和模型设定的有效性，采用"Sargan test，Hansen test"来检验工具变量的外生性，通过"Arellano-Bond（AR）"检验是否存在序列相关，使用"difference-in-Hansen tests"检验部分工具变量的外生性。同时，为尽可能减少"伪回归"问题，需要对变量的平稳性进行检验。本部分拟先对动态面板模型进行估计，再对残差进行平稳性检验。

第三章 以创新推进供给侧结构性改革的实证分析 | 99

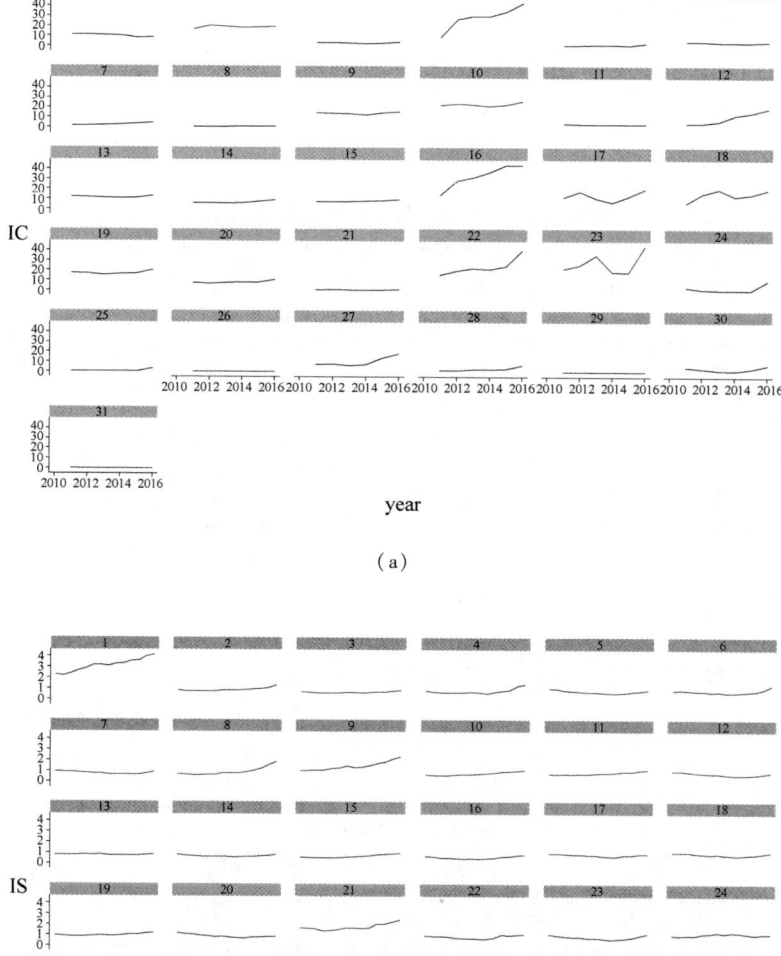

(a)

(b)

图 3-6 各地区产业结构变动随时间变化图：IS 模型（a）和 IC 模型（b）

(四) 计量结果及解释

运用系统 GMM 法对模型参数进行估计,具体结果如表 3-10 所示。

表 3-10　创新促进产业结构优化升级模型计量结果

Variables	model 1 IS	Variables	model 2 IC
L.IS	0.07	L.IC	0.961***
	(0.24)		(0.05)
INNO	0.04	TINO	0.0506**
	(0.02)		(0.03)
L.INNO	0.0702*	L.TINO	0.0287
	(0.04)		(0.03)
GDP	-0.307***	GDP	-0.791***
	(0.11)		(0.08)
L.GDP	0.225***	L.GDP	0.770***
	(0.08)		(0.09)
MAR	0.00803**	MAR	0.00197*
	(0.00)		(0.00)
OPEN	0.15*	OPEN	0.11
	(0.09)		(0.13)
Observations	372	Observations	360
Number of province	31	Number of province	30
Wald test p	0.00	Wald test p	0.00
Hansen test p	0.96	Hansen test p	0.54
Arellano-Bond test for AR (2)	0.18	Arellano-Bond test for AR (2)	0.13

注:***、**和*分别表示在1%、5%和10%水平上显著,括号内为系数标准误差。

1. 模型参数检验

根据表 3-10 的显示结果，产业间优化和产业内升级的两个模型均通过 Wald 显著性检验，模型系数联合显著。检验工具变量有效性的 Hansen 检验未能拒绝原假设，说明模型选择的工具变量是有效的。检验扰动项二阶自相关的 Arrellano-Bond 检验接受原假设，认为不存在二阶自相关或更高阶的自相关。单位根检验的 P 值均呈显著性，说明模型的残差不存在单位根现象，动态面板数据是平稳的。以上统计检验说明，运用系统 GMM 方法估计创新对产业结构调整的影响是合理可行的。

2. 模型系数结果

产业间优化的模型 1 结果显示，IS 的滞后一期系数为正，但不显著。INNO 的滞后一期对产业结构调整的影响显著为正，考虑到专利这一指标发挥作用和产生时效具有一定的滞后期，该结果与理论假设相符。在其他变量保持不变的条件下，专利授权数指标每增加 1 个单位，第三产业与第二产业比值则平均增加 0.04 个单位。GDP 当期系数显著为负，但是滞后一期系数显著为正。前者的原因可能与经济发展所处阶段相关，也可能由于经济发展水平和产业结构、要素变动等同时受到体制机制、社会分工等其他未纳入模型的因素影响，两者并非简单的直接相关关系。在其他变量保持不变的条件下，滞后一期 GDP 每增加 1 个单位，第三产业与第二产业比值则平均增加约 0.23 个单位。MAR 系数显著为正，这也证明了包括制度在内的市场化因素对产业间优化起到积极的正向作用。控制其他变量不变，MAR 每增加 1 个单位，第三产业与第二产业比值则增加 0.008 个单位。OPEN 与被解释变量之间也存在显著的正向影响，与开放程度越高越有利于产业结构的升级的理论吻合。OPEN 每增加 1 个单位，第三产业与第二产业比值则增加 0.15 个单位。

产业内升级的模型 2 结果显示，IC 的滞后一期系数显著为正，且数值高达 0.96。说明高技术产业发展存在较强的惯性和滞后效应。

TINO 对高技术产业发展的影响显著为正，该结果与理论假设相符。同时，这也证明在高技术产业内发明专利发挥作用的速度较快，相较于其他产业来说科技创新对高技术产业的推动作用更强。在其他变量保持不变的条件下，有效发明专利数指标每增加 1 个单位，高技术出口交货值占比则增加约 0.05 个单位。GDP 系数显著为负，滞后一期系数显著为正，与模型 1 情况一致。滞后一期 GDP 每增加 1 个单位，高技术出口交货值占比则增加约 0.77 个单位。MAR 系数显著为正，这也证明了包括制度在内的市场化因素对高技术产业发展起到积极的正向作用。控制其他变量不变，MAR 每增加 1 个单位，高技术出口交货值占比则增加约 0.002 个单位。OPEN 对高技术产业虽然存在正向影响，但效果并不显著。

3. 模型结论

总体而言，产业间优化和产业内升级的两个模型的估计结果基本与预期相符。证明了科技创新对于产业结构优化升级具有显著的正向作用，而这一作用在高技术产业领域产生效果更快，促进作用也更强。实证检验结果符合假设三，即创新可以推动中国产业结构优化，进而有效推进供给侧结构性改革。此外，包括政府与市场的关系、非国有经济的发展、产品和要素市场的发育程度、市场中介组织发育和法律等在内的制度环境对产业结构调整也具有显著的正向作用。地区开放程度在一定程度上与产业结构优化存在正相关性，而地区发展水平的提升从长期来看有助于产业结构的优化升级。

具体来说，第一，创新对于三次产业结构的优化具有显著的正向作用，由于创新产出发挥作用需要一定过程，且产业间的结构调整也需要一定时间，因此，创新对产业间的优化作用具有一定的滞后期，通过创新促进产业间结构的变化不可急于求成。第二，创新可以有效提高高技术产业的比重，且可在同期内发挥作用，表现更加迅速。因此，对于高技术产业的发展来说，创新的作用尤为重要。第三，中国目前的制度环境已表现出对产业结构的优化的正向促进作用，可以通过深化改革，进一步营造良好的制度环境，进而促进中国产业结构优化升级。第四，考虑到地区生产总值增长率对产业结构优化的当期影响为负，滞后一期影响为正，可以理解为地区经济发展水平对产业结构的影响受所处发展阶段的影响，当地区仍处于要素或投资驱动的一定的发展阶段时，经济发展水平的提高会使得地区倾向于对原有产业模式的依赖和固化，当在原有产业结构下经济发展水平受到阻碍后，才会产生通过调整产业结构促进经济继续增长的动力。滞后一期为正可以理解为，经济发展水平所带来的消费、需求等变化，会间接拉动地区产业结构优化调整，但这一作用存在一定的时滞性。中国大部分地区所处的发展阶段与创新驱动发展存在一定差距。因此，在推进供给侧结构性改革，特别是以创新推进改革时，应充分考虑到地区不同的发展阶段和比较优势，因地制宜。第五，对外开放水平会在一定程度上影响地区的产业结构，因此，要充分重视开放程度，加强产业间的对外交流合作。

四　结论

归纳上述三个部分的测度结果，将相关结论总结如下。

（一）创新提高全要素生产率的相关结论

全要素生产率模型的估计结果基本与预期相符，证明了创新对于全要素生产率增长具有显著的正向促进作用，且这一影响具有滞后效应。实证检验结果符合假设一，即创新可以提高全要素生产率，进而有效推进供给侧结构性改革。当期的经济发展水平对全要素生产率增长也有正的积极作用。市场化程度对全要素生产率增长的影响不显著。

具体来说，第一，实证结果证实了创新可以促进全要素生产率的增长率提高，且这一作用具有滞后性。以专利授权数为代表的创新指标每增加 1 个单位，会使滞后一期的全要素生产率的增长率提高约 0.023 个单位。因此，在实践中，可以通过加大创新投入，提高创新产出，进而促进全要素生产率的增长。同时，也要认识到创新因素发挥作用需要一定的过程，不会一蹴而就，不可急于求成。第二，结果显示中国当前的制度环境对全要素生产率的支撑作用尚不明显。考虑到制度创新是优化要素配置结构和效率的关键动力，进而可以推断出，如果要达到更好地促进全要素生产率增长的效果，需要加强对制度环境的改善。具体来说，通过各类制度使得政府与市场的关系和权责更加明确、完善要素市场和产品市场、健全对于产权等的法律保障等尤为重要。

（二）创新促进企业发展的相关结论

企业模型的估计结果基本与预期相符，证明了科技创新对于企业发展具有显著的正向促进作用，且这一影响是即期的。实证检验结果符合假设二，即创新可以推动中国企业发展，进而有效推进供给侧结构性改革。企业规模增长有利于提高企业资产收益率，而企业资产负债率的增长不利于企业效益提升。

具体来说，第一，实证结果证实了创新对企业收益的促进作用，即技术投入比率每增加 1 个单位，企业资产收益率平均增加约 0.22 个单位。技术投入对企业收益的影响是即期的，也就是说企业技术的进步可以较快反映到其收益水平上。因此，通过增加企业的技术研发投入，可以在一定程度上快速提高企业的收益率，促进企业的发展。第二，对属于战略新兴产业中的企业来说，技术进步对企业收益率提高的正向影响更为明显。但是，由于本身处于新兴行业或者传统行业的技术前沿和领先阵地，通过引进吸收等方式进行创新的机会不大，其创新基本都要依靠自主创新，要取得相应成果，所需投入的资金、人力、物力都非常庞大。因此，在一定时期内技术投入率的增加会对其企业资产收益率产生负的影响，但从整体来看仍会促进企业收益的提高。这一结论也在一定程度上证明了，在推动战略新兴产业发展的过程中，除了依靠企业自身力量外，国家在财政支持和政策保障方面给予倾斜尤为重要。在后续政策建议的章节中，会特别针对这一问题给出相应建议。

(三) 创新优化产业结构的相关结论

产业间优化和产业内升级两个模型的估计结果基本与预期相符。证明了科技创新对于促进产业结构优化升级具有显著的正向作用，而这一作用在高技术产业领域产生效果更快，促进作用也更强。实证检验结果符合假设三，即创新可以推动中国产业结构优化，进而有效推进供给侧结构性改革。此外，包括政府与市场的关系、非国有经济的发展、产品和要素市场的发育程度、市场中介组织发育和法律等在内的制度环境对产业结构调整也具有显著的正向作用。地区开放程度在一定程度上与产业结构优化存在正相关性，而地区发展水平的提升从长期来看有助于产业结构的优化升级。

具体来说，第一，创新对于三次产业结构的优化具有显著的正向作用，由于创新产出发挥作用需要一定过程，且产业间的结构调整也需要一定时间，因此，创新对产业间的优化作用具有一定的滞后期，通过创新促进产业间结构的变化不可急于求成。第二，创新可以有效提高高技术产业的比重，且可在同期内发挥作用，表现更加迅速。因此，对于高技术产业的发展来说，创新的作用尤为重要。第三，中国目前的制度环境已表现出对产业结构优化的正向促进作用，可以通过深化改革，进一步营造良好的制度环境，进而促进中国产业结构优化升级。第四，考虑到地区生产总值增长率对产业结构优化的当期影响为负，滞后一期影响为正，可以理解为地区经济发展水平对产业结构的影响受所处发展阶段的影响，当地区仍处于要素或投资驱动的发展阶段时，经济发展水平的提高会使得地区倾向于依赖和固化原有的产业模式。只有当在原有产业结构下经济发展水平受到阻碍时，才会产生通过调整产业结构促进经济继续增长的动力。滞后一期为正可以理解为，经济发展水平所带来的消费、需求等变化，会间接拉动地区产业结构优化调整，但这一作用存在一定的时滞性。中国大部分地区仍没有达到创新驱动发展的水平，因此，在推进供给侧结构性改革，特别是以创新推进改革时，应充分考虑到地区不同的发展阶段和比较优势，因地制宜。第五，对外开放水平会在一定程度上影响地区的产业结构，因此，要充分重视开放程度，加强产业间的对外交流合作。

综上所述，全要素生产率模型、企业模型以及产业结构的两个模型的实证分析结果，均与预期相符，证明了创新对于促进全要素生产率增长、企业发展和产业结构优化升级具有显著的正向作用。其中，创新对企业效益和产业内技术结构升级的影响具有即期效应，对TFP增长及产业间结构优化的影响具有滞后效应。实证检验结果符合前期提出的假设，即创新可以提高全要素生产率、促进企业发展、推动产业结构优化升级，进而有效推进供给侧结构性改革。对于高技术产业和处于战略新兴产业的企业的发展来说，创新的作用尤为重要。要处理好市场作用、自身发展和政府支持的关系，积极发挥创新的促进作用。此外，实证结果也再一次验证了制度环境、开放水平等因素对中国全要素生产率、企业发展和产业结构优化升级的积极作用，对于以创新推进供给侧结构性改革的总体思路和政策建议提供了一定借鉴。

第四章 以创新推进供给侧结构性改革的案例研究
——以深圳为例

作为中国改革开放建立的第一个经济特区，深圳经过四十年的快速发展，已由一个小渔村成为国内乃至国际享有盛誉的创新创业之城。深圳也是中国改革开放的窗口，创造了举世瞩目的"深圳速度"，享有"设计之都""创客之城"的美誉，已成为国内当之无愧的具有卓著竞争力和影响力的创新引领城市。深圳的发展也是一个持续推动供给侧结构性改革的过程，即通过改革开放和先行先试，持续推动生产要素结构、企业结构和产业结构不断转型升级，提升创新能力和供给水平。深圳的实践，对于认识什么是创新、怎样推动创新具有十分重要的意义，对深化供给侧结构性改革、深入实施创新驱动发展战略和建设创新型国家具有重要启示。本章将聚焦深圳的实际情况，基于供给侧结构性改革的视角，对深圳的创新发展进行解析，对深圳以创新推进供给侧结构性改革的优秀做法和经验启示进行归纳总结。

一 深圳供给侧结构性改革的主要阶段和发展现状

（一）基于供给侧结构性改革视角的深圳发展历程

1. 1980—1984年的初创阶段

1980年深圳正式成立经济特区之初，国家给予了较多的优惠政策，又加上邻近香港的区位优势，深圳从基础设施建设和对外开放开始，逐步突破计划经济的束缚，以市场为取向推动了经济的初步发展。通过对资金、土地、劳动力等生产要素价格的各类单项试验改革，逐步扫除各类体制障碍，为后期更加全面的改革奠定了基础。这一阶段，深圳初步形成了良好的投资环境，第二产业和第三产业迅速发展，经济基础不断累积，产业结构也开始得以调整升级。1984年深圳市的国内生产总值为23.4亿元，比1979年的1.96亿元增长了近11倍。

2. 1985—1992年建立外向型经济和全面推进改革阶段

在这一阶段，国家对经济特区提出了更高的要求，转生产、上水平、求效益成为工作重点。深圳充分发挥改革试验区的作用，将经济体制改革由单项、局部、初步向更加全面、系统、深入推进。对国有企业、金融体制、国有土地有偿使用管理体制、政府机构用人制度、住房制度、工资和社会保障制度等进行了一系列的全面改革，同时鼓励和支持民营科技企业的发展。深圳探索出的新发展模式，为渐进式改革积累了经验。这一时期，深圳市特别强调外向型经济发展，通过进出口贸易拉动经济，"三来一补"外向型工业带动了深圳经济的快速发展，初步形成了出口创汇的外向型经济格局。

3. 1993—2003年深化改革和建立社会主义市场经济体制阶段

进入这一时期，国家优惠政策的"红利"逐步释放完成，深圳开始探寻发展新优势。深圳不断创新体制机制，深化国企改革、深化国有资产管理体制改革，完善所有制结构，深化商贸体制改革，深化分配制度改革，大力转变政府职能，完善社会保障制度，充分利用"立法权"建立适应市场经济的法规体系，初步形成了社会主义市场经济体制的基本框架。同时，积极参与国际分工，将"引进来"和"走出去"有机结合，不断扩大投资规模和范围，对外开放程度在全国范围内处于领先地位。在国际产业转移的浪潮中，紧跟时代潮流，支持资本和技术密集型企业建立，努力营造适宜高技术企业和现代服务业成长的良好环境。这一阶段,深圳市的经济实现了历史性的飞跃,2002年生产总值达3000亿元,高新技术产业、现代物流业、现代金融业成为深圳国民经济的三大支柱产业,城市实现全面发展。

4. 2004年至今以创新为主导的转型发展阶段

经过多年的快速发展,深圳在土地、能源资源、人口、生态环境等方面"难以为继"的问题日益严峻,促使深圳推动经济发展转型,进而谋求全面协调可持续的发展。通过实施产业结构升级、调整城市总体规划、推动以自主创新为主导的创新驱动发展,深圳不断突破发展瓶颈,重点培育生物、互联网、新能源、新材料、新一代信息技术、文化创意和节能环保等战略性新兴产业和航空航天、海洋、生命健康、军工等未来产业,进入了全面创新发展的新阶段。

(二)深圳现阶段供给侧结构性改革和创新发展成就

1. 深圳供给侧结构性改革成效

在当前全国经济增速换挡的大背景下,深圳新动能带动全市经济平稳较快发展,部分指标逆势而上。2018年,深圳GDP增长7.6%,高于全国1个百分点;规模以上工业增加值增长9.5%,比全国高3.3个百分点;工业利润总额2022.14亿元,占全国总量的3%;全年完成一般公共预算收入增长6.2%,与全国基本持平。财政收入质量继续向好,每平方公里产出财税收入从2016年的近4亿元提升到2018年的4.6亿元,在全国大中城市中居于首位。进一步优化财政资源配置,不断加大基础设施投资力度,通过扩大政府投资,带动固定资产投资突破6000亿元,增长20.6%。增速创24年来新高。此外,2018年深圳共为全市企业降成本超过1400亿元,完成年度目标的101%。2017年这一数字为1369亿元,2016年为1200亿元,2015年为700亿元。

在生产要素方面,通过供给侧结构性改革的推进,深圳的经济质量稳定增长,资源要素配置更加合理。"创新发展、质量深圳"的理念深入人心,产业升级和技术创新使得生产率稳步提高。通过政策优惠和完善创新激励机制，鼓励社会各界进行创新，创新要素力量不断增强，创新驱动效果显著。深圳在 2015 年实现了发明专利授权量的大幅增长，发明专利授权量从 2014 年的 12040 件增加到 16957 件，增长了约 41%，此后 2016 年为 17666 件，2017 年为 18926 件，而 2018 年达到 21309 件，同比增长 12.59%（详见图 4-1）。2017 年度，深圳等国家自主创新示范区对所在地区 GDP 增长贡献率超过 20%，是当之无愧的创新发展"领头雁"。

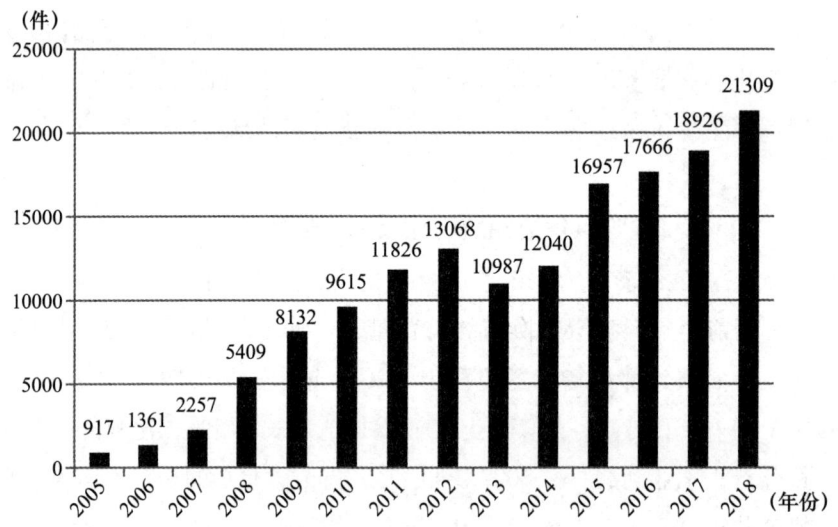

图 4-1　2005—2018 年深圳发明专利授权量
资料来源：对应年份《深圳统计年鉴》。

在企业方面，自供给侧结构性改革提出以来，深圳企业活力大幅提升，特别是高新技术企业发展迅速。首先企业收益急速增长，高新技术企业的净利润由 2014 年的 520 亿元迅速攀升至 2017 年的 1921 亿元（详见图 4-2）。其次，企业的创新活力和创新创业意识大大增强。企业新产品产值大幅上升。深圳规模以上工业企业新产品产值从 2014 年的 6941.57 万元增长至 2017 年的 12801.79 万元，三年共增长了 84.42%（详见图 4-3）。

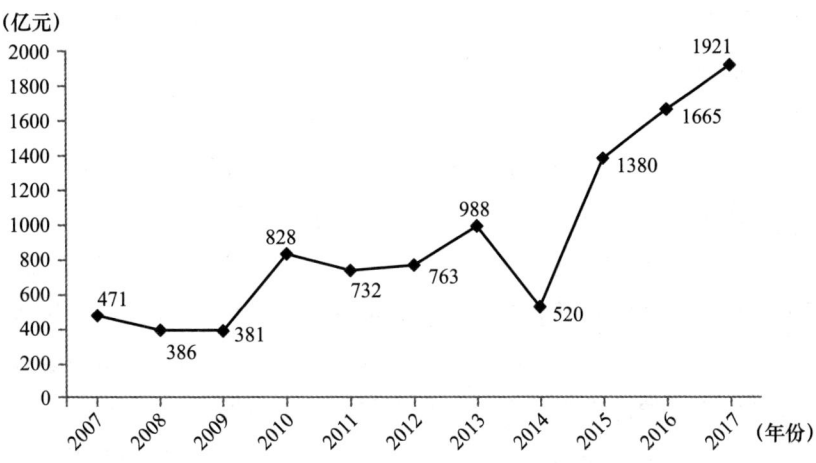

图 4-2 深圳高新技术企业净利润

资料来源：对应年份《深圳统计年鉴》。

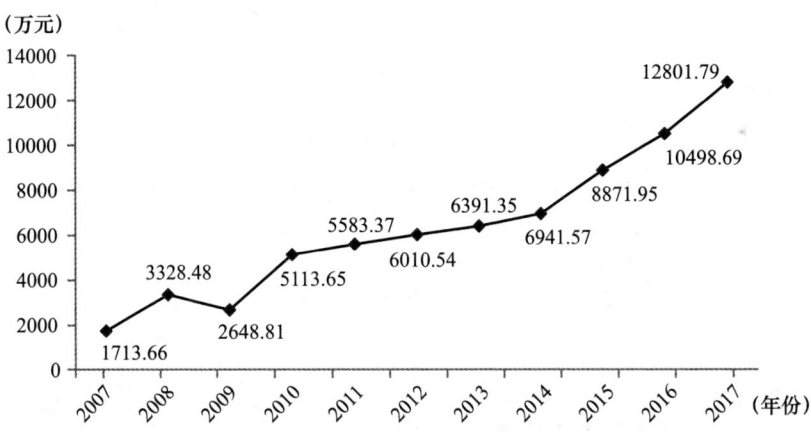

图 4-3 深圳规模以上工业企业新产品产值

资料来源：对应年份《深圳统计年鉴》。

在产业结构方面，通过深入实施创新驱动发展战略，加快推进供给侧结构性改革，深圳不断促进产业结构优化升级，高技术行业对提升深圳产业链和产业群的先导作用越来越明显。在淘汰 1.7 万家低端落后企业的同时，深圳产业结构形成了经济增量以新兴产业为主、工业以先进制造业为主、"三产"以现代服务业为主的崭新格局。2018年,深圳战略性新兴产业增加值合计 9155.18 亿元,比上年增长9.1%,占 GDP 比重达 37.8%。① 此外,对深圳高新技术产品进出口情况的分析发现,2015 年高新技术产品进出口额都有缓慢回升,2016年又再次下滑,2017 年出口总额继续下滑但进口总额有所回升(详见图 4-4)。结合之前图 4-2 中高技术企业的利润数据可以发现,高技术企业的利润并没有受到进出口额下降的影响,反而一路飙升。这在一定程度上可以反映出,国内市场对高新技术产品的消化吸收能力增强,旺盛的内需有助于刺激高端制造业和新兴产业的发展。

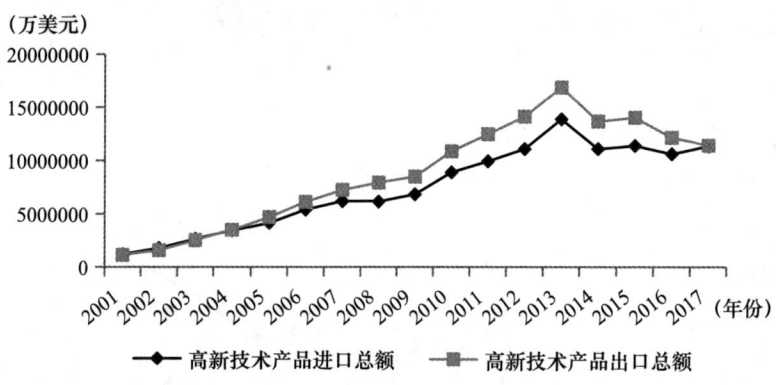

图 4-4 深圳高新技术产品进出口情况

资料来源:对应年份《深圳统计年鉴》。

2. 深圳创新发展成就显著

在深圳,涌现了华为、腾讯等一批具有全球影响力的创新型企业,每年平均新创办企业超过 2 万家。截至 2018 年年底,在境内外上市的企业累计达到 392 家,诞生了一批具有国内国际影响力的重大创新成果。2018 年,全社会研发投入超过 1000 亿元,占 GDP 比重提

---

① 数据来源于刘虹辰:《新兴产业占 GDP 比重超 40%》,《深圳商报》2017 年 12 月 7日,已对相关数据进行更新。

第四章 以创新推进供给侧结构性改革的案例研究

升至4.2%,与世界最高水平的以色列相当。地方一般公共预算收入规模高于天津市,甚至高于河北、福建、安徽等一个省的财政收入。深圳以全国0.02%的土地面积和0.8%的人口,创造了全国2.7%的GDP、4.5%的国内发明专利申请量、38.7%的PCT(专利合作协定)国际专利申请量,聚集了国内30%左右的创业投资机构和创业资本。经过四十年的努力,深圳成功实现了从"跟跑"向"并跑"再到"领跑"、从"深圳制造"向"深圳创造"、从"铺天盖地"向"顶天立地"、从要素驱动向创新驱动的转变,创造了"中国奇迹"乃至"世界奇迹"。特别是近年来,全国经济发展进入新常态,在一些地区正处于转型阵痛的情况下,深圳依然保持了较高的增速,拥有强劲的发展势头。

新常态下,深圳凭借转型升级优化供给侧结构,新兴产业、新业态和新模式活力四射,成为深圳经济增长的亮点。企业自主创新活力十足,高技术企业更是成为科技创新的领头羊。2015年深圳高新技术企业工业总产值在工业总产值中所占的比重大幅上升,达到51.53%,增幅高达159.47%,2016年比重继续增长到58.92%,2017年这一比重虽略有回落,但也达到56.08%(详见图4-5)。

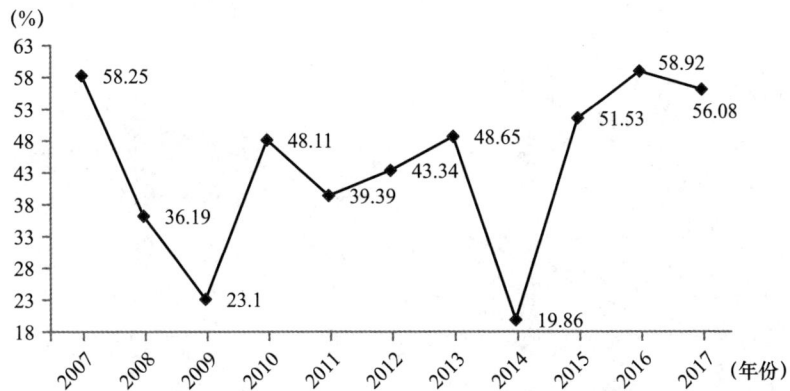

图4-5 深圳高新技术企业工业总产值在工业总产值中所占的比重
资料来源:对应年份《深圳统计年鉴》。

深圳每千人R&D人员发明专利授权数和每万人发明专利授权数均呈现逐步上升的趋势（详见图4-6），其中2018年每万人发明专利授权数是全国平均水平的近8倍。深圳R&D经费支出占GDP比重也在不断升高（详见图4-7），已与世界先进创新型国家的研发投入水平相当。深圳每百万元研究开发支出产生的发明专利授权数在2015年有明显提升，但是2016年和2017年连续两年回落（详见图4-8），科研资金使用效率还需继续提升，但仍高于全国水平。

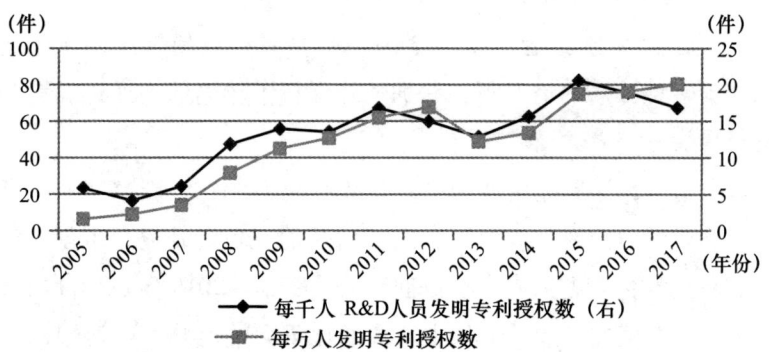

图4-6　深圳每千人R&D人员发明专利授权数和每万人发明专利授权数

资料来源：对应年份《深圳统计年鉴》。

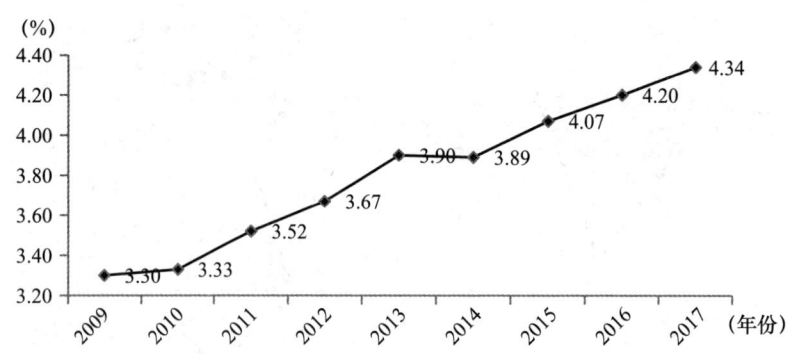

图4-7　深圳R&D经费支出占GDP比重

资料来源：对应年份《深圳统计年鉴》。

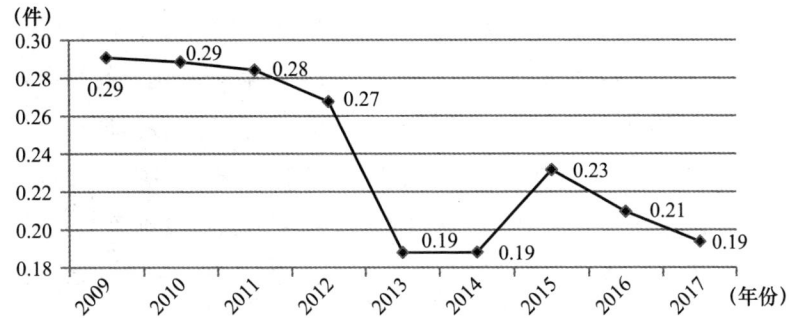

图 4-8 深圳每百万元研究开发支出产生的发明专利授权数
资料来源：对应年份《深圳统计年鉴》。

二 深圳经济供给侧的发展及其结构性特点

(一) 要素结构

随着深圳经济特区的建立，加上毗邻香港的独特区位优势，使深圳快速集聚了大量人才、技术、资金等各类要素。从集聚的要素结构看，呈现出鲜明的特点，形成了独特的创新文化。

1. 人才要素会聚

深圳瞄准束缚人才发展的体制机制障碍，实施了更具竞争力的人才培养和引进政策，加快高层次创新创业人才和新经济发展紧缺的专业人才培养，吸引了国内一大批具有市场意识、富有冒险和创新精神的人才，为经济发展提供源源不断的人才支撑。深圳构筑了从创意产生到产业化发展的完整创新创业链条，促进科学家、企业家和投资家在深圳共生融合。这些从全国四面八方涌入的人才，身怀不同的技能和梦想，形成了特色鲜明的创新创业移民文化。深圳的人口结构呈现流动化、年轻化的特征。庞大的外来务工人员是其人口结构中的一大特征，户籍人口与非户籍人口比例形成"倒挂"。人口以青壮年劳动力为主，2018 年深圳人口平均年龄只有 32.02 岁，人口年龄结构呈现"两头小中间大"的橄榄形结构。老年抚养比、少儿抚养比和总抚养比一直保持相对稳定状态，人口老龄化程度处于较低水平。此外，高层次人才规模持续增长。截至2018年年底，全市各类专业技术人员166.60万人，同比增长8.3%；其中具有中级技术职称及以上的专业技术人员50.90万人，同比增长9.5%。截至2017年年底，深圳已累计认定国内外高层次人才9604人，全市共有全职两院院士26人，享受国务院特殊津贴专家531人，广东省"珠江人才计划"领军人才32人，南粤杰出人才12人。

2. 技术创新供给充足

在深圳，创新已真正成为经济发展的主要推动力，实现了"低投资率下的高增长"。2018年，深圳固定资产投资与GDP的比率仅为25.63%，远远低于全国的70.6%，不足其40%。与此形成鲜明对比的是，2018年全市全社会研发投入超过1000亿元，研发强度已经超过主要发达国家平均水平。国内专利申请量22.86万件，增长29.1%；国内专利授权量14.02万件，增长48.8%。PCT专利申请量18081件，约占全国申请总量的34.8%，连续15年居全国大中城市第一。每万人口发明专利拥有量为91.25件，为全国平均水平（11.5件）的7.9倍。深圳大力培育集科学发现、技术发明、产业发展"三发"一体化发展的新型研发机构，源源不断地产生技术新供给，汇聚成为新动能，为新产业的快速发展起到了重要的孵化推动作用。以光启研究院为例，其拥有来自近40个国家的300多名高水平研发人员，截至2018年年底，共申请专利已达4965件，包括发明专利申请3400件（含海外专利申请211件）；授权专利3005件，其中，授权发明专利1562件（含海外授权专利101件）。光启人均专利申请量达到了10.88件，人均专利拥有量6.56件，已在超材料基础研究领域达到世界技术前沿水平。深圳先进技术研究院，累计与华为、创维、腾讯、美的、海尔等知名企业签订工业委托开发及成果转化合同逾500个，合作开展产学研项目申报超过700个。深圳清华大学研究院，截至 2018 年年末已累计投入 9 亿多元,成立了面向战略性新兴产业的四十多个实验室和研发中心,拥有包括国内外院士 7 名、"973 项目"首席科学家 5 名在内的数百人的研发团队,累计获得国家级奖 3 项、省部级奖 5 项,申请专利 500 多项、获得授权 300 多项,累计孵化企业 2500 多家,培养上市公司 21 家。

3. 资金要素充沛

深圳的金融业快速增长,金融业增加值由 2003 年的 262.08 亿元增至 2018 年的 3067.21 亿元,累计增长超过 11 倍,占 GDP 比重由 2003 年的 7.2% 增至 12.7%。2017 年全市新引进分行级以上持牌金融机构 36 家,其中法人持牌金融机构 15 家。截至 2017 年年底,全市持牌金融机构总数达 439 家,其中法人金融机构 188 家。股权投资企业集聚发展,有效拓宽了直接融资渠道。深圳市已登记备案的私募基金,无论是机构数量、管理规模还是从业人数,均占广东省 70%以上,私募数量占到全国的 18.94%。深圳对中小微企业融资给予了大力支持,截至 2018 年 11 月末,银行业小微企业贷款余额 9283.42亿元,同比增长 21.03%,较各项贷款增速高出 6.37 个百分点;小微企业贷款户数 22.69 万户,同比增加 2.08 万户;小微企业申贷获得率 86.76%,同比上升 1.67 个百分点。[①] 其中,在支持科技创新方面尤为突出。截至 2017 年年末,有 12 家银行设立了 43 家科技特色支行,为科技型企业发放贷款 2324.32 亿元,较年初增长 16.59%。[②]作为传统银行信贷的有益补充,深圳市小额贷款在促进创业带动就业方面发挥了重要作用。小额贷款以"小额、分散"为特点,重点面向小微企业和个体工商户提供资金支持,截至 2018 年年底,深圳市正式开业 129 家小额贷款公司,全年新增 3 家小额贷款公司,累计实

[①] 数据来源于谢惠茜:《科技型企业贷款余额增速快》,《深圳商报》2017 年 7 月 25日,已对相关数据进行更新。

[②] 数据来源于谢惠茜:《科技型企业贷款余额增速快》,《深圳商报》2017 年 7 月 25日,已对相关数据进行更新。

收资本金共357.79亿元，平均注册资本金为2.77亿元，年末贷款余额404.11亿元。① 此外，深圳积极发挥政府投资引导基金的作用，2018年，深圳市政府投资引导基金获评"2018年中国政府引导基金30强"第一名。截至2019年6月底，深圳市引导基金承诺出资159支子基金，其中已签约116支子基金，签约子基金规模3250.11亿元；引导基金承诺出资1373.45亿元，实际已出资505.31亿元，财政资金引导带动社会资本实现放大2.37倍。

（二）企业结构

随着深圳产业发展逐步向中高端迈进，大量科技型企业逐步成长壮大起来，自主创新能力不断提高，形成了以创业创新企业为主、既有国际影响力大的大企业又有活力强的中小微企业的企业结构。

1. 深圳已形成各类型企业蓬勃发展、各显其能的局面

截至2018年年底，深圳全市商事主体达到311.9万户，继续保持全国大中城市首位，其中企业总计197.47万户，占比超过63.3%。在企业的组成中，深圳拥有3万多家创新型企业，大疆无人机、柔宇科技、优必选机器人等一批高速成长的创新型企业正在成为深圳企业的新名片。华为、腾讯、比亚迪、迈瑞、华大基因等20多家细分龙头企业已成长为全球高技术产业的领头羊，也成为深圳企业向全球创新链、价值链上游攀升的标杆。此外，深圳也拥有一批"大块头"。2018年，平安保险、华为、正威、万科、招商银行、恒大、腾讯7家企业荣登世界五百强上榜企业榜单。深圳还拥有中国五百强企业28家，主营收入超百亿企业87家，其中超千亿企业11家。累计共有367家本土企业在境内外上市，总市值超10万亿元，其中，本地企业中小板和创业板上市205家。

---

① 数据来源于吴玉函：《深圳小贷多指标领跑全国》，《深圳商报》2017年4月5日，已对相关数据进行更新。

2. 企业是深圳创新创业的主引擎

深圳具有全国独一无二的"6个90%"在企业，即90%的创新企业是本土的企业，90%的研发人员在企业，90%的研发投入来源于企业，90%的职务发明专利产生于企业，90%的研发机构建在企业，以及90%以上的重大科技项目也由龙头企业来承担（南岭，2016）。据统计，2018年，深圳PCT国际专利申请量排名前三名的企业依次为华为、平安、中兴。申请量前十名企业占全市PCT国际专利申请总量的61.36%。大、中、小企业专利申请踊跃，在创新驱动发展战略的引领下，创新企业呈现出主体多、能力强、创新活跃的特点。

3. 新兴产业企业已成为深圳经济发展的新增长点

据统计，深圳新一代信息技术、互联网、新材料、生物、新能源、节能环保、文化创意等战略性新兴产业增加值从2010年的2760亿元增至2018年的9155.18亿元，占GDP的比重从28.2%增至37.8%，深圳已成为国内战略性新兴产业规模最大、集聚性最强的城市。其中，新一代信息技术产业占比最大，达到51.6%。在龙头企业的带领下，互联网行业增速持续保持最高。深圳市统计局报告显示，华为等深圳七大战略性新兴产业中增加值前十强企业，贡献了全市战略性新兴产业增加值的近四成。此外，在一批未来产业企业的带动下，生命健康、航空航天及机器人、智能装备等未来产业产值快速增加，新的增长点正在形成。

（三）产业结构

在市场化、全球化、新科技革命的带动下，深圳主要产业逐步向知识技术密集型的战略性新兴产业和高技术产业发展，实现了"深圳加工—深圳制造—深圳创造"的历史性跨越，完成了从模仿式、跟随式创新向竞争性创新、自主创新的转变。

1. 新兴产业成为经济发展支柱

近年来，深圳高新技术产业和金融、物流、文化等现代服务业快速增长，带动以"新业态、新产业和新模式"为代表的新经济蓬勃发展。2018年，全市战略性新兴产业增加值合计9155.18亿元，占GDP比重达到37.8%，远远高于全国8%的平均水平。部分产业处于国际领先水平。以电子信息产业为例，建立经济特区前，深圳只有一家从事简单电子产品制造的县办小厂，到1990年，深圳的电子企业发展到600多家，其中三资企业400多家，从业人员10万余人。2018年，深圳电子信息制造业产值达21313.3亿元，同比增长13.8%，占全市规模以上工业增加值近六成。同时，华为、腾讯等一批民营企业迅速成长起来，形成了配套较为齐全的产业集群。

2. 创新驱动不断推升产业层级

深圳以建设国家创新型城市和国家自主创新示范区为契机，通过创新驱动不断推升产业层级，在5G技术、超材料、基因测序、增材制造、新能源汽车、无人机等领域的创新能力和发展水平已经处于国际领先水平或可与发达国家"并跑"。与此同时，深圳涌现包括华为在内的一批技术创新能力强、市场信誉好、全球化布局广的知名企业。华为公司2018年实现的7212.02亿元销售收入中超过48.40%来自海外，大疆无人机的产品80%以上都是出口，腾讯、比亚迪、迈瑞、华大基因等一批高速成长的企业也在国际舞台上展现出较强的竞争力。

三　深圳以创新促改革的主要做法

（一）将充足的制度供给和体制机制创新作为发展的先导

经济特区的建立为深圳的发展创造了最重要的经济和制度前提，特区体制和政策吸引了众多的人才、企业和资金，为深圳的发展奠定了坚实的基础。深圳是中国最早实行改革开放的地区，为探索在社会主义制度条件下利用外资、先进技术和管理经验发展经济的道路，国家允许深圳实行特殊政策和灵活措施，较早建立了促进创新的市场机制。比如，国家在深圳率先开放了对外资的市场准入，允许建立合资企业和创办民营企业，支持在深圳建设科技市场、证券市场等要素市场，支持深圳率先进行产权制度改革，等等。早在1979年深圳就成立了中外合资企业——广东省光明华侨电子工业公司（现在的深圳康佳集团股份有限公司），1986年颁布了全国第一份国企股份制改造的政府规范性文件，1987年颁布了《关于鼓励科技人员兴办民间科技企业的暂行规定》，1990年成立了深圳证券交易所，1999年深圳开始举办中国国际高新技术成果交易会，2009年创业板在深交所开市，2016年深港通正式启动。同时，国家还给予了深圳许多特殊优惠政策，如企业所得税税率为15%，免征出口税等。这些制度和条件远远领先国内其他地区，为深圳集聚资金、技术、人才等创新资源，实现快速发展创造了良好条件。

（二）将人才作为发展的核心要素

人力资源是深圳创新创业生态系统得天独厚的优势，深圳始终围绕如何"引来人、留住人"做好文章。实施重点引进海外高层次人才和团队的"孔雀计划""医疗卫生三名工程"等人才吸引政策，以及博士后科研资助、留学回国人员创业资助等人才扶持政策。组织实施人才安居工程、鹏城杰出人才奖、产业发展和创新人才奖等人才保障激励政策。实施各类科技计划、促进科研机构发展行动计划、促进创客发展行动计划等科技创新扶持政策。出台了创新促进条例、知识产权保护规定、技术转移条例，以及人才个税补贴、职业资格准入、出入境居留便利等一系列有利于国内外人才集聚和发展的政策。此外，深圳还举办国际人才交流大会，修订高层次专业人才的配偶就业、子女入学、学术研修津贴等配套政策。为进一步优化人口结构，改革和完善人才引进工作，深圳市又在2018年10月30日发布了《2018年深圳市人才引进实施办法》。

(三)将各类企业作为发展的动力主体

企业在深圳的改革发展中发挥着至关重要的动力作用。创业企业在深圳经济结构中占绝对比重,从而自然形成了以市场需求为导向的技术创新机制。深圳积极发挥企业在改革发展中的主体作用,形成了"6个90%"在企业的创新要素结构,创新发展动力十足。深圳高度重视和支持企业的研发创新,大力鼓励企业主导研制国际标准,参与制定修订国际、国家及行业标准。同时,将国家超算深圳中心、国家基因库、大亚湾中微子实验室等一大批国家重大科技基础设施,以及国家、省、市级重点实验室等布局在企业。率先在企业推行首席质量官制度,开展标准化知识产权专业技术资格评审试点,建立了一支超过万人的质量专才队伍。积极推动企业"走出去",开展技术输出、标准输出和品牌营销,促进深圳优势特色技术、战略产品和关键技术转化为国际标准(杨轲等,2016)。深圳着力营造有利于企业发展的环境,通过制定有关规制,稳定政策预期,着力优化企业发展的软环境。此外,市场化意识和企业家精神是促进深圳企业高速发展的内生动力。深圳的市场化意识和移民文化,造就了深圳的企业家精神,如今已成为深圳精神的一个重要内涵,深圳也成为国内创新和企业家精神最为浓厚的地区。

(四)将高技术产业集群作为发展的支撑

深圳对产业的前瞻性布局和高端化发展,为供给侧结构性改革和创新发展提供了有力支持。在深圳,电子信息产业等高新技术产业蓬勃发展并形成产业集群,为深圳奠定了坚实的经济基础。早在2008年国际金融危机之时,深圳就已经开始谋划布局新经济,构筑了以战略性新兴产业、未来产业、现代服务业和优势传统产业为主导的梯次型产业体系,率先走上了质量型增长、内涵式发展的道路。自2009年起,深圳重点发展生物、互联网、新能源、新材料、新一代信息技术、文化创意和节能环保等战略性新兴产业以及航空航天、海洋、生命健康、军工等未来产业，正逐步发展成为以高新技术产业为主导的科技创新中心和产业创新中心。

（五）将明晰的市场和政府主配分工作为发展的保障

深圳为发挥市场配置资源的决定性作用采取了一系列举措。通过培育市场主体，放手发展民营企业，构建包括产品市场及要素市场在内的市场体系，大幅度减少政府干预等，促使市场机制在资源配置中发挥决定性作用。"优胜劣汰"的市场机制使得企业必须依靠不断创新发展、拓展领域来获得竞争优势，使得深圳成为国内诸多地区中市场化程度最高、发挥市场机制作用最充分的城市。优越的科技市场制度塑造了创新的供应链，推动了新产业演化和资本供给创新，促进了科学家、企业家和投资家的三方互动。更重要的是，科技市场对培育创新创业文化也起到至关重要的作用。同时，深圳也充分发挥了"有为政府"的作用，重点是抓政策环境、科研人才环境、服务环境等的营造，积极改善营商环境，主动做好配套服务，加强对新技术、新企业、新业态发展的政策、资金、发展空间等方面的支持。注重顶层设计的引领作用，适时谋求产业结构转型，科学预测产业未来发展方向。同时，积极提升公共服务质量和水平，打造宜居城市，为产业发展吸引和留住人才和资源。深圳政府遵循市场规律和产业发展规律，最大限度减少政府对微观事物的管理和干预，"顺势而为、顺水推舟、顺其自然"，让企业成为市场的主体。

（六）将国际化作为发展的导向

国际化程度高是深圳改革发展的另一个重要特点。无论是从早期的"三来一补"起步，还是后来的华为等企业走出去，深圳的改革发展轨迹始终都离不开国际化的带动。大量外资的涌入不仅带来了资金、技术和管理经验，更重要的是为深圳输入了市场经济体制机制、规范化和法治化观念以及国际视野，使其产业结构始终紧跟全球科技革命和产业变革的趋势和潮流。正是在全球化发展的大潮中，深圳通过加工贸易介入全球价值链，之后不断升级，逐步实现了从模仿创新到自主创新的转变。随着全球新科技革命和产业变革、经济全球化迅猛发展，深圳及时把握住了发达国家和地区的制造业向发展中国家转移的大好机遇。从国内看，当时中国大力推进经济体制改革和科技体制改革，大批科技人员、政府官员"下海"经商创业，全面放开电子信息、纺织服装等领域市场准入，深圳也很好地利用了当时良好的外部环境，加速资金、技术的集聚。

四　深圳以创新推进供给侧结构性改革的经验与启示

（一）始终坚持改革开放和制度创新

党中央国务院大力推进改革开放，给予深圳"先行先试"的体制和政策，极大地释放了多年来被束缚的生产力，这是深圳能够实现创新发展的首要原因。制度重于技术，环境高于投入，推动创新发展的关键在于营造良好的创新创业生态。人才、技术、资金等资源是流动的，关键是要创造有利于创新要素集聚的制度环境、政策环境和服务环境，厚植创新创业的沃土，弘扬创新文化和企业家精神，创造良好的创新创业生态。当前，中国已进入建设创新型国家的关键时期。推动自主创新，政府应加大投入，加强创新条件平台建设，完善政策环境，但更重要的是必须大力推进体制机制创新。总体上看，当前制约中国自主创新的首要因素是体制机制问题。在新时期新阶段，推动自主创新，着力解决一系列深层次的体制问题和长期积累的历史难题，使企业真正成为研究开发投入的主体、技术创新活动的主体和创新成果应用的主体。加快建立现代科研院所制度，深化科技管理体制改革，着力解决科技与经济结合不紧密的问题，努力营造全社会创新进发的局面，为建设创新型国家提供体制保证和动力支撑。

（二）充分重视企业在发展中的主体和关键作用

企业是技术和产业创新的发动机。人才、资金、技术等创新的重要资源要素只有通过企业和企业家才能有效组合，进而转化为现实生产力，促进经济增长。深圳改革发展的重要特点就是"6个90%"在企业，从而形成了以市场为导向的创新机制，为产业升级和经济发展方式转变注入了强大的活力和动力。深圳的创新史很大程度上就是一部创业企业的发展史，把技术创新、产业创新、商业模式的创新真正落实到企业身上，形成了以市场为导向的创新机制。这充分说明，推动创新发展必须坚持以企业为主体和主导，要高度重视中小微企业在创新中的作用，大力发展市场主体，扶持初创企业发展，着力培育形成一批创新型大企业，壮大创新型企业群落，加强产业配套能力建设。

（三）有效夯实改革发展的人才基石

人是改革发展中最核心的要素，科技创新关键在人才。深圳的创新史也是一群有冒险精神和开拓意识的企业家们创新创业的历史。深圳成功的关键是吸引了一批富有冒险、创新精神且真正能与市场结合开展技术创新的人才。在深圳，不仅广泛流传着任正非、王传福、马化腾等企业家创造财富的神话，更有大量不同背景的创客们在这里创业成功、失败、再成功的故事循环上演。正是这些人才书写了深圳的传奇，创造了深圳的奇迹。这充分说明，人才是创新的第一资源，要激发调动各类人群的积极性和创造性，既要推动精英创业，也要推动草根创业，形成"千军万马"创新创业的局面。

第五章　发达国家以创新推进供给侧结构性相关改革实践的研究

美、德、日、韩四国是全球创新大国,近年来也在大力倡导并推进结构性改革,其中很多由供给侧发力的创新促进政策取得了良好的效果。对比以美国为基准的全要素生产率(详见图5-1)和中美德日韩五国三次产业结构情况(详见图5-2)可以看出,中国与美德日韩四国在供给侧结构性改革的成效方面仍有差距。分析四国在供给侧结构性相关改革领域的创新促进举措,总结其优秀经验,对中国以创新推进供给侧结构性改革有一定的借鉴意义。

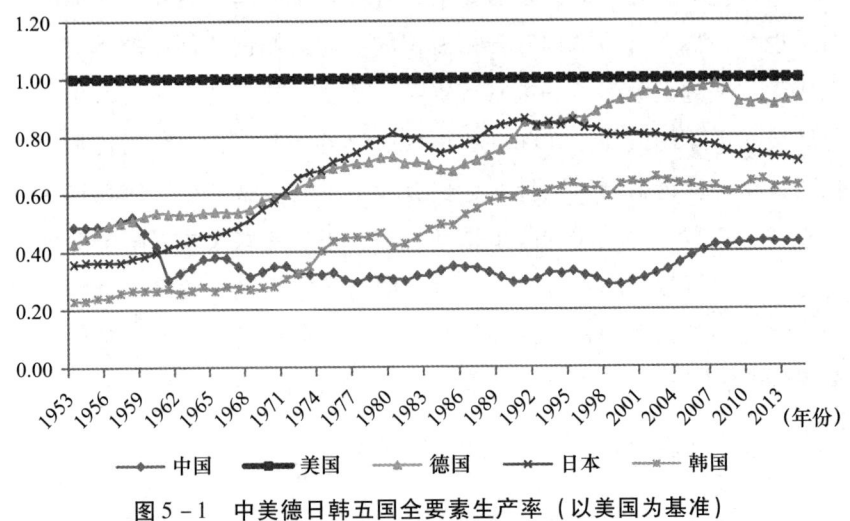

图5-1　中美德日韩五国全要素生产率(以美国为基准)

资料来源:Penn World Table 9.0。

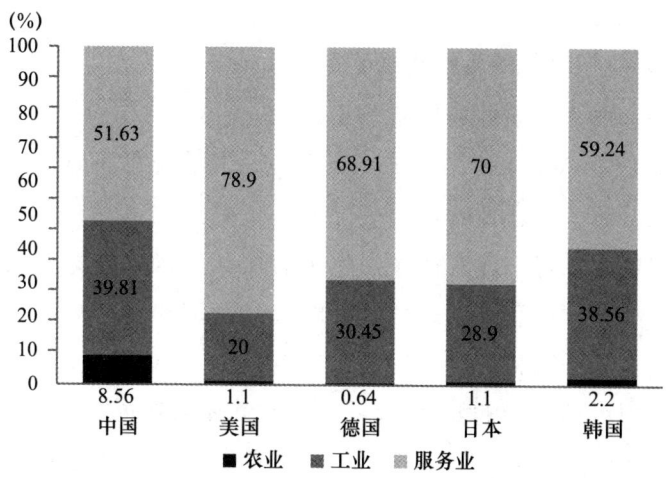

图 5-2　2017 年中美德日韩五国三次产业增加值
占国内生产总值比重

资料来源：Word bank open data。

一　美国以创新推进供给侧结构性
相关改革实践的研究

第二次世界大战后美国有过两次结构性改革历程，第一次是 20 世纪 70 年代末，经过多年高速发展的美国经济陷入"滞胀"危机，传统的主张政府干预和宏观调控的凯恩斯主义经济理论受到质疑，这也引发奉供给学派理论为圭臬的里根政府的上台，里根政府采取的主要方针就是从供给端进行改革，把减税、放松管制和收紧货币作为主要施政举措。第二次是 2007 年次贷危机以来的结构性改革实践，次贷危机的爆发反映了美国经济结构和金融体系存在的症结，导致失业率上升、制造业和服务业等行业萎缩，消费低迷，经济滑坡。为从经济危机的重创中彻底恢复，美国政府实施了国家创新战略，优先发展时代前沿领域，投资创新生态系统的基本要素，鼓励私营部门创新，加大研发投入，打造创新型政府，并取得了不错的成效。

（一）里根时代的供给侧改革

1. 改革背景及面临的问题

20世纪七八十年代，经过"二战"后几十年的高速增长，美国开始面临美苏争霸、日欧崛起等外部环境的严峻挑战，整个经济社会潜存着巨大危机。苏联的军事实力膨胀给美国的全球霸权带来巨大威胁。战后日本经济迅速恢复并崛起，经济和出口规模保持高速增长，产业结构顺利调整之后的工业竞争力在国际上空前增强，全面冲击美国市场。20世纪70年代末，欧共体的外贸实力远超过美国并持续拉大差距，战后三十年间，西欧贸易出口总额占资本主义出口总额的比重从29%上升了10个百分点，美国则从18%下降至12%。1973年，布雷顿森林体系瓦解，严重动摇了美元在资本主义国家货币体系中的主宰地位和美国长期坚持的美元霸权战略。在美国国内，发展至20世纪70年代，长期以来一直坚持扩张性的货币政策，石油危机爆发以及1974—1975年的战后第三次世界性经济危机，使得美国经济陷入"滞胀"的泥潭：经济增长乏力，陷入衰退；通货膨胀居高不下；生产率的提高、净投资率和收入的增加以及经济增速均落后于其他先进国家。布雷顿森林体系的最终瓦解更是给陷入困境的美国经济一记重击。在此背景下，曾在克服20世纪30年代经济危机中贡献巨大并在西方世界盛行多年的凯恩斯主义经济理论体系开始受到质疑，大萧条时期曾被抛弃的经济自由主义再度出现，并称为"供给学派"。该学派认为是时候放弃凯恩斯主义的需求管理政策，回到注重供给、倡导经济自由的老路。"里根经济学"即是供给学派理论的一次典型实践。

2. 改革实践及采取的创新促进措施

面对陷入低谷的国内经济形势，1980年就任美国第40任总统的共和党候选人罗纳德·威尔逊·里根开启了雷厉风行的改革，提出"美国经济复兴计划"，其施政方针被统称为"里根经济学"。"里根经济学"的主要内容涵盖减小税负、压缩社会福利、放松市场管制以及利率市场化改革等内容。其中，减税、放松管制和收紧货币是其精髓。

（1）提高要素生产率的创新促进举措

降低社会福利，刺激员工的工作积极性，提高劳动要素的市场活力。1981年年底成立的美国社会保险改革委员会提出改革方案，建议将社会保障税在原有的税率基础上进一步提高，并将那些正在领取高额社会保险金的群体纳入所得税征收范围，将职工退休年龄进行延迟以改善就业人员的年龄结构等，减少了之前的高福利政策对经济效率的负面作用，提高了个人的工作积极性和劳动力市场的活力，要素创造力得到释放。

（2）助力企业发展的创新促进举措

减税方面，降低企业成本。1981年8月，美国政府通过《1981经济复苏税法》。该法案的内容包括：降低税率，将个人所得税与货币通胀指数挂钩；降低劳动所得的最高税率；降低边际税率；对固定资产的折旧年限进行缩减，以加快固定资产的折旧过程，缩短折旧周期，提高周转效率；对企业的投资等活动给予税费方面的优惠，以降低企业的运营成本。颁布《1986年税制改革法案》，降低个人所得税和公司所得税，扩大税基，弥补过去税收制度所存在的漏洞，促进税收公平。

放宽政府管制，由市场发挥"无形之手"的作用。里根政府颁布一系列市场化政策，解除对航空、铁路等行业存在的过度干预，尊重市场竞争规律，由市场机制自由发挥其本有的调节作用，提高工业产品的供给质量和服务效率。成立专门负责撤销和放宽规章条例的工作组，负责指导和监督部分规章条例执行情况。加大反托拉斯法的实施力度，鼓励企业之间开展合法、健康、有序的竞争。出台相关政策，大力鼓励竞争行为，支持可以促进效率提高的企业之间的合并行为。取消对石油和汽油价格的管制。修订《戴维斯·贝肯法》，放松对劳动力市场价格的干预和市场管制,在尊重市场规律的前提下对"通行工资"进行重新定义,打破企业雇用非正式员工的最低工资限制,允许农村、城市地区双重工资标准的存在。鼓励金融自由化发展,摒弃金融监管体制对银行业发展的过度限制,允许金融产品自由定价,鼓励金融业的创新。

加大对中小企业的支持。为消除中小企业快速发展的制度障碍,里根政府开展了一系列的立法措施。1982—1983年相继出台的《小企业创新发展法》和《小企业出口扩大法》,都是为保障中小企业的发展而专设的法律,这两个法案的颁布使得中小企业的发展获得了税费优惠、资金保障、政策促进等全方位的支持。

(3) 优化产业结构的创新促进举措

通过鼓励创新促进产业结构调整和转型。20世纪80年代以来,美国社会进行了大规模的产业结构调整,以高新技术为核心,充分发挥科技在经济发展和生产率提高中的巨大作用,不断改造传统工业,催生了一大批高新技术类的新型产业。在这一施政方针的指引下,里根政府通过立法的形式加大对创新成果的保护力度,相继制定并颁发《小企业创新发展法》《联邦技术转让法》《综合贸易与竞争法》等一系列法律,从法律制度层面全力保障各类创新主体的合法权益。《国家合作研究法》的颁布给竞争性企业之间打破竞争的樊篱、开展联合研究的行为提供了法律支持。

3. 取得的效果

(1) 要素生产率:要素投入对产出的贡献逐年增长

20世纪80年代以来,政府采取的一系列创新促进措施促进了美国社会的生产效率,要素生产率得到了提高。据OECD的计算和统计(详见图5-3),1985—1994年,美国的要素投入对产出的贡献逐年好转,除了1987年为0以外,其他年份的多要素生产率[①]均呈正增长

[①] 多要素生产率,指一个系统的总产出量与几种要素的实际投入之比。多要素生产率的来源包括技术进步、组织创新、专业化发展和生产创新等。

的态势，1992年多要素增长率的增幅高达2.6%，要素投入对产出的贡献逐年加大。

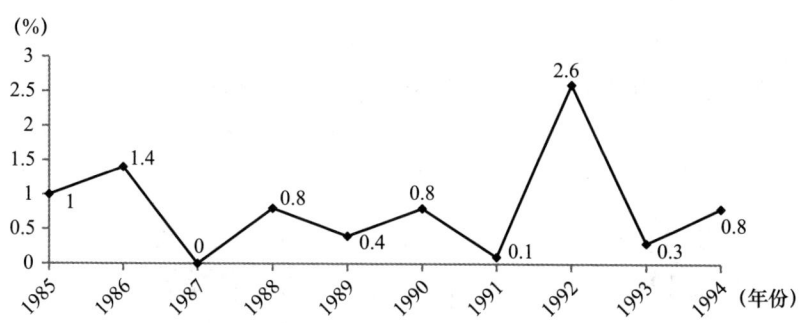

图5-3　1985—1994年美国的多要素生产率增速
资料来源：OECD. stat。

（2）企业发展：创新能力和竞争力得到显著增强

经过20世纪80年代以来的多年发展，美国以知识、技术密集为特征的产业已经成长为最具有产业竞争实力和充满经济倍增效应的产业，以电脑、软件等产业为代表的高新技术企业在国际上也已取得遥遥领先的地位，开拓了全球市场的新格局。以航空航天、国防和生物化学等为代表的高科技制造业，通过产业间的整合和组织结构上的重组，也进一步稳固了其竞争优势。金融、证券、投资等金融服务业进入新兴世界，在全球攻城略地，践行全球化服务竞争战略。瑞士洛桑国际管理发展学院（IMD）1996年出版的《世界竞争力年鉴》显示，在衡量国际竞争力的八大指标方面，美国企业在国内经济实力、金融服务水平、基础设施、科技实力等方面都位居世界第一。

（3）产业结构优化：产业调整及产业贡献的成效明显

里根政府施行的针对产业调整的政策取得了不错的效果。在此轮调整中，正在滑坡并行将彻底衰落的传统产业得以复苏，制造业的内部分工体系得到彻底的改良，重焕生机。快速发展并依托于高技术的新兴服务产业成为新经济体系的重要增长点。发展至20世纪90年代初，美国第三产业就业人口占全部就业人口的比重上升至71.3%，就业于第一、第二产业领域的劳动人口数量下滑，劳动力加速向服务行业转移，美国的消费结构快速升级，随之美国产业的聚焦点也转移至第三产业。随着高新技术的发展，信息产业已逐步取代传统工业，成为美国经济周期的新引擎，科技在美国经济增长中的作用越来越大，发展至20世纪90年代中期，科技在美国经济增长中的贡献达到70%。

高新技术产业的生产率和贡献度得到极大提高。从20世纪80年代开始，持续到90年代，美国掀起了一场以信息技术为中心的新时期工业革命，在这场革命中催生了一大批高新技术类产业。1980年，其产值占整个制造业总产值比重的33%，比1960年提高6个百分点。20世纪90代中期，高新技术产业的劳动生产率增速达到10%以上，信息技术产业在整个GDP中所占比重则一直维持在5%左右，并呈现出不断上升的趋势。以信息通信产业为例，其对美国GDP增长的贡献率呈现出明显的上升趋势：1948—1973年对GDP增长的贡献度仅为5.01%，发展至90年代，这一比率上升为22.54%，在这一新技术发展浪潮和信息技术革命面前，以信息通信为代表的高新技术产业已经替代了过去大工业时代以汽车、钢铁和电子产业为核心的传统产业，成为这一轮经济增长周期中新的主导产业群，对美国的经济发展和结构转型产生了巨大影响。

（二）次贷危机以来的结构性改革

1. 改革背景及面临的问题

开始于2007年、发端于美国的次贷危机严重冲击了资本主义国家乃至全球经济，在次贷危机的冲击下，美国以轻型化、空心化和金融化为主要特征的产业结构进一步使得美国经济增长的引擎出现失灵，资本市场遭受重创，投资者对美国市场的信心丧失，居民消费信心指数下降，失业率一路攀升（2009年曾一度高至8.3%）。美国的经济结构也受到了严重影响,房地产业盈利下滑,制造业萎缩,新订单和工业生产指数连续下滑,银行业出现倒闭潮,服务业低迷。所有迹象显示,2000年以来美国经过近7年的持续增长,经济增长的动能已经释放殆尽,次贷危机成为美国经济开始新周期的一个转折点。

2. 改革实践及采取的创新促进措施

(1) 提高要素生产率的创新促进举措

为促进创新要素的快速成长,美国政府持续加大研发投入,大力支持基础类研究工作,打造一流的基础设施,提高科学、技术、工程等诸多学科的教学质量。大力投资于人力资源要素,对移民的创新潜力持积极乐观的态度,鼓励并促进移民创新。2008年以来,美国的研发投入占GDP的比重维持在2.7%以上,基本保持增长的趋势。2015年美国国内研发支出占GDP的比例达2.79%,高于欧洲和OECD区域水平(见图5-4)。

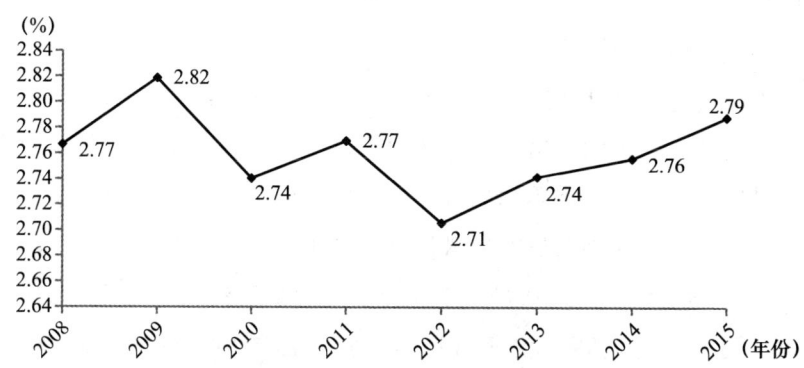

图5-4 2008—2015年美国研发投入占GDP的比重

资料来源:OECD. Stat。

(2) 助力企业发展的创新促进举措

打造创新型政府,营造良好的创新环境。研发创新工具解决公共部门的问题,如高质量的在线资源、"实践社区"等;创设联邦的创新实验室,并在实验室内推行创新文化,营造创新氛围,打造创新基因，提升创新能力；政府服务引进数字服务系统，服务手段和服务质量全面升级。为促进私营部门的创新和转型，美国政府制定一系列措施，包括加强对研发税收的豁免，引导和鼓励企业主体开展创新活动；促进那些由政府资助的研究活动向商业化转型，增强研发的转化率；支持区域层面的创新生态系统建设，并向创新主体提供信息和数据支持；制定奖励机制，鼓励全民创新，激发创新的积极性和活力。

（3）优化产业结构的创新促进举措

优先并重点发展引领时代前沿的高科技领域。为了实现国家创新战略制定的既定目标，美国政府将重心放在新领域，将有限的资源投入到那些能引领未来趋势的新产业，并为此提供充足的资金支持。这些被美国创新战略重点标注并预计能在未来获得引领地位、取得关键性突破的领域包括精密医疗、大脑计划、卫生保健等九大领域。2016年，美国投资于精准医疗领域的预算达2.15亿美元，投资于大脑计划的预算达3亿美元，投资于卫生保健的预算达100亿美元。

（4）其他方面的创新促进举措

推动实施国家创新战略，大力投资创新生态系统的基础要素。为应对次贷危机带来的冲击，美国政府采取了系列拯救措施，制定政策大力鼓励创新活动，为美国的制造业的复苏营造良好的创新生态，通过实施国家层面的创新战略来激发创新要素的潜力，为美国经济注入新活力。2009年，政府通过《美国复苏与再投资法案》，预投资1000亿美元用来支持创新、教育和基础设施等创新相关活动。2015年，美国国家经济委员会和科技政策办公室联合发布经过升级的新版《美国创新战略》，决定努力打造一个创新型的政府，从"生态"的打造方面着手，营造一个全新的创新环境，构建覆盖全美国的创新生态系统，在此环境下全社会各类市场主体都可参与到创新活动中来。

3. 取得的效果

（1）要素生产率：生产率全面提高，劳动生产率全球领先

经过一系列的改革措施，美国的投入产出情况出现好转。除了

2007年因次贷危机导致全要素生产率跌入谷底以外，2009年以来，美国的全要素生产率呈现出逐年上升的趋势（详见图5-5）。以劳动要素的生产率为例，次贷危机爆发以来的七年里（2007—2014年），美国的劳动生产率基本保持一个较高的水平，且在多数年份保持着上升的态势，其中2010年美国的劳动生产率达到3.1峰值（详见图5-6）。如果用单位工作时间所创造的GDP来衡量劳动的产出水平，

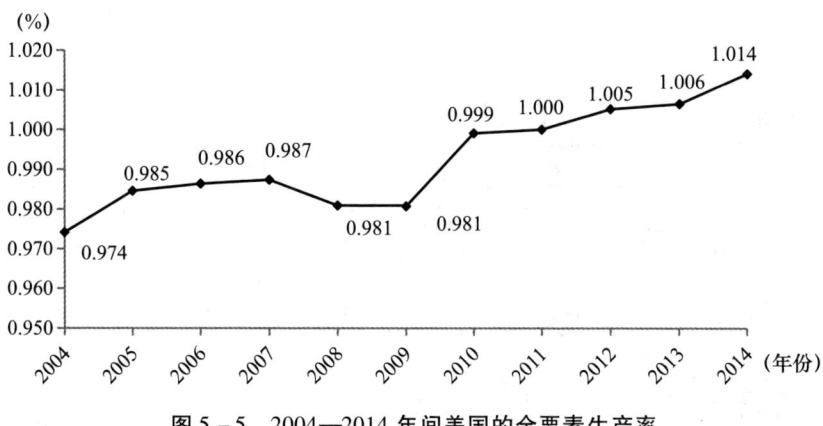

图5-5 2004—2014年间美国的全要素生产率

资料来源：Federal Reserve Economic Data。

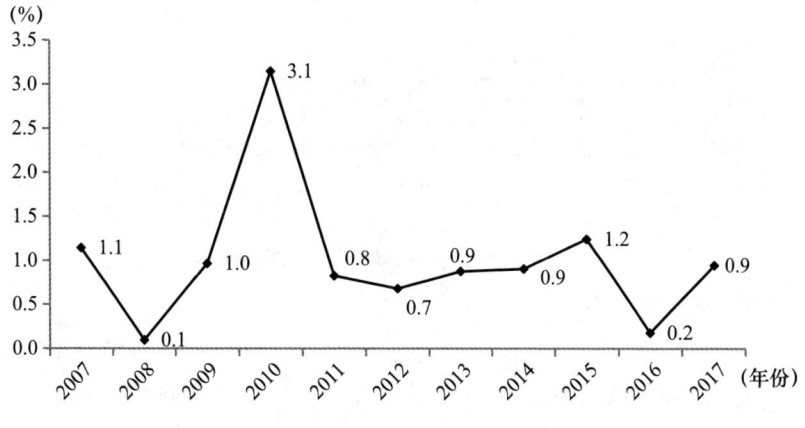

图5-6 2007—2017年美国的劳动生产率

资料来源：The Conference Board Total Economy Database。

OECD 曾在 2012 年对世界上 37 个主要国家、地区作出过统计测算，结果显示：美国的劳动要素对经济总量的贡献排在第 4 位，达 64.1 美元/小时，劳动要素对 GDP 的贡献要高于大多数国家和地区整体水平，仅次于挪威、卢森堡、爱尔兰（详见图 5-7）。

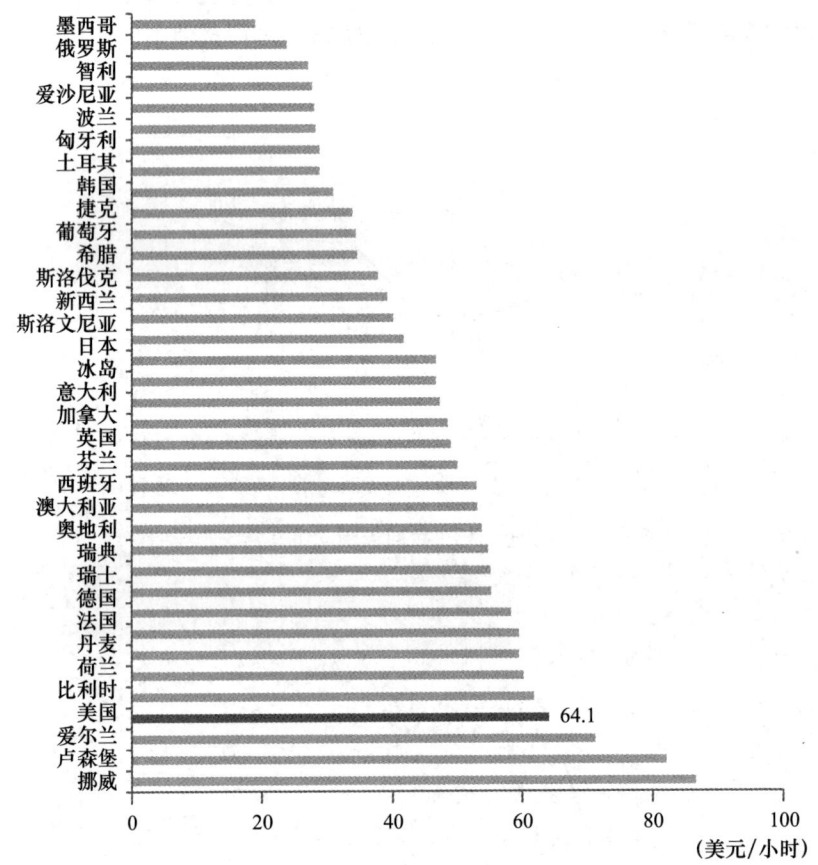

图 5-7 2012 年美国劳动要素对 GDP 贡献度的国际比较

资料来源：OECD.Stat。

（2）产业结构优化：工业发展趋势和景气状况有较好表现

从近十年的美国工业生产情况来看，除 2007—2009 年工业生产指数出现短暂下降以外，2010 年以来，美国工业生产指数逐年递增，

2017年更是达到了近十年的峰值（107.46），这说明美国的工业生产状况多年来持续好转，作为传统产业的工业呈现出良好的景气局面，美国的产业结构得到优化（详见图5-8）。

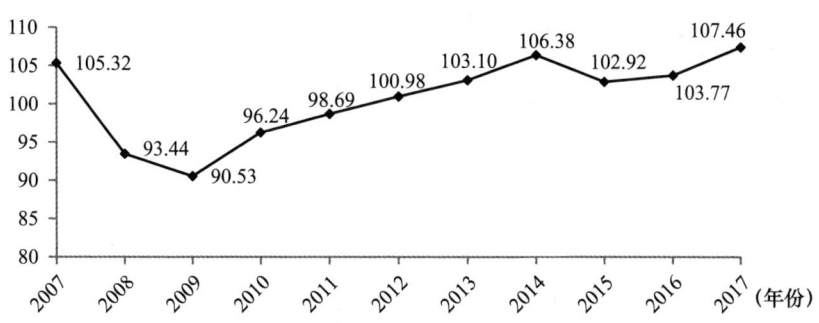

图5-8　2007—2017年美国的工业生产指数

资料来源：Federal Reserve Bank of St. Louis。

二　德国以创新推进供给侧结构性相关改革实践的研究

20世纪70年代以来，德国经济走向低迷，开始进入"滞胀"时期，并出现严重的衰退，德国的产业结构已经成为进一步发展的桎梏，贸易连年逆差。科尔政府制定了偏重于"供给端"的政策，并将"多市场、少国家"的经济理念奉为执政信条，积极进行产业结构调整，推动产业升级，减轻企业和个人税负，降低实体经济成本，放松政府管理，推进私有化，促进了德国经济的迅速恢复，传统工业得到升级，要素投入对产出的贡献也连年增加。进入21世纪以来，受互联网泡沫破裂、石油价格大幅上涨等因素影响，德国经济再次下滑，施罗德政府开启了新一轮改革，并于2003年公布"2010议程"，采取了改革劳动力市场、降低社会福利、降低税率等措施，德国的就业市场好转，制造业发展成为支柱产业，劳动要素的产出贡献度也维持在较高水平。

（一）1983—1989 年的供给侧改革

1. 改革的背景及面临的问题

（1）时代背景

第二次世界大战后，德国推出了一系列货币和经济改革政策，经济发展呈现出增速快、市场稳、就业高等特点，开创了持续达十几年的"经济奇迹"。1965 年前后，德国的人均 GDP 达到增速换挡的阈值，经济开始出现衰退式调整，加上美国通胀和美元贬值的双重压力，大量资本的流动性输入造成德国的通胀上升。在经济减速加通胀的双重压力下，1966 年德国爆发了"二战"后的第一次经济衰退，开始了增长阶段的转换。进入 70 年代，德国经济继续遭遇剧烈的外部冲击，美元趋弱、布雷顿森林体系瓦解和两次石油危机迫使德国经济彻底告别高增长、高就业的时代，进入了与美国类似的"滞胀"时期，经济增长下降，陷入"二战"后最严重的经济衰退。1979 年二次爆发的石油危机加重了德国的经济危机，之后的四年德国经济连续低迷，工业生产连年下降，消费低迷，失业率上升。

（2）德国经济体系面临的问题与供给侧政策的产生

20 世纪 80 年代初，困扰德国经济的是长期累积并遗留下来的体制性问题和结构性问题。但是，盛行西方世界多年的凯恩斯主义经典理论在试图解释这些问题时却显得苍白无力。第一个问题是德国政府面临严重的财政压力和债务危机。自 1970 年起，随着德国社会多年来福利开支的持续增加，政府背负了巨大的运营压力。与此同时，政府的财政刺激措施多年来已形成固化的态势，连年出现巨额赤字，各级政府为缓解赤字压力被迫采取信贷和发债等方式，导致政府债务规模多年保持两位数以上的增速。连续多年的巨额财政赤字成为结构性的固化矛盾，抑制了政府通过逆周期的财政支出政策来刺激经济的措施，政府的发挥空间和能力都受到极大制约，沉重的债务负担使得政府运转步履维艰。第二个问题是产业结构落后，对外贸易连年逆差。

由于德国经济结构对时代变化和新需求的反应迟缓，结构调整滞后且步伐缓慢，且德国社会长期以来对传统工业进行维持性补贴，这种对传统工业进行"输血""续命"的措施无益于德国经济体系的彻底革新，反而加重了传统固化的经济结构的僵化程度。加上时任政府对新时期新兴产业的认识和关注度严重不足，新产业方面的投入不足以满足产业发展的需求，新产业的要素生产率远远落后于国际市场的平均水平，与此同时，德国的产能利用率也在逐年降低，传统的对经济增长拉动效应巨大的对外贸易日益遭受着来自已经崛起的日本的挑战（任泽平等，2016）。据统计，20世纪60年代中期开始的十年间，德国在钢铁、机器设备、汽车等世界重要工业品方面的供货量全面下滑，多年的不重视导致德国在抢夺新兴技术领域的制高点时也失去先机，竞争劣势明显。

2. 改革实践及采取的创新促进措施

1982年，科尔当选联邦德国（西德）新一届政府总理。相比前任政府，来自基督教民主联盟的科尔将经济政策的重心更多投向"供给端"。认为过去的政策失效在于政府对市场的管控过多，政府的花费过大，在挤占私人利益的同时，还影响了投资积极性，压制了市场个体的自由、进取、竞争意志。为扭转持续多年的低迷状态，彻底带领德国经济走出低谷，科尔政府秉承自由主义理念，将以"多市场、少国家"为核心要义的经济理念视为圭臬，并采取了一系列的经济改革措施。

（1）提高要素生产率的创新促进举措

控制要素价格，降低实体经济成本。1982年年底，德国政府要求工会在1983年暂停上涨名义工资，之后的六年时间里，劳动者的工资增长幅度达到历史上的最低水平。由于20世纪70年代国际上的两次石油大提价带来的能源成本激增，德国政府大力节省能耗，1985年能耗降至61%。进入80年代，国际油价走向低迷，这又进一步促进了企业能耗成本的下降。

建立科技发展集群，大力鼓励创新。1982年，德国政府采纳美国硅谷的先进经验，把建立集技、工、贸、金融于一体的高新技术群落视为发展科技经济的一项重要战略措施。联邦、州政府、工商会和国家银行合力在全国建立了60多个德国"硅谷"，促进了德国高新技术的发展，园区内的科研成果可以高效地转化为生产力，为改造传统技术及工艺、改善经济结构提供了有力保证。1983年起，德国政府还与国家银行、企业共同投资在全国范围内建立了80多个科技中心和创新中心。

（2）助力企业发展的创新促进举措

给予税费优惠，减轻企业和个人税负压力。1984年，德国政府颁布减税法案，并分别于1986年、1988年和1990年进行阶段性的结构性减税，到1990年税收份额降至22.5%，为30年最低水平。调整德国现有的税收体系和税收结构，降低直接税在税收总额中所占的比重，并将所得税、工资税的累进税率调低，通过国家新税政策促进经济增长。

减少政府介入，推进企业私有化进程。1985年年初，德国政府批准有关资产私有化和参股政策的总体方案，该方案致力于降低联邦政府对一些大公司的参股比例。1982年，德国联邦政府占股比例在25%以上的工业企业有950家，参股出资额在当时工业部门所有股份（有限）公司总股本中占比接近2%。经过十年的私有化过程，发展至20世纪90年代初，由联邦政府直接参股的企业数量和股本总份额均下降近一半。

（3）优化产业结构的创新促进举措

积极进行产业结构调整，推动传统产业改造升级。为扭转传统产业桎梏经济发展的局面，德国政府对钢铁、煤炭等正在萎缩或陷入停滞的传统工业进行有针对性的秩序调整，严控财政补助资金，对这类企业的生产、人员、设备进行压缩，选择性淘汰落后产能，升级有潜力的产能。对农业、矿产等有战略价值的产业进行目的性维持，通过一系列调整与整顿措施，将这些产业中最有潜力的进行战略性保留。对电子、核电、航空航天等新工业进行远见性重塑，不断发展壮大汽车、机械制造、化工和电子工业等主导性产业,扶持其成为德国工业的新支撑。鼓励实力雄厚的传统工业进行改造升级,加强高技术研发,把高技术与传统产品相结合,扩大传统产品的市场占有率,巩固德国在外贸方面的优势地位。

3. 取得的效果

1983年起的六七年时间里,德国的经济增长均速达2.6%,通货膨胀得到有效控制,居民的购买力得到提高,生活水平稳步提升。贸易实现顺差并逐年扩大,净出口额跃居世界第一,财政状况大幅改善。德国马克多年来币值稳定,在欧洲货币体系拥有"定锚"的功效,并一跃成为国际排名第二的储备货币。德国经济的稳定增长为20世纪90年代初的两德统一奠定了坚实的基础。

(1) 要素生产率:要素投入对产出的贡献连年增加

经过数年的改革,德国的要素投入的产出效果明显,并逐年增加。根据OECD的数据计算,1992—2002年,德国的多要素生产率增速为正,多要素生产率呈增长趋势,1994年达到2%的最高值,要素投入对产出的贡献逐年加大,经过一系列创新推动政策,供给侧改革的效果明显(详见图5-9)。

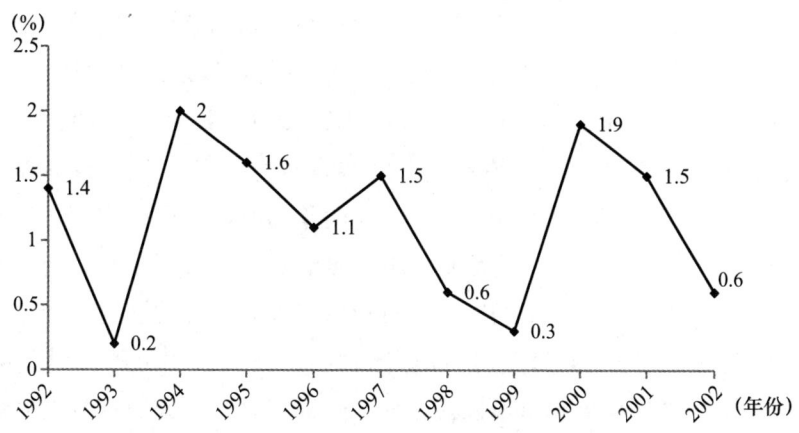

图5-9　1992—2002年间德国的多要素生产率

资料来源:OECD. Stat。

(2) 企业发展：企业的自主研发实力大幅提升

经过多年的政策推动，德国由企业自主开设的研究类机构或部门占比达八成以上。全德数十万科研工作者中，在企业的自主研究机构从事研发的占据六成，依赖于自身的研究机构，企业足以实现技术的进步和产品的创新。工业企业研究网络规模庞大，成为德国科研体系最坚实的基础，由工业企业研究机构完成的科研活动占全国科研活动的80%以上，企业投资比例占全德科研投资的比例也高达70%。

(3) 产业结构优化：传统工业得到升级

发展至20世纪90年代初，德国制造业实现出口总额2860亿美元，比同期的美国高出28%，其中五成为技术密集型产品，且在研制和生产制造环节都以高技术为依托。当时德国生产的55%的机械设备都由微电子系统操控，表现出信息社会在生产环节上批量少、品种多、转产勤等特点，德国的传统工业已经发生了本质变化。

(二) 21世纪以来的新一轮改革

1. 改革背景及存在的问题

20世纪90年代初两德统一，统一后的德国发展迅速，科尔政府制定了振兴东部战略，同时加大德国出口，迅速开辟国际市场。但是，德国在高新技术领域的国际竞争中仍处于不利地位。当时，德国的出口产品仍以成熟产品为主，面向未来的高新技术产品占比过低，且劳动力成本高居世界首位，面临着来自美日的高新技术产品和东欧、亚洲国家极具价格优势的产品的双重压力。1998年上台的施罗德政府采取了一系列针对性措施，并在两年的时间内取得成效，2000年德国GDP同比增长3%。然而，此次增长并未能长久维持，受互联网泡沫破裂冲击美国经济的影响，石油价格大幅上涨的制约，加之肆虐于英国的疯牛病和口蹄疫造成德国食品价格的大幅上涨，到2001年，德国经济增长再次出现大幅下滑。归根结底，从德国自身方面进行剖析，德国的经济体系过于脆弱，经济自主运行和自动恢复的功能薄弱；经济的独立性差，易受国际环境的干扰；一直高企的福利保障费用也是导致"德国病"难以根除的根源所在。在对这些症结进行细致剖解和科学诊断之后,施罗德政府于 2002 年开启了新一轮的改革,旨在盘活德国已经过度僵化的劳动力市场,这一轮改革举措为德国之后长达十年的高速发展奠定了基础。2003 年,施罗德政府公布"2010 议程",之后的默克尔政府对这些改革成果尽数吸纳,并进一步推动施行,保证了德国能够在之后的危机中率先快速复苏。

2. 改革实践及采取的创新促进措施

"2010 议程"中提出一系列供给侧结构性改革举措,对劳动力市场进行大幅改革,压缩社会福利,降低税费比率,增加对教育和科技研发的投资,大力开展教育培训活动。

(1) 提高要素生产率的创新促进举措

加强教育与培训,培养创新型人才,通过创新人才的培育来从供给端提高劳动力的质量与层次。作为德国新一轮结构性改革的核心内容,劳动力市场的改革范围涵盖了失业保险和社会救济领域,德国政府连续采取了削减失业救济金、强制再就业等举措(高蓓,2016)。德国的劳动管理部门不再过多干预劳动力市场,并建立起大量的就业服务中心,针对失业者和有再就业需求的劳动者提供就业方面的相关服务,加强对劳动者的职业技能培训,调整失业补助金额。为解决信息类人才的短缺现象,德国实施了综合性的培训计划,1998 年以来,德国的教育与科研支出增加了 28%。2002 年,德国研究联合会通过一项为期 3 年的"信息学行动计划",目的在于给那些受过信息知识教育的年轻人才开辟一条通向科学的早期道路。德国联邦政府还专门采取措施,对劳动能力较低,特别是受教育水平有限的青年进行技能培训。2003 年起,德国每年投入近 50 亿马克来激发企业雇员的就业积极性。

(2) 助力企业发展的创新促进举措

采取措施降低企业成本。"2010 议程"放宽了施加给中小企业的对雇用定期工进行限制的政策,对由于陷入经营困境而必须减员的企业,简化其相关手续的申办流程。

(3) 优化产业结构的创新促进举措

加强重点领域的研发工作。2003 年,德国的科研预算达到 93 亿欧元,高于以往任何时期。2006 年,德国政府首次发布《德国高科技战略》,加大投入,特别是对报告明确的生物技术和材料技术、微系统技术、安全研究、健康与医学、环境技术、信息通信、航空航天、车辆交通技术、纳米技术等 17 个创新领域重点支持。如图 5-10 所示,2003—2015 年,德国的研发投入占 GDP 的比重逐年上升,维持在 2.4%—3.0%,2015 年德国的研发投入占比升至 2.93%。

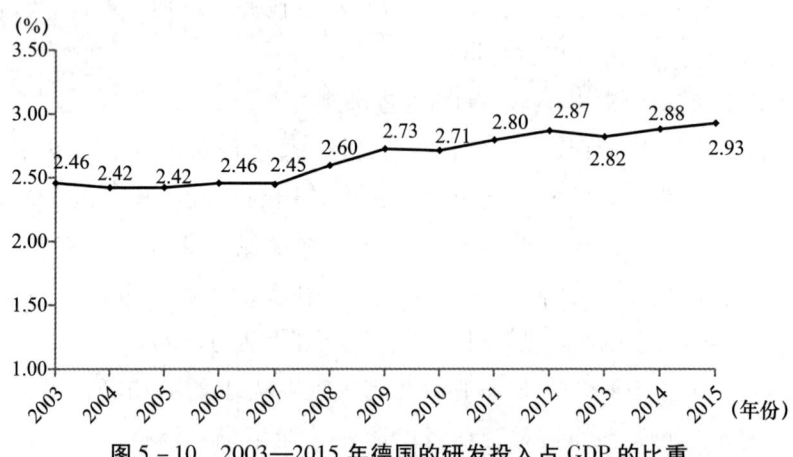

图 5-10 2003—2015 年德国的研发投入占 GDP 的比重
资料来源:OECD. Stat。

3. 取得的效果

经过改革,德国的经济发展保持稳定。2006 年和 2007 年,德国经济增速分别为 3.9%、3.4%,创德国历史高位。受 2007 年次贷危机的影响,德国经济增速曾于 2009 年大幅跌至 -5.1%,但仅过一年德国就在全球率先实现经济复苏,重回正增长的轨道。即便在 2012 年受到欧债危机影响,增长放缓的德国经济在欧洲仍是一枝独秀。

(1) 要素生产率:就业市场良好,失业率下降,劳动要素贡献度较高

"2010 议程"提出以来,德国就业形势一路向好,失业人口连年下降,年轻人失业率更是一直处于全欧最低水平。经过多年的改革,2014

年德国就业人数达到历史新高,失业率降至6.8%,相比2003年的10.5%下降了近4个百分点。失业保险金盈余达14亿欧元,远超预期。

用单位工作时间所创造的GDP来衡量劳动的产出水平,根据OECD在2012年对世界上主要国家和地区的统计结果(见图5-11),德国的劳动要素对经济总量的贡献达58.3美元/小时,高于日本、加拿大、英国、澳大利亚等诸多发达国家,同样高于OECD、G7[①]和整个欧洲地区的整体水平。

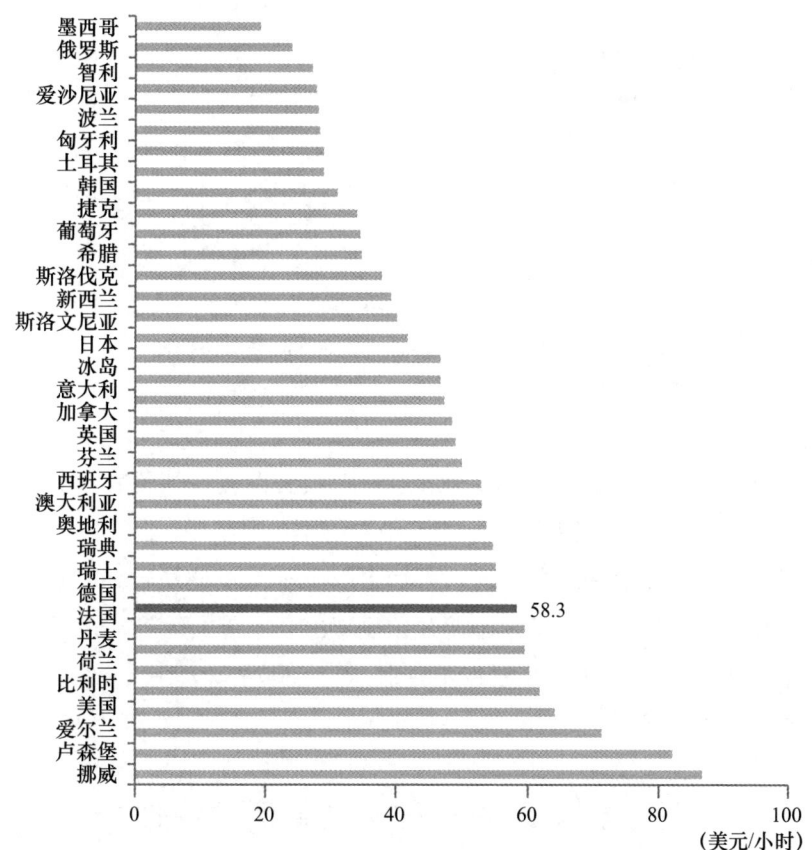

图5-11 2012年德国劳动要素对GDP贡献度的国际比较

资料来源:OECD. Stat。

---

① G7国家由美、英、法、德、意、加、日组成。

（2）企业发展方面

企业的运营成本得到控制，特别是用工成本增速开始下降，对运营效率和经济效益的提高带来有益影响。如图5-12所示，"2010议程"提出的5年时间里，除2003年外，德国的劳动成本连续4年下降，降幅最大为2.5%。

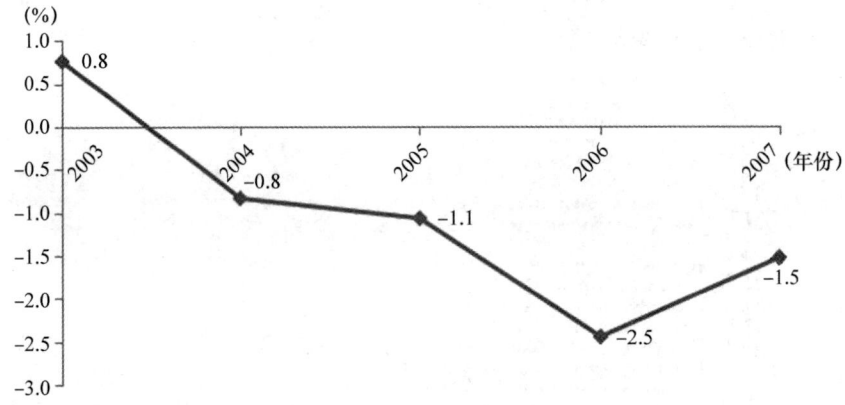

图5-12　2003—2007年德国企业的劳动成本增速

资料来源：OECD. Stat。

（3）产业结构优化：制造业重新成为支柱产业，外贸表现突出

经过多年改革，德国劳动力市场开始运转灵活，企业的用工成本大幅降低，运作效率大幅提高。再加上政府多年来对教育研发的高度重视和大力支持，德国的制造业开始显现出高质量的优势，在国际市场竞争强势，所占市场份额也不断扩大。2005—2015年，德国贸易顺差占GDP比重为6.7%。

三　日本以创新推进供给侧结构性相关改革实践的研究

20世纪70年代，增速换挡、"滞胀"、刘易斯拐点等问题陆续出现，日本的经济增长停滞，劳动力成本攀升，日本政府从供给端开始着手，相继采取了"减量经营"、产业结构升级、大力疏解过剩产能等措施，使得私营企业对经济发展的贡献度不断提升，制造业的竞争力得到提高，产业结构得到优化升级，要素投入对产出的贡献也稳固增长。20世纪末日本经历了"失去的十年"，21世纪初上台的小泉纯一郎实施"结构改革"政策，减少干预、放松管制，实施民营化的市场改革，通过降低税率来激发社会经济活力，实施原始创新战略，搭建科技创造立国战略体系，提高研究投入，加强研究对创新的支撑，经过数年改革，日本经济回暖，企业的运行成本下降。

（一）20世纪70年代以来的结构性改革

1. 改革背景及面临的问题

1969年前后，日本出现经济增速换挡，增长动力转换，房地产市场的长周期现象开始显现等情况。1973年日本人均GDP达到11434国际元，抵达增速换挡的收入阈值。20世纪70年代初第一次石油危机爆发，同时当时主要资本主义国家陷入"滞胀"困境，日本也深受冲击，出现了物价抬升、失业率激增、企业关停等问题，直接导致1974年日本经济的负增长（任泽平，2016）。战后日本农村的大量剩余劳动力曾作为经济增长的重要引擎伴随经济高速增长的整个时期，随着刘易斯拐点的到来，日本农村可转移的剩余劳动力大幅减少，劳动力从过剩走向短缺，劳动力成本开始快速攀升（肖美伊，2017）。

2. 改革实践及采取的创新促进政策

针对前面所描述的经济社会现象，日本政府从法律、财政、税收和金融等方面着手，采取措施，出台文件，从供给侧开始救治深陷低谷的经济。

（1）提高要素生产率的创新促进举措

打造产学官合作创新的模式，增加研究人员的比重，提高劳动要素的知识层次。产学官合作的模式在日本有着较为久远的历史,其萌芽期可远溯到殖产兴业时代且一直持续到"二战"之前。由于战后日本政府对工程教育的忽视,给产学官合作增添了壁垒,该模式的发展进入低迷(陈劲,2008)。20 世纪 70 年代后半期,日本开始实行国家项目管理制度,推动以个人参加为主的产学官的合作(技术革新系统委员会,2001),产学官合作创新的模式开始复兴。在该模式下,1982 年日本启动了第五代计算机的研发项目,1991 年项目研究者增至 250 人,多半人员来自高校。1981 年建立第二代产业基础技术研究开发制度,所开展项目中产、官、学人员所占比例均为 6∶3∶1。之后还制定了研究者公务员制度和研究交流促进法。

(2)助力企业发展的创新促进举措

"减量经营",降低企业的运营成本和费用负担。频繁爆发的石油危机使得日本经济走进困境,为求自救,日本企业开始自发开展经营调整措施,压缩经营费用、提高生产率,又被称为"减量经营"。主要包括"减""节""转"三项内容,即减少对人、财物的过多占用,节约能源资源,调整产品和产业结构。如丰田公司创新实施的准时生产体制 JIT(Just in time)在帮助其渡过第一次能源危机中起到了突出的作用,并逐渐在日本企业中推行。此外,在这一时期,日本政府积极引导企业将基础科学和军事科学方面的一些重大成果和技术突破向产品转化,促进企业向技术自主转型。

政府采取了以产业政策为中心的政策措施支持企业"减量经营",主要内容有:通过采取行政或其他限制性措施,对以钢铁石油化工为代表的资源占用多、环境污染重的原材料工业,进行生产能力的削减和引导关停;鼓励能耗大、污染重的劳动密集型产业向海外进行直接投资,尤其是向发展中国家转移;将电子及高精度机械工业等资源占用少、能源消耗小、科技支撑强、附加值高的知识技术密集型产业列为"振兴"产业,给予税收优惠政策,实行专门的折旧制度,并由金融机构提供优惠贷款支持。

(3) 优化产业结构的创新促进举措

法律手段和金融手段相结合，引导促进产业结构升级，大力疏解产能过剩。经过两次国际石油危机的打击，日本的产业衰退和产能过剩问题加重并最终爆发。1978 年，日本政府特颁布《特定萧条产业安定临时措施法》（下简称《特安法》）、《特定萧条产业离职者临时措施法》等法案，目的在于通过法律措施调整和疏解衰退产业和过剩产能。《特安法》把炼铝、纤维、造船等工业产业定位成结构性萧条产业，针对这些萧条产业，日本政府与企业界合作对未来的市场供求规模进行预测，然后由政府出资，通过政府收购的手段对过剩的产能设备进行淘汰。设立专门的萧条产业基金，给那些亟须淘汰落后设备的企业提供金融服务支持，允许限产、保护价格等垄断组织的存在，用来保护那些因市场供求失衡造成经营亏损的生产者。

扶持新兴产业的成长。日本政府采取有效的产业促进政策，鼓励引导并大力扶持知识技术密集型新兴产业的发展。颁布《特定机械信息产业振兴临时措施法》，对以高新技术为支撑的产业进行重点支持，并设立专门的政府资助资金，对高精尖技术的研发项目给予补贴，且在财税、金融等方面提供扶持。

3. 取得的效果

通过多年改革性举措的实施，日本顺利实现了从高速向平稳增长阶段的过渡。1975—1985 年，日本经济平均增速接近 4%，被视为"稳定增长"时期，并成为同期主要发达经济体中增速最快、增长最稳的国家。

(1) 要素生产率：要素投入对产出的贡献稳固增长

经过数年的结构性改革政策措施，日本的技术进步和创新驱动效果明显。根据 OECD 的计算，从日本 1985—1990 年多要素生产率增速可以看出，日本的多要素增长率在这段时间一直保持着正向的增长态势，分别为 5%、1%、2.5%、4.7%、3.4% 和 4.1%，要素投入对产出增长的贡献开始彰显并逐年增加（详见图 5 - 13）。

150 | 以创新推进供给侧结构性改革

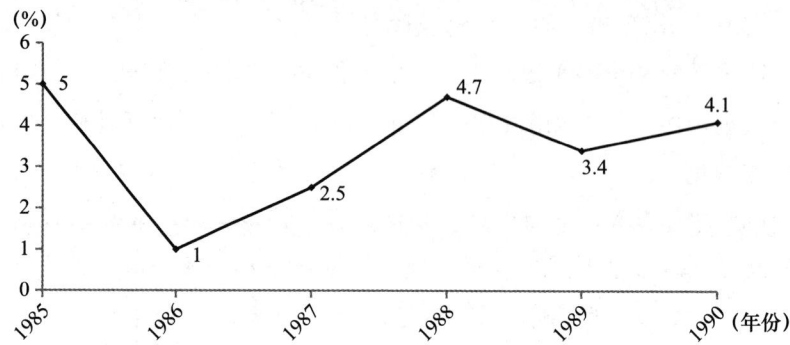

图 5-13　1985—1990 年间日本的多要素生产率增速

资料来源：OECD. stat。

（2）企业发展：私营企业经营发展对经济总量的贡献度不断提升

如图 5-14 所示，与同为发达资本主义经济体的美国相比，日本的私有非金融企业的财政盈余占 GDP 的比重从 20 世纪 80 年代末期

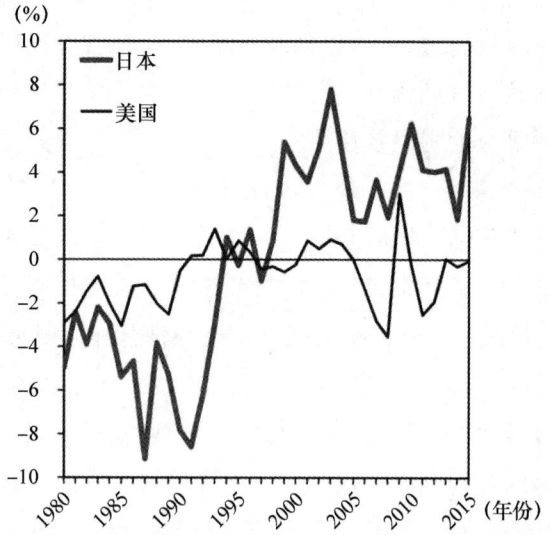

图 5-14　日本与美国的私有非金融企业财政盈余占 GDP 比重的对比

资料来源：Bank of Japan；Cabinet Office；Research Institute of Economy, Trade and Industry；Bureau of Economic Analysis；FRB。

开始逐步攀升,并从1996年起开始超过美国,并长期保持对美国的优势,且对经济发展的贡献基本维持在2%以上,2004年还曾达到8%的最高值。

(3) 产业结构优化:产业结构顺利完成优化升级,制造业的竞争力得到加强

从20世纪70年代后半程发展至80年代,日本以钢铁、石化为代表的夕阳产业已完全被以电子、汽车为代表的新产业取代,经济增长引擎实现了代际更换,日本的产业结构成功转向以知识技术密集型产业为主导。

制造业竞争力显著提升。"减量经营"政策的实施大大提高了日本制造业在国际上的产业竞争力,日本的全球制造业强国地位就此奠定。此外,日本在制造业的节能提效方面也取得了重大突破。20世纪80年代初,日本的能源使用效率位居全球主要经济体中的前列。最为突出的是,日本汽车由于低能耗、高性能而行销全球并广受欢迎,并在1980年以后销量跃居世界第一,在海外市场中占据最大的份额。

(二) 21世纪初的结构性改革

1. 改革背景及面临的问题

(1) "泡沫经济"破裂导致经济萧条

20世纪90年代前后,日本经济保持着繁荣的态势,政府一直施行的也是较为宽松的货币政策,这也引发大量的社会闲散资金涌入股市、房市,催生了大量的泡沫,经济繁荣的背后存在着很大的水分。1991年,日本的股票价格和房产价格迅速下跌,股市崩溃,资本市场动荡,实体经济低迷,"泡沫经济"宣告破灭。泡沫破裂之后,日本经济在20世纪整个90年代都处于被称为"不景气"或"失去的十年"的长期萧条状态。这十年间,日本的居民消费低迷,消费需求严重不足,物价持续下跌,企业运转困难,整个经济体系都深陷增长乏

力的泥潭。1992—1996年，日本经济增速下降到0.6%，即便经历过1995年的短暂复苏，但由于消费税上调和金融危机等影响，1998年日本经济再次转为负增长。20世纪末的日本经济体系十分薄弱，承受外部环境冲击的能力严重不足。

（2）不良债权高企引发金融危机

当处于"泡沫经济"繁荣之时，日本银行业向中小企业和房地产公司发放了巨额的贷款，泡沫破裂使得房产公司和企业还贷困难，加重了不良债权比例，部分银行无法实现规定的资本充足率水平。1997年年底，山一证券和北海道拓殖银行相继破产，极大地震动了日本的金融市场。为避免遭受更大的金融风险，日本的银行开始审慎对待房贷，企业"贷款难"现象反过来进一步加重了实体经济复苏的难度。

（3）人口老龄化形势日益严峻

19世纪70年代，日本65岁以上老人数量占比超过联合国对老龄化社会界定的警戒线，已经进入老龄化社会。进入80年代，随着生育比例的下降和寿命的延长，日本社会的老龄化程度日益加深。1990年，日本65岁以上老年人口比重增至12.1%，2000年更是超过17%。人口的严重老龄化改变了日本劳动力的年龄结构，给日本社会埋下了劳动力供给不足、抚养负担加重、需求乏力等危机。

2. 改革实践及采取的创新促进措施

针对日本经济多年萧条不见好转的形势，20世纪90年代末一直到21世纪初，日本社会曾存在着"改革优先"和"景气优先"两种路线，并一度令政府摇摆不定。前者并不把此次长时间的经济衰退看作一种周期性的现象，而从深层次上认为这是一种结构性的、制度性的、根本上的衰退，因此单独依靠需求政策辅以宽松的货币政策来刺激经济并不能从根本上解决问题，唯有彻底的改革才能从根本上改变局面。后者则仍旧着眼于短期，主张依靠宽松的财政政策和货币政策刺激大众需求，促进经济在短时间内迅速恢复并实现增长。基于两种路线的影响，数届日本政府一再错失改革机遇。2001年上台的小泉政府提出"无改革、无增长"的政策，放弃"景气优先"的路线，开展了大规模的"结构改革"。

（1）提高要素生产率的创新促进举措

加强顶层设计，强化创新对发展的支撑。实施原始创新战略，搭建科技创造立国战略体系。1995年，日本政府提出"科学技术创新立国"战略，并作为国策开始推行。2002年，日本政府又提出了"知识产权立国"的国家发展战略，表明日本的技术追赶时代已经完全结束，日本的科技创新模式已经步入了倡导原始创新模式的阶段。为实现原始创新的战略，日本政府改革科学技术的领导体制和推进体制，制定独立的科学技术政策，缔造一系列专项战略，搭建了科学技术创造立国战略体系。

打造新型产学官合作创新模式。从2000年开始，日本政府和企业从世纪之交的泡沫崩溃危机中总结经验教训，企业开始抛弃独立自主经营的理念，政府也更多地把目光放在创造新产业和新岗位上。在此背景下，政府围绕产学官的合作制定一系列有效的制度和措施，探索21世纪的新型产学官合作模式。在2002年日本政府提出"知识产权立国"的战略口号，该战略针对产学官合作创新模式提出了知识产权创造、活用和保护的具体措施，加强政府对知识产权的立法保护，促进大学和企业知识产权的创造和使用。此外，日本政府还努力推动产学官合作研发向以知识产权为核心的方向发展。

逐步提高研究支出，加强研究对创新的支撑力度。据OECD数据中心的统计，2001—2010年，日本的研发投入占GDP的比重逐年增加，并最终维持在3%左右的水平（详见图5-15）。其中最高投入比重出现在2007—2008年，高达3.34%。截至2010年，日本的创新支出占GDP的比重达3.14%，超过韩国、德国、美国、欧洲以及OECD区域，在全球处于领先行列。

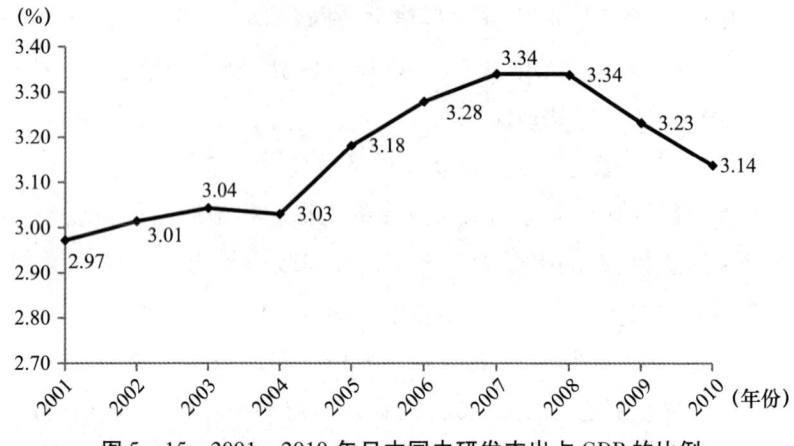

图 5-15 2001—2010 年日本国内研发支出占 GDP 的比例
资料来源：OECD. Stat。

（2）助力企业发展的创新促进举措

实施民营化的市场改革。小泉内阁致力于将日本建设成一个"小政府、大市场"的社会，对政府涉足的经营性领域和主管机构进行市场化改革。小泉内阁颁布《今后的经济财政运作及经济社会结构改革的基本方针》（简称《基本方针》），该文件以"结构改革"为核心，提出民营化和规制改革的计划，放松政府对经营领域的干涉，最大限度地发挥市场作用，实现市场对资源的最优配置。

通过降低税费税率激发活力。小泉内阁的"结构改革"吸纳供给学派提出的减税主张，把减税作为工作的重心。《基本方针》把税收政策作为实现经济目标的抓手，把扩大税基、降低税率作为施政方向。2003年，小泉内阁通过了税制改革大纲，依次实施系列减税计划，针对法人税、继承税、赠与税降低实际税率，同时也对研发活动进行减税。

（3）优化产业结构的创新促进举措

"泡沫经济"破灭后，针对长期困扰日本银行业、企业界乃至整个经济发展的不良债权问题，小泉内阁双管齐下，金融业改革与产业重组形成合力，全力解决银行不良债权负担的同时，推动产业结构的调整。2002年，推出"金融再生计划"，增设专门对中小企业进行贷款的机构,制定新的公共资金供给制度,拓宽中小企业的融资渠道;减免中小企业的债务,盘活不良债权,推动产业的重组,促进中小企业快速恢复活力;利用资本充足率加强对银行的约束作用,为银行制定不良率的削减目标,切实降低银行业不良债所占的比重。

3. 取得的成效

改革措施实施一段时间以后,日本企业经营状况转好,不良债务问题大幅缓解。从2002年2月起,日本经济实现了长达70多个月的景气和复苏,是"二战"后日本持续时间最长的一段景气期。这段时期日本经济的平均增速虽不足2%,但与20世纪90年代相比仍有明显改善。由于经济景气的回升,日本自经济泡沫破裂以来一直疲软的股市出现回升。企业的成本出现下降趋势。据OECD的统计,进入21世纪以来,日本的企业成本基本呈下降的趋势。2001—2010年的十年间,除去2008年、2009年的小幅上升,其他年份的日本企业的成本均出现了下降(详见图5-16),最高降幅出现在2010年,达到了4.6%的水平。

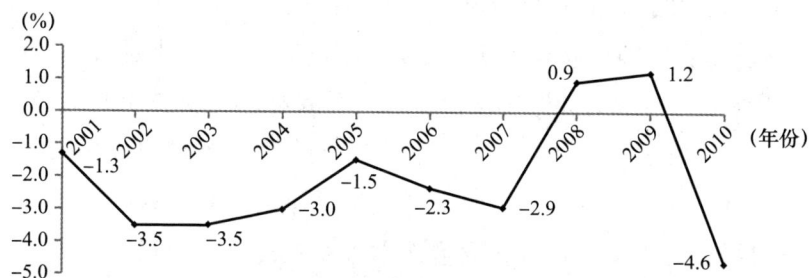

图5-16 2001—2010年间日本企业成本的变动情况

资料来源:OECD. Stat。

(三)次贷危机以来的结构性改革

1. 改革背景

美国次贷危机的爆发,使得日本经济出现衰退迹象,并有长期化蔓延的趋势,企业的经营效益变差,物价上升,消费疲软,出口行业低迷,长期支撑日本经济良性发展的"生产—收入—支出"框架出现运转失灵。为尽快走出次贷危机的阴影，使得日本经济迅速恢复至良性、稳健的发展轨道，日本政府和中央银行寄希望于再次对经济结构进行改革，构建一个富有发展弹性的崭新的经济体，同时大力发展金融服务业，走内需拉动增长的发展模式。日本此轮改革的核心是处理市场竞争机制和政府管控措施的关系。在充分借鉴20世纪七八十年代美国里根政府放松管制、刺激经济、激活要素潜力等政策经验的基础上，日本政府希望借力于有效的市场竞争机制的建立，实现从过去由政府主导的经济体向一个柔韧、灵活、富有弹性的崭新的经济体转型。

2. 改革实践及采取的创新促进措施

2010年首尔峰会上，G20成员国共同确认了实现经济"强劲、可持续和平衡增长框架"的合作承诺，并达成行动计划。世界货币基金组织（IMF）则从货币和汇率领域、财政领域、金融领域和结构性领域四个方面对行动计划进行了评估。为促进经济的复苏和再生长，落实开展结构性改革的承诺，日本安倍政府于2013年6月推出了《日本复兴战略》，并在该战略框架下陆续提出三项行动计划（又称"三支箭"）：重塑企业国际竞争力的"日本产业复兴计划"，致力于开拓健康、医疗和农业等成长性领域的"战略市场创造计划"，分享海外经济增长成果的"国际拓展计划"。同年，日本政府以振兴经济和健全财政为支柱内容，细化了"三支箭"的一体化推动方针，并提出"再生的十年"的经济财政运营和基本战略，通过实现三个良性循环，即宏观经济环境好转与增长战略推进的循环，企业经营改善、消费扩大、工资收入增加和投资规模扩大的循环，经济再生和财政健全发展的循环，来最大化实现"三支箭"的政策效果。

日本产业复兴计划的重点在于强化产业基础，改革内容包括：进行结构性改革、雇佣制度改革以强化人才力量，推进科学技术创新，增强区位竞争力，促进中小企业和小规模竞争者的创新等。创设由首相主导的"国家战略特区"，用以吸引国内外资金的进入和人才加盟，并视为日本经济增长战略的核心内容之一。此外，还加大了对社会资金的利用率等。

战略市场创造计划是指以课题研究为推动力来打造新市场。日本选定四个课题来开辟新的增长领域，分别是：延长国民寿命、以地区禀赋发展区域经济、实现新能源供应和需求、建设安全便利且经济的新一代基础设施。陆续进入实施阶段的改革措施有：设立由外部机构等构成的专门评价体系，大幅扩大先进医疗体系的保障范围，允许一般医药品的网络销售，制定并实施持续十年的农村整体收入倍增战略等。

国际市场开拓计划的主要目标包括：构建战略性的国际通商关系，推进国际经济合作；通过战略性措施赢得海外市场；为经济增长提供资金、人才等基础保障。

3. 取得的效果

经过数年的经济振兴举措，日本的生产率增长情况回转，生产率的增速开始在国际上占优，并开始借此提升日本在外贸中的竞争优势，助力日本复兴战略的实现。通过图5-17可以看出，根据2014年的数据，日本的生产率增速明显，在与美国、英国、加拿大、意大利、法国、德国等发达国家的比较中，仅次于美国的增速。

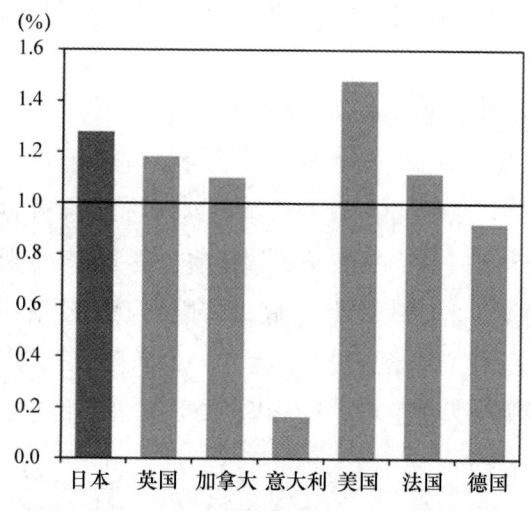

图5-17 2014年日本的生产率增速国际比较

资料来源：UK Office for National Statistics。

四 韩国以创新推进供给侧结构性
相关改革实践的研究

1997年亚洲金融危机的爆发终结了韩国持续30年的"汉江奇迹",金大中上台之后,认真反思"汉江奇迹"背后的短板和硬伤,开始了结构性改革历程。金大中政权采取坚持市场化发展、实行高新技术产业战略、重视科技创新、提升自主创新能力等措施,使得韩国经济实现平稳过渡,产业结构优化升级,企业研发能力和国家创新水平都得到显著提升,要素生产率也普遍提高。进入新千年,韩国经济体一直比较有活力,保持着不错的发展态势,直到美国次贷危机的爆发。2007年爆发的次贷危机极大地挫伤了韩国的金融市场和实体经济,韩国的出口萎缩,失业率攀升,虽然政府也采取了一系列措施,使得经济得到迅速恢复,但是仍旧面临着国内通胀的压力,2010年召开的G20首尔峰会上,韩国做出开展一系列结构性改革措施的承诺,包括提高服务业的生产率、减少资本流动的波动性、引入多类型工会组织、提高女性的劳动参与率、促进绿色增长等内容,并逐年开始落地。

(一) 1997年金融危机后的结构性改革

1. 改革背景及面临的问题

1997年亚洲金融危机爆发,持续高速增长30年并创造"汉江奇迹"的韩国经济遭受重创,货币大幅贬值、股市遭受重挫、大量银行破产、企业倒闭频发。1997年年底,韩国与IMF达成协议,接受后者195亿美元的有条件紧急援助,这也导致了金泳三政权的瓦解。之后,反对党领袖金大中上台,对"汉江奇迹"背后的短板和硬伤进行了认真反思。

(1) 金融体系不健全。20世纪90年代,韩国国内贷款利率远远超出国际市场,因此很多企业不得不向海外借贷资金。1996年,韩国制造业负债率超过300%。融资体系不完善带来的企业高负债为后来危机的爆发埋下了大量的隐患。由于韩国政府对金融资源的控制，韩国股市市场的信息透明度欠缺，债市发展迟缓，直接融资市场不能有效发挥作用，最终导致对银行的过度依赖，大企业盲目投资、效率低下，最终影响了银企关系的良序发展，降低了金融体系在资源配置方面的效率。

（2）产业结构调整滞后，企业发展模式单一。尽管自步入中等收入国家的行列之后，整个韩国社会一直在探索产业的升级和转型问题，但由于韩国的增长模式一直处于国家的强势主导之下，企业只得依靠规模的扩张来增加收入，最终导致企业生产技术进步停滞，产业结构的调整一直未能取得进展。

（3）劳动力市场僵化，严重缺乏创新活力。就业率和社会稳定是每个政府在施政时重点关注的宏观目标，长期受惠于韩国政府政策扶持的企业多倾向于投政府所好，极力迎合政府的偏好。尤其是，由于韩国的工会力量比较强大，终身雇佣的劳工制度根深蒂固，劳动力市场僵化，欠缺灵活性，应对市场反应迟缓，最终伤害到了企业活力和创新动力。

（4）政府过度干预经济运行。韩国长期以来的经济增长模式受到权威政府的主导，这是一种形似而神不似的市场经济，政府之手过度伸向市场，阻碍了市场作用的发挥。政府的过度干预下官办金融体系的存在，最终导致高负债率、政企不分、大企业病、产业调整迟滞、劳资市场僵化等问题的多重叠加。

金大中政府认为，必须对政府职能进行重塑，实现韩国经济增速的转化和经济结构的优化，培育出真正、成熟、神形兼备的市场经济。基于此，韩国开启了民主主义和市场经济并行发展的改革历程。

2. 改革实践及采取的创新促进措施

（1）提高要素生产率的创新促进举措

重视科技创新，提升自主创新能力。从20世纪90年代开始，随着外贸竞争环境的日益严酷，为冲破发达国家的技术樊篱，韩国政府发布《科学技术政策宣言》，及时调整科技战略，转变其过去一味模仿别国的模式，向创新型的研发模式转变，特别注意提高自主研发的产出质量及创新在所有科技成果中所占的比重。由政府推行实施"HAN 计划"，加大对科技的投入，加强对基础研究的资金支持，创办海内外共同合作的研发机构，出台《科技创新特别法案》等。

（2）助力企业发展的创新促进举措

鼓励企业成为自主创新主体，改变大型企业在研发上一家独大的局面，政策上大幅向创新型中小企业倾斜，提升高科技行业的竞争力度，对科研人员实施兵役免除政策，提供贷款资金和财政补贴支持。

（3）优化产业结构的创新促进举措

施行高新技术产业战略，大力发展知识密集型产业。20 世纪 90 年代，韩国开始与先进工业国家一起在高技术产业进行竞争和角逐，重点促进高新技术产业和高附加值产业的发展。韩国政府在划定重点发展高科技产业的范围时，充分考虑本国的产业结构和经济发展的阶段，将属于高度发达国家中间技术产业范围但可以通过自主开发并能确保竞争优势的那些产业视为高科技产业，进行重点扶持。

（4）其他创新促进举措

坚持市场化发展，管住政府的行政干涉之手，营造良好的市场环境，鼓励企业创新。韩国发展成为中等收入国家之后，以往的廉价劳动力优势也已消失，外延扩张型的高增长模式已经难以满足社会民众对于社会福利、政治民主方面的要求。21 世纪韩国将科技创新和文化定为未来的发展战略，并将之视为"立国之本"。与其 20 世纪 80 年代以政府规划和管理为主要内涵的科技发展战略完全不同，金大中政府制定的科技文化兴国战略秉持"市场化"和"去行政化"的原则，杜绝政府"干涉"市场的行为，尊重市场规律，并与市场保持一定的距离。

3. 产生的效果

经过几年改革，韩国经济实现增速换挡期的平稳过渡，产业结构成功升级。自此,韩国从过去主要依靠要素驱动的发展中经济体向创新驱动的成熟经济体转化。从1998年起,三年时间内韩国信息技术产业的附加值年均增速高达16%,远超同期的经济增速。韩国科技产业的对外贸易顺差程度也一跃升至全球三甲。手机、家电等大批新兴产业快速成长畅销海外。在韩国的硬实力强劲发展的同时,其软实力文化也开始大规模输出,成为拉动韩国经济增长的重要动力。

（1）要素生产率:要素生产率普遍提高

根据OECD统计计算,1998—2008年的十年间,韩国的多要素生产率均保持较高的增速,要素投入对产出的贡献逐年增加,且多年均保持较高的增速。尤其是1999年、2002年和2007年,多要素增长率的增速达到4%以上（详见图5-18）。

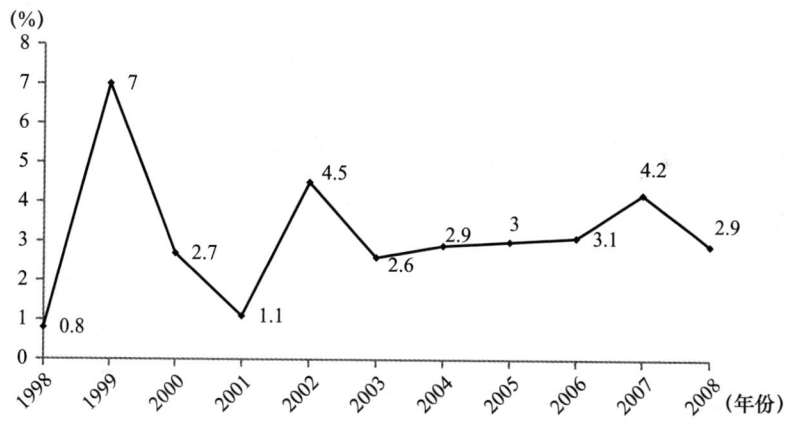

图5-18　1998—2008年韩国的多要素生产率增速

资料来源:OECD.stat。

（2）企业发展:企业研发能力和国家创新水平显著提升

2002年,韩国企业用于研发中的费用占比已增至七成以上,其中投资在尖端科技产业的比例超过50%,超过其他发达国家的均值。统计数据显示,韩国科技研发投资占国内生产总值的比重由1988年的1.7%提升至2002年的2.5%,达到发达国家的平均值。2011年,韩国的研发费用占GDP比重达到4.03%，居全球首位。与此同时，韩国科技产业的附加值增长至2000年的500亿美元以上，比1988年增长了2.5倍。科研人员数量增至14.2万人，增长了近2倍，增速快于发达国家。韩国在科技研发投资占比、研发人员规模、国际专利数量等方面均达到国际最高水平。

（3）产业结构：经济实现平稳过渡，产业结构优化升级

经过几年的全面改革，韩国经济实现从高速增长向中速增长的平稳过渡，基本完成产业结构升级，从要素投入驱动型的发展中经济体逐步转化为创新驱动型的成熟经济体。1998—2001年，韩国信息技术产业附加值的年增长率达到16.4%，远超同期4%左右的经济增长率。韩国科技产业的对外贸易顺差仅居日本和爱尔兰之后，位列全球第三。手机、汽车、数码家电、特种船舶等大批新兴产业快速成长，大规模行销海外市场。在硬实力强劲发展的同时，韩国的软实力文化也开始大规模输出。从2000年开始，韩国的文化输出席卷亚洲乃至全球，并在全球掀起一股持续至今的"韩流"现象。从2004年起，韩国文化产业已经成为仅次于汽车制造的第二大出口创汇产业，发展至2015年，韩国的文化产业出口更是达到50亿美元，占韩国GDP的比重为15%。

（二）2010年G20峰会以来的结构性改革

2007年爆发的次贷危机极大地挫伤了韩国的金融市场，实体经济也面临重重困难，出口萎缩，失业率攀升。虽然韩国政府采取了一系列措施，使得经济得到迅速恢复，但是仍面临着国内通胀的压力。2010年首尔峰会上，G20成员国共同确认未来的合作承诺，韩国做出的承诺包括：提高服务业的生产率，减少资本流动的波动性，引入多类型的工会组织，提高女性的劳动参与率，保护非正规劳动者，创造就业，促进绿色增长等。G20峰会以来，韩国采取了诸多举措推进结构性改革。

1. 提高要素生产率的创新促进举措

改变劳动力供给结构,提高技术要素的投入力度。韩国对正规和非正规劳动合同的差异性保护是造成劳动力市场二元性的一个主要因素。为解决这一问题,2011 年,韩国政府制定了相应的劳动保护政策,对在 5 名以下员工的小企业工作的低收入人员提供社会保险费补助。2012 年起,政府将在岗培训项目的受惠范围扩大至非正规劳动者。此外,韩国政府通过实行对所有 2 岁以下儿童提供保育费补贴、对 5 岁儿童提供幼儿园学费补贴的制度,提高女性的劳动参与率。2010 年以来,韩国加大了对研发的支持力度。2010—2015 年,韩国的研发支出占 GDP 比重逐年上升,最高占比达到 4.29%,在国际上的研发支持力度处于领先地位,高于德国、日本、美国、欧洲地区以及 OECD 区域(详见图 5 - 19)。

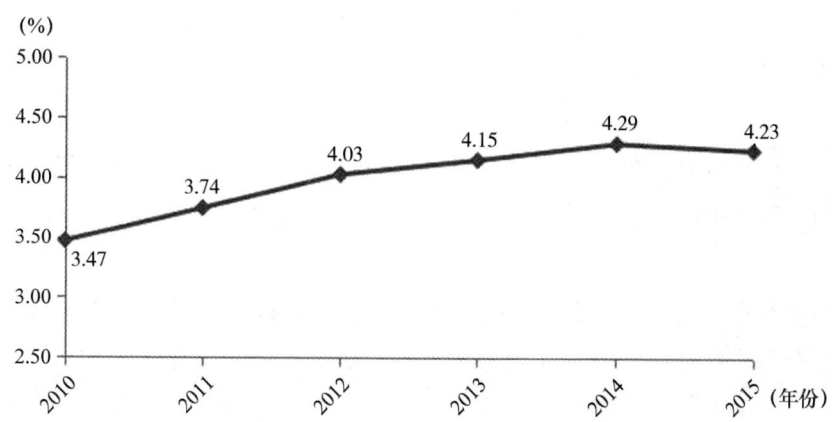

图 5 - 19　2010—2015 年韩国国内研发支出占 GDP 的比重
资料来源:OECD. Stat。

2. 优化产业结构的创新促进举措

降低服务业的准入门槛,提高服务业的竞争水平及生产率。韩国很多服务业的准入壁垒高,这既阻碍了竞争,也抑制了生产率的提高。对此,韩国采取了如下措施:2011 年引入移动虚拟网络运营商,促进电信行业的竞争。2012年,韩国、美国签署自由贸易协定(FTA)。2015年开始降低针对外资程序提供商专设的50%所有权限制,引入外资的竞争力量。韩国在2010年G20首尔峰会上做出了在2011—2012年间提高服务业生产率的承诺,并决定放松对教育、旅游等服务行业的管制,降低法定公证人和注册律师的准入门槛,采取一揽子措施,制定相关的制度和政策规范,降低服务业和制造业企业之间的不平等程度。

五 发达国家通过创新推进供给侧结构性相关改革的经验与启示

(一)国际经验总结

通过对美国、德国、日本、韩国创新推进供给侧结构性相关改革的经验进行总结和分析,发现有以下几点主要的、实施范围较广的政策经验可供借鉴:

1. 促进要素生产率提高方面的经验

加大研发支出力度,强化研发对创新的支撑功能。2016年,美国预算2.15亿美元投资于精准医疗领域,3亿美元投资于大脑计划,100亿美元用于卫生保健等前沿领域的研发。德国"2010议程"增加对教育和科研的投资,2006年发布《德国高科技战略》,加大对生物技术、材料技术等创新前沿领域的资金投入和重点支持。

2. 促进企业发展方面的经验

采取税费优惠政策,降低企业成本。减税是"里根经济学"的核心要义之一,里根政府出台《1981经济复苏税法》用来降低税率和劳动所得最高税率,并在之后颁布的法案中降低所得税率。德国在1983—1989年的供给侧改革中专门发布《减税法》,并分阶段进行三次减税,强化了减税对经济增长的促进效应。

3. 促进产业结构优化方面的经验

政府引导产业结构的调整与转型。里根政府通过立法鼓励企业创新的形式,发挥科学技术在生产力发展中的巨大作用,改造传统工业,催生大批高技术产业。德国通过对面临淘汰的传统工业部门进行"有秩序"的调整,对新兴工业进行"有远见"的"塑形",打造德国工业的新支撑体系。日本政府制定以《特定萧条产业安定临时措施法》为代表的四部法律,主动疏解正在面临衰退的产业,调整过剩产能。

聚焦战略前沿领域,抢占创新制高点。如美国为了实现创新战略目标,美国政府将有限资源投入能引领未来发展的新产业、新领域。美国制定创新战略,圈定一些能在未来取得变革性成果的领域,重点投资并优先发展,这些领域涵盖了智慧城市等九大时代前沿领域。德国高科技战略中明确提出生物技术和材料技术、微系统技术、安全研究、健康与医学、环境技术、信息通信、航空航天、车辆交通技术、纳米技术等17个重点创新领域,政府也专门匹配了大量的经费预算给予支持。

4. 其他经验

采取创新支持政策,打造创新战略顶层设计。美国里根政府在20世纪80年代出台多部法案,鼓励企业创新,保护创新成果;次贷危机爆发后美国政府颁布《美国创新战略》,在国家层面去推动实施创新战略,并从政府顶层设计方面打造创新生态和创新型政府。德国政府1982年建立多个德国"硅谷",以科技发展集群的形式鼓励创新。日本则由政府主导,形成产学官集成创新。20世纪90年代韩国由国家推动高新技术战略,大力发展知识密集型产业,并提升自主创新能力。

政府和市场权责明确。在改革的过程中较好地处理政府和市场的关系,放松市场的规制政策,让市场自由发挥作用,也是先发国家的主要经验之一。如美国里根政府放松对航空、铁路、汽车运输、电信、有线电视、经纪业、天然气等行业的诸多干预和管制,引入竞争机制;德国科尔政府贯彻"多市场、少国家"的经济理念,推进私有化进程，逐步减少联邦政府对企业的持股比例；韩国金大中政府在实施国家战略的过程中也主张政府要多"支持"市场、满足市场、服务市场，而不是过度"干涉"市场，政府要和市场保持好距离。

（二）对中国的启示

1. 合理界定政府和市场的关系

通过对美德日韩四国在供给侧结构性改革和创新政策经验的梳理发现，处理好政府与市场的关系是实现创新政策促进供给侧结构性改革的关键。因此，要合理界定政府和市场的关系，把握各自的职能定位。政府要充分认识和理解自己的定位，尊重市场规律，发挥市场作用。政府的职能要向为市场提供良好的公共服务、完善的营商环境和有序的竞争秩序转变。市场的职能则是在价值规律的引导下大力创新、有序竞争、合理配置资源，寻求市场主体价值的最大化。处理好政府和市场的关系既能保证政府政策能够最快被市场吸收和执行，也能促进政府作为市场的"守夜人"职能的最佳发挥。

2. 大力鼓励创新，促进生产率的提高

要最终实现结构性改革，核心和关键在于提高要素的生产率，提高要素生产率是新时期经济社会发展的必然要求。为此，政府要建立适合全要素生产率提高的制度和创新发展环境，大力鼓励创新和研发活动，扶持先进技术和创新理念，并提供相应的政策优惠措施（税费、补助、研究资金等），改善要素的配置结构，通过制度保障和技术创新促进要素生产率的提高。加大教育投入和对高端人才的培养力度，提高劳动力市场的供给质量，从供给端保证劳动要素生产率的提高。市场经营主体则要紧密结合国家创新促进政策，转变经营理念，大力开展自身的创新活动和人才体系建设工作，加强高端人才的培养和引进，提高生产的科技水平和要素的使用效率，对自身的生产系统进行优化升级，全面提高资本、劳动、知识、技术等要素的生产率。

3. 降低企业的运营成本，保障企业的有序发展

创新、研发对企业来说资金耗费大，见效周期长，而且成果转化

具有较强的不确定性，对企业来说风险过大。在创新促进的政策下，政府要采取相应的措施，降低企业的运营成本，减轻企业的经营压力。政府可以采取措施降低税率和运营费用、提供创业资金补助、加大政策支持、提供法律保障、优化市场环境等，为企业发展提供优质土壤。此外，政府还需对企业的经营发展和创新活动进行引导，并提供相应的资金补助与支持（设立创新基金、创新人才培养与孵化等），降低企业的运营成本，搭建企业与科研院所的合作平台，鼓励企业与科研机构一起开展系列研究活动，在微观层面执行国家的创新促进措施和战略。

4. 采取创新促进措施，优化并调整产业结构

美德日韩四国多年的改革历程也是产业结构不断调整和优化的过程，四国在发展和改革的过程中都在不断扶持优势产业，淘汰或升级弱势的夕阳产业。随着时代的演进，一国需要及时发现并培植本国的竞争优势产业，及时淘汰或升级竞争劣势的落后产业，在新的产业结构之下，创新和改革措施才会取得更加明显的实效。中国在进行供给侧结构性改革时，需在与中国国情充分结合的基础上，大力发掘潜在的优势产业，采取相关措施，给予大量支持，特别是那些可以引领时代、发展潜力巨大、颠覆性强的新兴产业。通过提供政策优惠，为新兴产业的发展创造良好的市场环境和制度环境。此外，对于那些产能过剩的落后产业，政府要果断采取措施进行去产能、去库存，敢于承担短时期的经济增长代价及利益损耗，从战略层面进行整体的优化升级，关键产业给予保留并升级，坚决淘汰那些严重落后于时代的产业，对整个产业结构进行彻底优化。

5. 打造国家级的顶层创新战略

为最大化实现创新的功效，一国需从顶层设计的高度打造一种基于创新的战略，并在战略实施和落地的过程中细化为各级子战略，转化为各级政府的决策思路，通过政府的固定传导机制自上而下层层宣讲、逐级推动、步步落实，营造全员参与创新活动的大环境。政府需

采取一定的措施，制定完备的制度规范，促进创新战略的实施和落地，研究具体的实施细则和落地措施，对各级政府的正常落实情况进行督办和定期跟踪，加强对创新政策执行的监督力度，开展对创新成果的阶段性评估与年度考核工作，并制定明确的奖惩措施和市场政策，提高政策的施行效果和执行力度。

第六章 中国供给侧结构性改革的创新短板分析

一 中国以创新推进供给侧结构性改革取得一定成效

世界知识产权组织等机构发布的《2018年全球创新指数报告》显示，中国在国内市场体量、知识型员工、原创专利等单项指标方面均排名第一，创新质量再进一步，连续6年成为中等收入国家创新排行的"领头羊"。与此同时，中国的供给侧结构性改革取得了一定的实质效果，要素质量和配置效率、企业发展水平和创新能力得到提升，产业结构进一步优化升级，经济稳中有进，结构持续优化。

（一）要素质量和配置效率变化情况

2015年以来，中国的供给侧结构性改革取得了较好的成效，首先表现为要素质量和配置效率的提升。第一，从全员劳动生产率来看，2015年到2018年保持了总体的增长态势，2018年，全员劳动生产率达到10.7万元/人（详见图6-1）。从发明专利授权数来看，也呈逐年增长趋势，与全员劳动生产率的增长态势总体一致。第二，科技进步贡献率有所提升，2017年科技进步贡献率指数为133.8；2018年科技进步贡献率指数为135.4，较2017年增长1.2%，与发明专利授权数增长趋势保持一致（详见图6-2）。值得注意的是，发明专利授

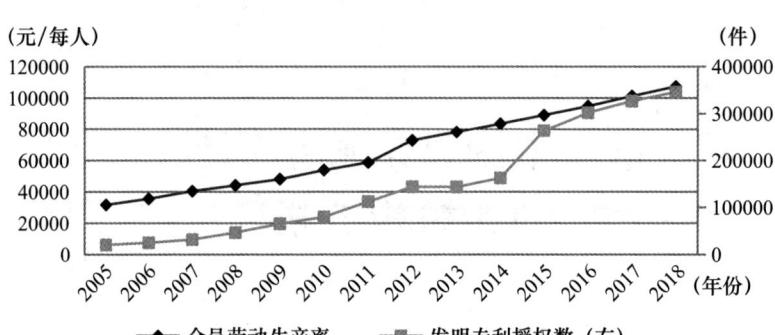

图 6-1　中国全员劳动生产率与发明专利授权数
增长趋势

资料来源：wind 数据库。

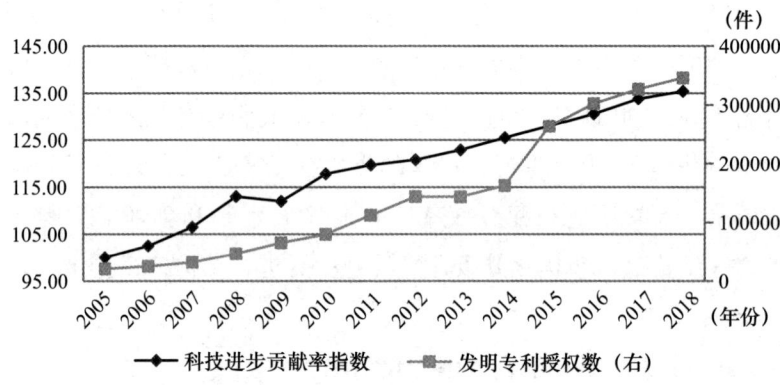

图 6-2　科技进步贡献率指数（以 2005 年为基年计算）与
发明专利授权数增长趋势

资料来源：wind 数据库。

权数 2015 年以 62% 的增速迅速增长，2018 年又较 2017 年增长 5.8%，而劳动生产率和科技贡献率的增长率普遍低于发明专利授权数增速，这可能与创新发挥作用具有一定的时滞性有关。第三，资本的优化供给快速增加。2015—2017 年，交通运输、仓储和邮政业，农业,水利、环境和公共设施管理业等短板领域的固定资产投资完成额保持了两位数的高速增长,且每年均高于全国平均水平。2018年,在严控地方债务风险背景下,农业,水利、环境和公共设施管理业等短板领域的固定资产投资完成额有所下降,部分略低于全国平均水平,但仍保持了一定增速(见图6-3)。

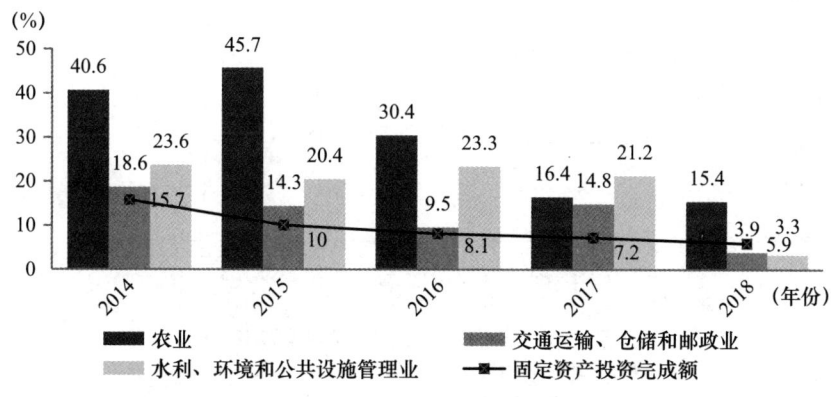

图6-3 补短板相关领域投资与总投资增速比较

资料来源:wind数据库。

(二) 企业发展水平和创新能力情况

自2015年供给侧结构性改革提出以来,企业发展水平和创新能力也有较大提升。首先,实体企业成本收入增速缺口现已闭合。2016年,工业企业利润增速由负转正,当年增速达到比上年增长8.5%;且从2016年开始,工业企业利润增速始终高于成本增速。2018年,工业企业利润增速达到10.3%,而当年工业企业的成本增速为8.3%(详见图6-4、图6-5)。以企业每万名R&D人员发明专利申请量作为衡量企业创新指标,可以发现其增长率呈现出与企业利润增速相同、与企业成本增速相反的线性变化趋势(详见图6-5)。其次,企业新产品销售收入占主营业务收入的比重明显逐年提高,新产品供给有效提升。2016年企业新产品销售收入占主营业务收入的比重为15.09%，较上年增加了1.5%；2017年新产品销售收入占主营业务收入的比重为16.91%，较上年增加了1.82%；2018年新产品销售收入占主营业务收入的比重为18.78%，较上年增加了1.87%（详见图6-6）。

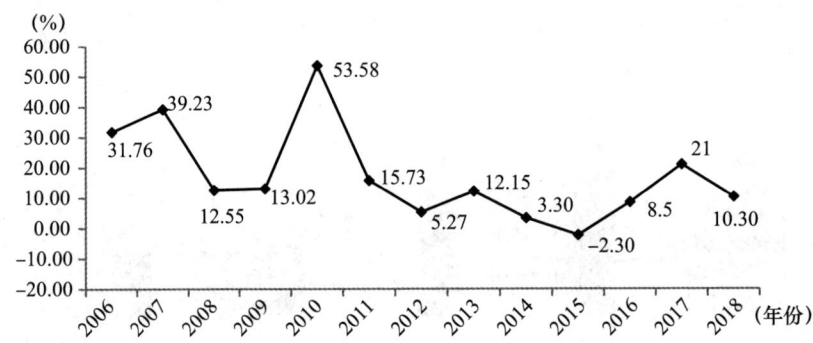

图6-4　规模以上工业企业利润增速

资料来源：wind数据库，国家统计局。

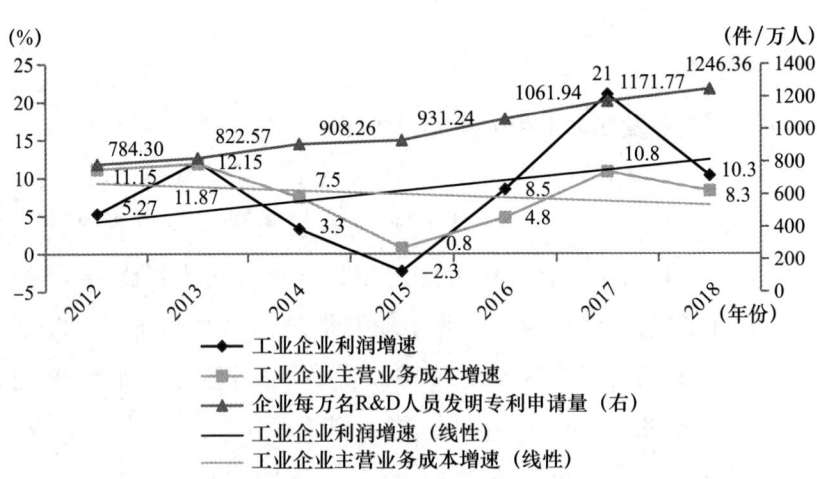

图6-5　规模以上工业企业成本、利润增速与企业每万名
R&D人员发明专利申请量比较

资料来源：wind数据库。

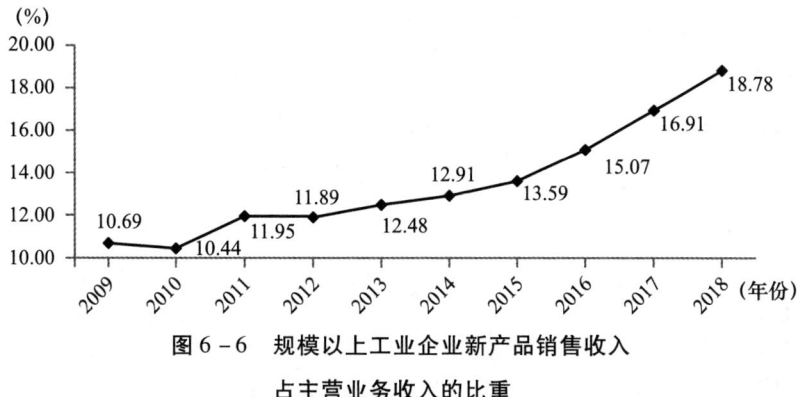

图 6-6　规模以上工业企业新产品销售收入
占主营业务收入的比重

资料来源：wind 数据库。

（三）产业结构优化升级情况

在供给侧结构性改革和创新驱动发展战略等共同作用下，中国产业发展呈现出产业经济运行平稳、产业结构持续优化、转型升级步伐加快的运行格局。首先，高耗能产能淘汰力度大。2016—2018 年，化学原料及化学制品制造业、非金属矿采选业、黑色金属矿采选业、有色金属矿采选业、石油和天然气开采业这五大高耗能产业增加值增速明显下降并在低位运行（详见图 6-7）。其次，现代服务业发展势头良好，占 GDP 的比重持续提高，对经济增长的贡献不断增强。

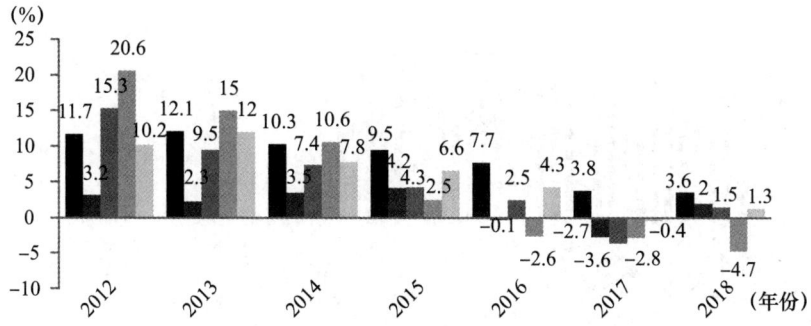

图 6-7　五大高耗能产业增加值增速对比

资料来源：wind 数据库。

通过图6-8可以发现，反映产业结构优化程度的第三产业与第二产业产值之比与发明专利授权数的增长趋势基本一致，二者综合实现结构调整。最后，去库存推动房地产市场正在进入良性发展通道，房地产市场待售面积不断下降，总体库存量创3年新低，房地产市场价格涨幅明显回落（详见图6-9）。

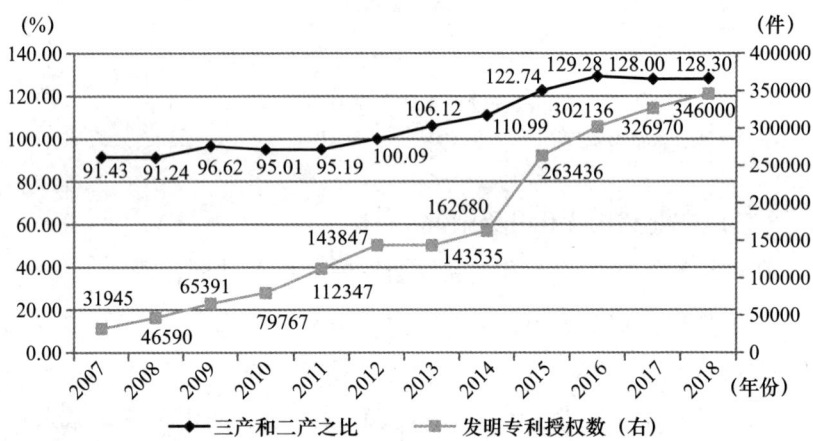

图6-8　第三产业和第二产业产值之比与发明专利授权数

资料来源：国家统计局，wind数据库。

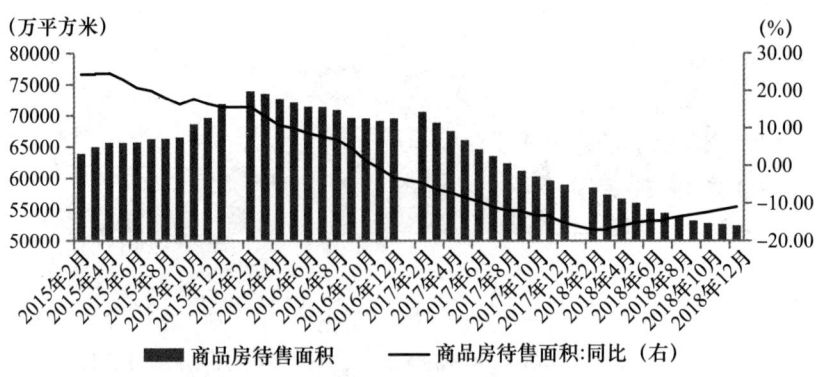

图6-9　商品房待售面积及增速变化

资料来源：wind数据库。

综上所述,供给侧结构性改革取得了一定的实质效果,经济结构持续优化。低端无效供给正在逐步减少,经济下行压力逐步减弱,新供给占比不断提升,对于经济的拉动作用进一步提升。从生产要素角度来说,供给侧结构性改革挖掘中国经济新的可持续增长潜力,不断提高经济质量和效率以及全要素生产率。从企业角度来说,供给侧结构性改革通过适当放松管制,大幅度降低企业税负,让企业尤其是新创企业有宽松的生存和发展环境,激活企业家精神,释放了创业创新活力,增强了经济持续发展的动力。从产业角度来说,供给侧结构性改革通过解放和发展社会生产力,用改革的办法推进结构调整,与创新驱动发展相结合,减少无效和低端供给,扩大有效和中高端供给,增强供给结构对需求变化的适应性和灵活性,实现经济再平衡。

二 中国供给侧结构性改革中的创新短板

从国内看,中国经济发展由高速增长阶段转为高质量发展阶段,全球科技创新也进入了革命性颠覆式的创新阶段。在这样的大背景下,中国不断深化供给侧结构性改革并加快建设创新型国家,各类企业也都在积极探索转变发展方式的最佳路径。但是,与发达国家相比,中国创新的情况并不十分理想。

对《全球创新指数报告》中的六个科技强国及四个金砖国家的创新能力进行比较研究,这十个国家2014—2018年GII的创新排名情况如图6-10所示。从图中可以看到当前中国创新水平正在逐步提升,在四个金砖国家中排名位居前列,但是与美国、英国、德国、韩国、日本和法国这六大创新强国仍有较大差距。同时,笔者对2018年全球GDP排名前十的国家的创新指数排名进行比较(详见表6-1),结果显示:2018年,作为GDP总量位居全球第二的大国,中国创新指数仅位列第17名;而同年GDP总量位居世界第一的美国,其科技创新指数位列全球第六。除美国以外，中国创新指数排名甚至与GDP排名第三、第四以及第五的国家也存在较大差距。虽然中国创新指数排名稳步上升，但依然难以在短时间内赶超六大科技强国。因此从创新实力上看，中国还有很长的路要走，必须认清现状，加强基础性研究，聚焦物联网、云计算、增材制造、人工智能等前沿技术，为现代化科技强国的建设提供有力支撑。针对中国创新能力发展滞后的现状，本章从产业、企业、人力资本、政策等角度深度分析原因，以便后续对提升中国创新水平提出有针对性的建议。

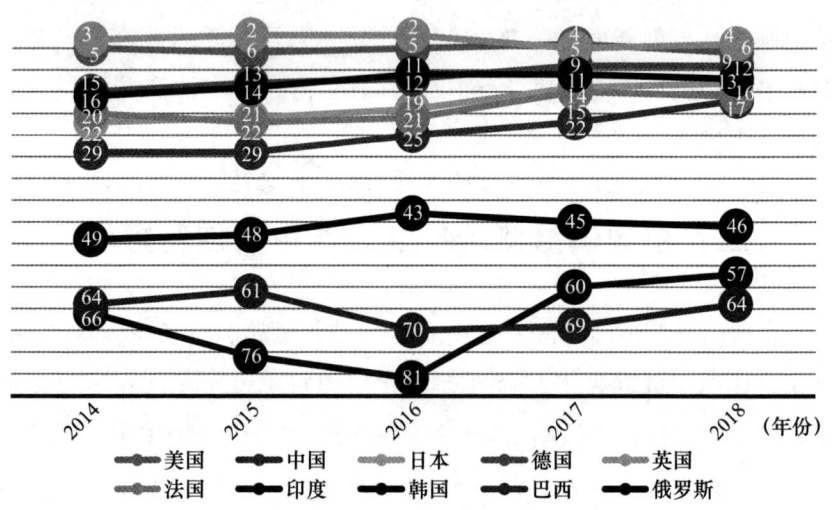

图 6-10 十国 2014—2018 年 GII 创新排名情况

资料来源：2014—2018 年的《全球创新指数报告》。

表 6-1　　2018 年全球 GDP 排名前十国家的 GII 对比

排名	美国	中国	日本	德国	英国	法国	印度	意大利	巴西	加拿大
GDP	1	2	3	4	5	6	7	8	9	10
GII	6	17	13	9	4	16	57	31	64	18

资料来源：世界经济信息网，《2018 年全球创新指数报告》。

(一) 中国人才、资金、技术等生产要素对创新的支撑有待加强

全面分析中国人才、资金、技术等生产要素对创新的支撑现状，可以发现目前有很多不足之处。

1. 创新人才供给不足

实现创新驱动离不开高层次研究人才和技能人才的智力支撑，但中国教育培养体制的局限性使得毕业生缺乏实践经验，理论型人才较多而实践型和特色专业型创新人才缺乏。

（1）从业人员中高级专业技术人员所占比重低

专业技术人员指从事科学研究和专业技术工作的人员。中国公有经济企事业单位职工中专业技术人员所占比重如图6-11所示。虽然2010—2017年平均每万名职工中专业技术人员占比持续上升，但是数量上升不代表质量高，中国现有的专业技术人员中初级技术人员较多，而高职称的技术人员依然稀缺。另外，在数量庞大的专业技术

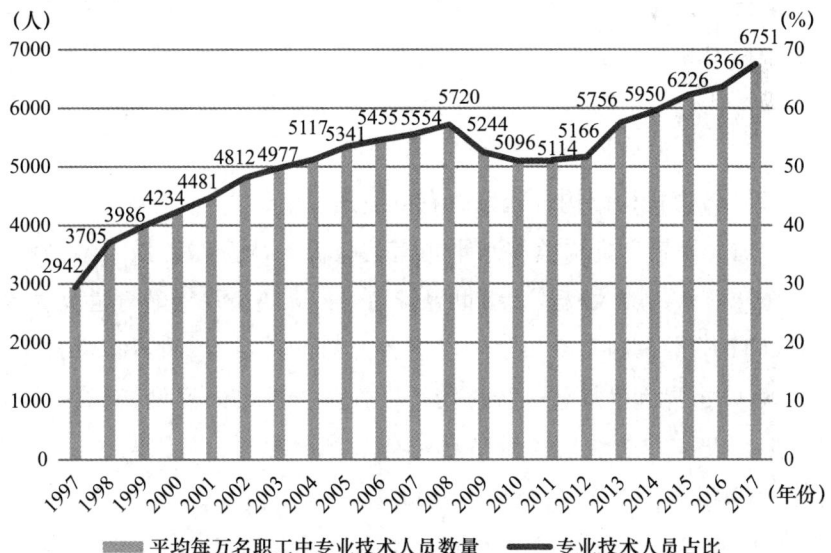

图6-11 公有经济企事业单位职工中专业技术人员每万人拥有量

资料来源：《中国科技统计年鉴》。

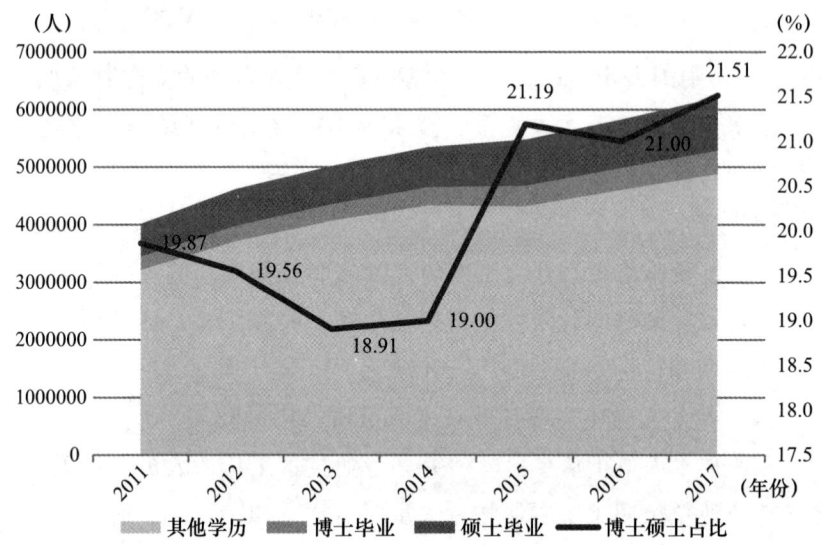

图 6-12 研发人员各学历层积图及博士硕士占比

资料来源:《中国科技统计年鉴》。

人员队伍中,高学历专业技术人员占比少。2017年,中国R&D研发人员中博士和硕士学历人才占比仅为21%,且自2015年以来没有明显上升。此外,中国劳动力平均受教育年限和新增劳动力平均受教育年限均与中等偏高收入国家存在一定差距。

(2)教育机构结构合理性还有待提升

中国高等教育机构整体水平也有待提升。从全球百强大学来看,选取全球公认的四大权威大学世界排名——泰晤士高等教育世界大学排名(THE)、软科世界大学学术排名(ARWU)、QS世界大学排名、U. S. News世界大学排名进行比较。尽管各类排名的评价指标各不相同,但是仅从入选学校数量来看,结果显示美国、英国两国实力最强,2019年两国合计在全球前100所大学中占比达到一半或以上(详见表6-2)。此外,在获诺贝尔奖人数最多的10所高校中,美国有9所,英国有1所。虽然美国全球百强大学的数量有所下降,但仍占到总数的近一半,仍是高等教育实力最强的国家。中国大学数量略有提升，但相较美国、英国仍有一定差距，且入选大学排名较低。此外，按发达国家的经验，高等职业教育应在高等教育中占较大比重，即实行高层次筛选与低层次公平相结合的原则，但中国高等职业教育发展缓慢，高等职业学校招生困难，缺口较大，而且存在培养出的人才与社会发展的实际需要匹配度不足的情况。

表6-2　　　　部分国家拥有全球百强大学数量　　　　（单位：所）

	THE	ARWU	QS	U. S. News
中国	6	4	12	3
美国	40	45	28	44
英国	11	8	18	11
德国	8	4	3	4
法国	3	3	3	3
日本	2	3	5	1
韩国	2	0	5	0

资料来源：笔者整理。

（3）顶尖人才匮乏

中国顶尖的创新人才和研究力量不足。截至2019年，诺贝尔自然科学奖得主中，美国有260人，英国有84人，德国有68人，法国有34人，日本有22人，而中国只有1人，占比不到0.2%，仅为美国的0.38%（详见图6-13）。根据科睿唯安（Clarivate Analytics）公布的2019年高引学者名单，在全球最有影响力的研究人员中，欧美等发达经济体在人数上占有绝对优势。排名前十位的国家分别为美国、中国、英国、德国、澳大利亚、加拿大、荷兰、法国、瑞士、西班牙。在全球6216人次的上榜学者中，美国继续保持了高引学者最多的位置，2019年有2737人次，占总数的44%。中国（含港澳台）紧随其后，共有735人次入选，占名单总人次的11.8%，较2014年的134人增加了近4.5倍，增速全球第一。从总人数上看，虽然中国排名第二，但是仅为美国的26.9%，距第一位差距仍然较大。

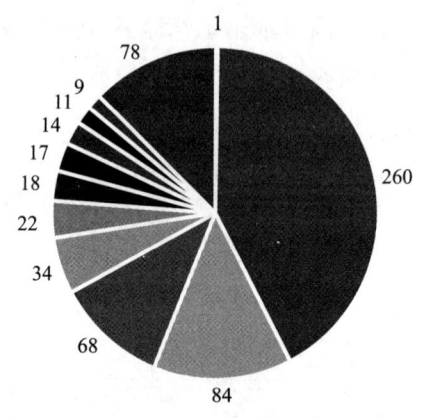

图 6-13 截至 2019 年诺贝尔自然科学奖得主分布

资料来源：笔者根据诺贝尔奖官网 https://www.nobelprize.org/ 数据统计。

2. 创新资金支持不到位

资金是产业创新系统中的资本投入，无论是技术开发、创新成果引进还是企业转型，产业创新活动都需要很大一部分的资金投入，资金是产业创新系统中不可或缺的一部分。中国对产业创新发展的资金支持不足，主要表现在研究与试验发展（R&D）经费支出中政府资金所占比重低和研发强度较低。此外，由于金融市场融资体制机制的约束，企业从金融机构获取的创新资金占比很少，这也在很大程度上限制了企业的创新活动。

（1）政府 R&D 投入不足

创新投入具有风险高、收益慢的特点。特别是基础性研究，能否转化成经济效益有很大的不确定性，即使可以转化，也需要一个长期的过程。这些依靠民间投入难以推动，只能通过政府的统筹支持。但是，当前政府对研究与试验发展的直接资金支持将难以满足日渐紧迫的创新需要。如图 6-14 所示，中国政府研发投入呈现逐年下降的趋势,2018 年 R&D 经费支出中政府资金占比仅为 20.22%。此外,根据图 6-15 所示,中国科技拨款占公共财政支出的比重自 2010 年的 4.67% 下降到了 2017 年的 4.13%。在 2006—2017 年的 12 年内,中国科技拨款占公共财政支出的比重甚至没有突破过 5%,可见政府对创新活动的支持力度有待加强。

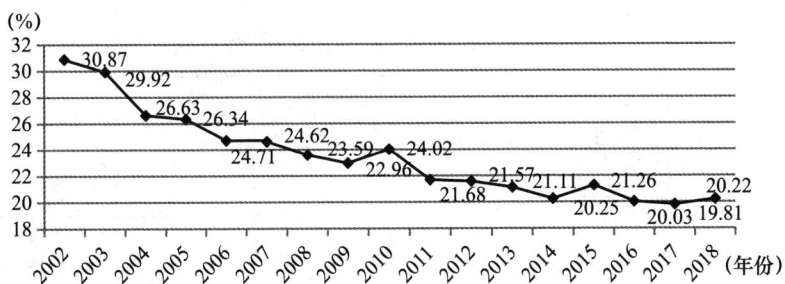

图 6-14 研究与试验发展(R&D)经费支出中
政府资金所占比重

资料来源:《中国统计年鉴》、国家统计局。

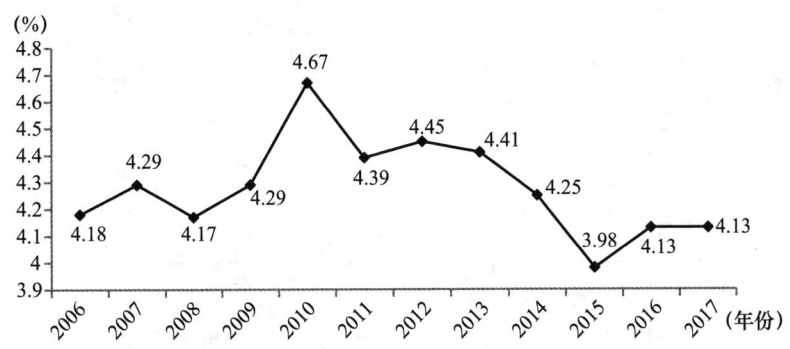

图 6-15 科技拨款占公共财政支出的比重

资料来源:《中国科技统计年鉴》。

(2)研发强度有待提高

与国际创新强国相比,虽然中国研发经费逐年增多,但是占 GDP 比重仍然较低。通过可获得数据的比较,中国目前研发强度为

2.15%,排名已从2000年的世界第24位上升到2017年的第14位,年均增速约为5.3%。但是,考虑到中国全球第二的经济体量,这一指标仍有待加强。2017年,美国、日本、韩国、德国、法国研发支出占GDP比重均高于中国,特别是韩国的占比已经达到中国的2.15倍(详见表6-3,图6-16)。

表6-3　　　　　　部分国家研发支出占GDP比重　　　　　(单位:%)

国家	美国	日本	韩国	英国	法国
2017年	2.80	3.20	4.55	1.67	2.19
国家	德国	意大利	俄罗斯	中国	加拿大
2017年	3.03	1.36	1.11	2.12	1.58

资料来源:世界银行。

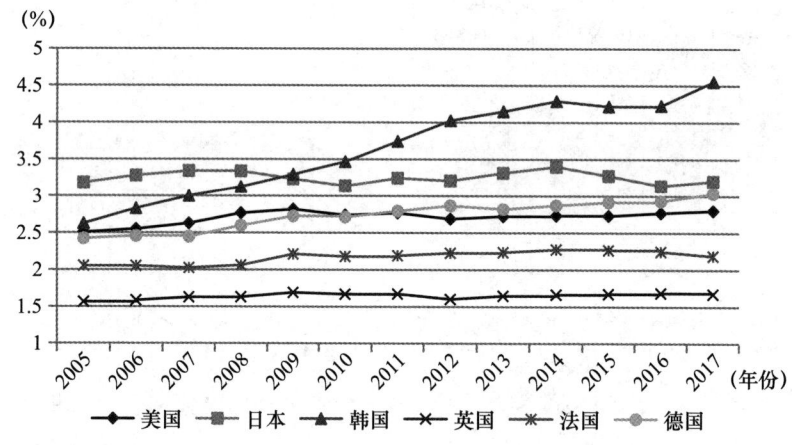

图6-16　部分国家研发支出占GDP比重

资料来源:世界银行。

(3) 原创性自主型研发投入不足

虽然各国的研发资金中用于试验发展的比例普遍较高,但是发达经济体更重视基础研究和应用研究,用于这两项的研发资金占比均在

30%以上,甚至可达到60%以上(详见表6-4)。中国将84%的研发资金用于试验发展,但基础研究和应用研究合计仅为16%,不足发达经济体的一半。特别是基础研究方面差距最大,虽然中国用于基础研究的资金总量较大,但占比仅为5.5%。法国、英国、美国、韩国、日本基础研究资金占比分别为21.5%、18.1%、16.7%、14.5%和13.1%。中国研发资金中用于应用研究的也仅为10.5%。这在一定程度上反映了中国更侧重于对成熟技术的应用开发,在可以掌握关键核心技术的原创性自主型研发方面投入严重不足。

表6-4　　　　　　　　部分国家和地区研发构成

(单位:十亿购买力平价美元,%)

	基础研究		应用研究		试验发展		其他资本支出	
	金额	占比	金额	占比	金额	占比	金额	占比
中国(2017年)	27.5	5.5	52.1	10.5	416.4	84	0	0
美国(2017年)	91.5	16.7	108.8	19.8	347.6	63.3	1.1	0.2
日本(2017年)	22.4	13.1	31.9	18.7	109.2	63.9	7.4	4.3
韩国(2017年)	13.2	14.5	20	22	57.8	63.6	0	0
法国(2016年)	13.4	21.5	25.6	41.1	22	35.3	1.3	2.1
英国(2016年)	8.6	18.1	20.9	44	18	37.9	0	0

资料来源:OECD,USF。

3. 技术创新发展缓慢

(1) 产业关键技术的突破水平有限

产业关键技术是当代国民经济和产业发展的基础。中国产业关键技术突破水平低,极大地限制了中国高端制造业的发展。2018年,中国高技术产品出口占工业制成品出口额的比重为31.59%,且最近十年都没有超过35%(详见图6-17)。而在1992年,美国、日本的高技术产品出口占工业制成品出口额的比重就已分别达到48.6%和54.9%(王磊,1998)。此外,考虑到随着全球化的发展,发达国家更加注重设计、研发和销售,而将生产环节转移到以中国为代表的一些亚洲发展中国家。因此,中国高技术产品出口中,有很大部分产值是依靠进口关键技术和零部件进行组装加工,实际增加值较低,不能完全反映中国在高技术产业的真正实力。

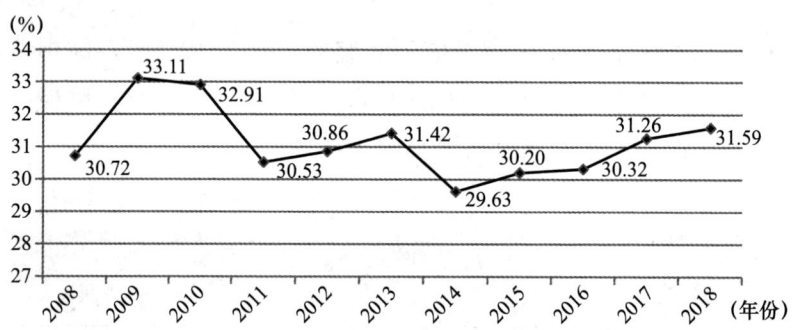

图6-17　高技术产品出口占工业制成品出口额的比重

资料来源:wind 数据库。

(2) 技术转移和转化效率低

发明专利是反映科技创新水平的重要指标之一。2018 年,中国每千人 R&D 人员发明专利授权数仅为 98.63 项。中国每万人发明专利授权数不足每万人专利授权数的 20%（详见表6-5）。这样大的差距表明中国具有高技术含量的专利少,技术转化率低。此外,还存在科研机构成果以论文导向为主,与市场实际需求匹配度不高,转化渠道不畅等问题,无法形成完整的创新价值链。

表6-5　　　　　　　中国近年技术成果情况汇总

	2012 年	2013 年	2014 年	2015 年	2016 年	2017 年	2018 年
每万人专利授权数	9.27	9.65	9.52	12.50	12.68	13.21	17.53
每万人发明专利授权数	1.60	1.53	1.71	2.61	2.92	3.02	3.10
每千人 R&D 人员发明专利授权数	66.86	58.79	62.85	95.59	104.23	104.1	98.63

资料来源:wind 数据库。

（二）中国企业创新能力有待提高

中国经济发展的阶段性目标是实现由要素驱动向创新驱动的转型，而企业则是实现这一目标的引擎。但面对中国要素成本提高和产业转型升级的形势，企业创新往往难以突围。在2018年福布斯杂志发布的全球最具创新力企业榜中，美国有51家企业上榜全球创新能力100强，而中国仅有7家，这样的差距背后反映中国企业的创新表现仍有待提高。

1. 企业本身研发投入不足

对工业企业创新活动主要指标的分析结果显示，2010—2018年，新产品开发经费支出占主营业务收入比重和科技活动经费内部支出占主营业务收入比重逐渐提升，但仍处于非常低的水平，2018年分别为1.43%和1.23%（详见图6-18）。OECD的数据显示，2015年在全球前500位的研发投资企业中，美国和日本分别有173家和86家，中国仅有34家。

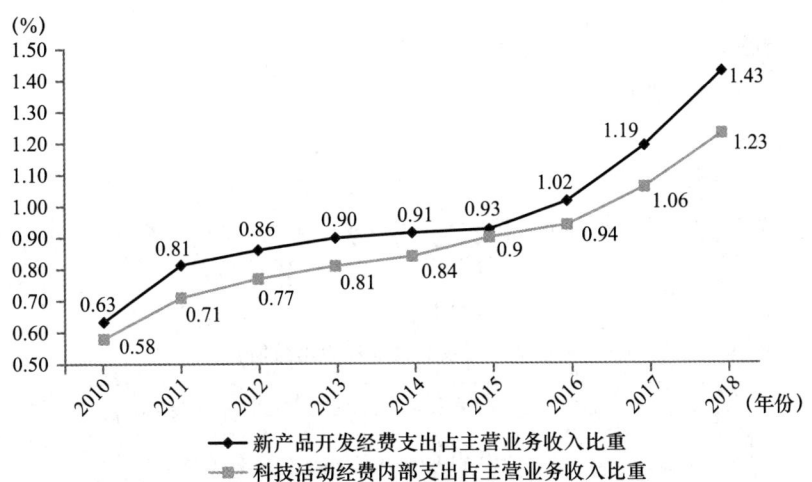

图6-18 新产品开发经费支出占主营业务收入比重和科技活动经费内部支出占主营业务收入比重

资料来源：wind数据库。

2. 企业与科研机构的合作程度不高

《中国科技统计年鉴》对企业产品或工艺创新合作开展情况的调查结果显示，2016年开展了创新合作的企业占全部企业的比重仅为16.5%，而与高等学校、研究机构这些知识产出机构合作的企业仅占全部企业的8.3%。大学和科研院所R&D经费支出中来自企业R&D资金的比重近五年来从未超过15%，且持续走低，2017年大学和科研院所R&D经费支出中来自企业R&D资金的比重仅为12.22%（详见图6-19）。从国家统计局创新投入指数汇总表来看，与其他指数的快速提升相比，R&D经费占主营业务收入的比重指数和开展产学研合作的企业所占比重指数增长缓慢，特别是开展产学研合作的企业所占比重指数从2005年到2018年仅增长了29.2%，这也反映出中国产学研合作机制存在较大的问题，实现理论知识向实体产品的转化不畅（详见表6-6）。

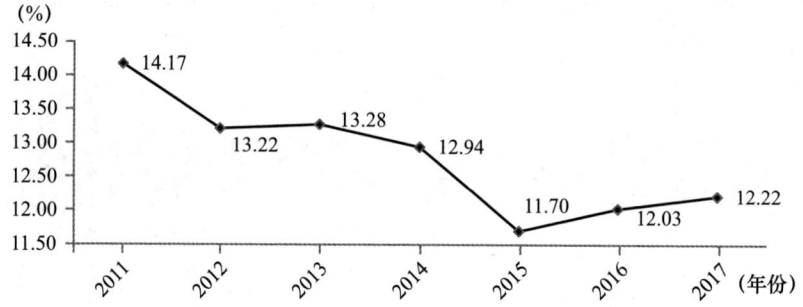

图6-19 大学和科研院所R&D经费支出中来自企业R&D资金的比重
资料来源：《中国科技统计年鉴》。

表6-6　　　　创新投入指数汇总（都为指数值）

	每万人R&D人员全时当量	R&D经费占GDP的比重	基础研究人员人均经费	R&D经费占主营业务收入的比重	有研发机构的企业所占比重	开展产学研合作的企业所占比重
2005年	100.00	100.00	100.00	100.00	100.00	100.00
2018年	300.8	167.4	313.4	136.7	192.3	129.2

资料来源：国家统计局。

3. 企业技术消化吸收积极性不足

根据企业引进技术消化吸收经费与企业引进技术经费情况（详见表6-7），企业引进技术消化吸收经费与企业引进技术经费的比值在0.4左右，而部分创新大国的这一比值在3左右，且部分重点领域甚至高达7。这反映出企业对直接进行技术引进的依赖性较大，"拿来主义"思想较强而消化吸收再创新的积极性不足。

表6-7　企业引进技术消化吸收经费与企业引进经费情况　　（单位：万元）

	2010年	2011年	2012年	2013年	2014年	2015年
企业引进技术消化吸收经费	1652015	2021669	1568382	1505777	1431817	1083880
引进技术经费支出	3861321	4489861	3939066	3939455	3875109	4140636
二者比值	0.427837	0.450274	0.398161	0.382230	0.369491	0.261767

资料来源：《中国工业企业科技活动统计年鉴》，国家统计局。

（三）中国产业创新能力有待提升

对中国产业的创新资金投入情况进行分析，从表6-8可以看出，2011—2015年，创新资金投入整体呈增长态势，但部分行业特别是制造业几乎没有变化且产业研发投入依然较低。中国制造业各项创新情况指标显示，制造业整体创新能力发展向好，但提升速度并不迅速（详见表6-9）。在2017年全球创新能力100强企业中，美国占有39家，日本有34家，而中国仅有1家。中国的人均制造业增加值排在全球第54位，只有3000多美元，是美国人均的35.5%，是德国人均的27.8%，是日本人均的33.4%[①]。

---

① 数据来源于世界银行，https://data.worldbank.org.cn/indicator/NV.IND.MANF.CD?end=2015&start=1994&view=chart。

表 6-8　2011—2015 年不同行业研发投入占销售收入的比重　（单位：%）

	2011 年	2012 年	2013 年	2014 年	2015 年
农林牧渔业	6.9	4.8	4.6	6.8	6.9
采矿业	3.8	4.7	8.4	3.9	4.5
制造业	5.5	4.5	4.7	5.9	5.6
电力、热力、燃气及水的生产和供应业	2.2	3.6	2.3	2.6	3.1
建筑业	4.2	4.0	2.7	6.0	5.3
交通运输、仓储和邮政业	3.6	1.8	4.2	2.9	4.1
信息传输、软件和信息服务业	15.8	20.9	18.9	28.2	29.6
批发和零售业	3.5	3.5	3.4	4.3	4.1
住宿和餐饮业	5.0	3.5	3.5	6.9	6.8
房地产业	3.7	6.4	3.8	4.6	5.2
租赁和商务服务业	6.5	5.7	4.1	9.1	8.3

资料来源：《中国工业企业科技活动年鉴》。

表 6-9　2012—2018 年中国制造业创新能力指标概况　（单位：%，件）

	2012 年	2013 年	2014 年	2015 年	2016 年	2017 年	2018 年
有 R&D 活动的企业占比	13.7000	14.8000	16.9000	19.2000	23.0000	27.4000	
R&D 经费支出占主营业务收入比重	0.7700	0.8000	0.8400	0.9000	0.9400	1.0600	1.2300
R&D 人员占从业人数比重	0.2928	0.3240	0.3420	0.3406	0.3482	0.3524	
每万名从业人员有效发明专利数	3.6138	4.3572	5.8106	7.4081	9.9203	12.0298	14.1031
新产品销售收入占总销售收入的比重	10.8236	10.7400	11.6041	12.8752	13.0161		

资料来源：《中国科技统计年鉴》，《中国统计年鉴》，wind 数据库。

1. 整体技术基础薄弱且制造业产业链高端化不足

中国自主创新能力亟须进一步提升，特别是在关键核心技术、前沿技术等方面，与发达国家相比还存在一定差距，工业基础薄弱等问题一直没有得到根本改善，很多关键领域仍受制于人，制约着产业向价值链高端的升级。中国自主品牌产品质量不高、附加值低、知名度低。在2018年世界品牌500强中，美国有223个品牌入选，而中国仅有39个，仅为美国的17.5%。在世界装备制造业中，发达国家牢牢掌握着90%以上的知名商标所有权。中国装备制造业则由于缺乏自主知识产权，自身技术装备也依赖进口，难以突破阻碍形成最前沿的科技成果，导致很多的装备制造业企业只能主要做贴牌加工的工作，完全沦为代工厂。

从制造业来看，大多数行业技术创新链条在一定程度上存在断裂脱节问题。由于缺乏强有力的技术支持和有竞争力的龙头企业，制造业难以形成以知识技术为核心的高端上游产业链。与此同时，下游产业链也由于竞争激烈，专业分工并不明晰，很多企业追求广泛的业务面，却不能在一个环节上做到精益求精，导致下游产业链局限在低端，制约了中国高端制造业的发展。同时，由于中国的制造业企业大多定位在产业链价值较低的环节，在一定程度上加速了低端过剩产品的产出。

2. 传统产业低端产能过剩与高端产能缺乏并存

从国际经验看，产能利用率在81%—82%是衡量工业产能是否过剩的临界点，75%以下表明产能过剩严重，高于85%表示产能不足。截至2019年12月，中国制造业产能利用率达到77.1%，虽情况有所缓解，但仍然存在过剩。根据2012年的数据，中国钢铁、水泥、电解铝、平板玻璃、船舶产能利用率分别仅为72%、73.7%、71.9%、73.1%和75%[1]，部分行业产能严重过剩。2006—2015年工信部及国

---

[1] 《国务院关于化解产能严重过剩矛盾的指导意见》国发〔2013〕41号。

发文件公布的重点淘汰过剩产能名单中,钢铁、煤炭、电解铝、平板玻璃、船舶等在列。有关数据显示,中国钢铁产能近12亿吨,国内钢材市场消费量7亿吨,钢材供大于求的矛盾十分突出;煤炭产能57亿吨,消费量39.6亿吨,过剩10亿吨以上;煤电实际装机9亿千瓦,满足电力电量平衡的合理规模为7.35亿千瓦,过剩规模达1.65亿千瓦,发电设备平均利用小时数为3785小时,是1964年以来最低水平,与合理状态下煤电平均利用5000小时数差距甚大。此外,水泥、玻璃、船舶等行业产能也存在过剩情况。[①] 对2012—2016年样本企业中僵尸企业的行业分布进行研究排序(详见表6-10)。结果显示,五年间僵尸企业占比前十的行业分布大致保持稳定。根据"十三五"规划和2017年的政府工作报告对各行业去产能的目标设定,去产能的重点与僵尸企业率高的行业相吻合。

表6-10　　2012—2016年僵尸企业占比排名前十的行业

	2012年	2013年	2014年	2015年	2016年
1	钢铁	钢铁	煤炭开采	煤炭开采	煤炭开采
2	电子	煤炭开采	钢铁	钢铁	钢铁
3	通信	有色金属	其他采掘	其他采掘	机械设备
4	家用电器	家用电器	有色金属	有色金属	有色金属
5	有色金属	国防军工	化工	化工	农林牧渔
6	农林牧渔	建筑材料	机械设备	食品饮料	化工
7	其他采掘	机械设备	家用电器	休闲服务	其他采掘
8	传媒	通信	食品饮料	机械设备	公用事业
9	公用事业	化工	轻工制造	交通运输	家用电器
10	医药生物	农林牧渔	公用事业	公用事业	食品饮料

资料来源:wind数据库。

与此同时,高质量、高性价比产品满足不了国内居民要求,导致大量消费者到国外采购。2018年中国游客境外消费额达2773亿美

[①] 数据来源于中钢网,https://www.zgw.com/。

元。自 2009 年以来,中国连续十年成为居民境外消费规模最高的国家,与境外高额消费伴随而来的是国内消费品的生产过剩。在工业消费品市场中,主要表现为中低端工业产品竞争激烈,纺织服装等劳动密集型行业消费需求持续下行,而以汽车发动机、高精度机床以及工业核心零部件为代表的高端产品则供不应求。截至 2019 年 12 月,医药制造业、专用设备制造业、汽车制造业、计算机、通信和其他电子设备制造业以及铁路、船舶、航空航天和其他运输设备制造业,这些相对高端的制造业行业利润加总占所有工业企业利润的 30%。但是,高额利润的背后却存在一些问题,中国制造业的关键技术高度依赖西方发达国家,大量关键装备、核心技术、高端产品依赖进口,机床和机器人行业 90% 的高档配套功能配件、80% 的伺服电机和驱动、75% 的数控系统和 75% 精密减速器都依赖进口。自主技术和国产高端装备的缺席严重制约产业转型升级。比如,2016 年集成电路成为中国最大宗进口产品,其进口额高达 2271 亿美元。

3. 新兴产业基础薄弱且国际话语权不强

首先,新兴产业基础薄弱。中国战略性新兴产业科技水平较为落后,与国际领先水平仍存在较大差距,产业发展的技术储备严重不足。新兴产业没有形成产业集聚效应,布局分散且缺乏可以促进现有创新资源联合的平台,这些因素导致无法形成世界级新兴产业集群。在 2017 年中国高技术产品的进出口贸易顺差中,主要贡献力量是外商独资企业,内资企业贡献不大,甚至有很大一部分的内资企业还有较高的贸易逆差,出口产品的国内增加值含量低。其次,中国新兴产业在国际标准体系中影响较小。以汽车为例,中国遵从国际标准化组织制定的标准,尚未形成中国标准,而德国有 DIN 标准、法国有 AFNOR 标准、英国有 BS 标准、日本有 JIS 标准、美国有 ANSI 标准,并且这些标准都被国际社会广泛接受。中国由于没有自己的标准,就会在一定程度上受制于人,也限制了新兴产业的发展,更不要提在国际上推广。

（四）创新的体制机制政策等环境有待完善

1. 政策细分不到位无法精准支持实质性创新

政府在制定激励企业进行创新的政策时，没有根据不同的行业、创新方式和创新产出等进行细分，税收减免等优惠政策呈现漫灌式，精准度不够。同时，对技术含量高的研发项目的前期支持力度不大，无法推动企业实质性创新。而对较低技术含量的创新型企业只是简单地将其排除在激励政策之外，缺乏合理的引导和适当的扶持。从而导致中国在高端创新市场和低端创新市场都无法实现相对优势。扶持政策也应当适度惠及低端创新企业，提高整体创新质量。

2. 创新管理缺乏统筹协调，创新政策难以形成合力

自2015年起，中国就积极推进创业创新和产业升级，促进市场融合。但政策出台至今并未见有明显促进创新的作用，创新链条的不完整，企业创新管理缺乏协调性等都是重要原因，除此之外，管理体制与政策的制定和实施三个方面也存在一系列的问题。主要问题在管理体制上体现为：研发与应用脱节，科技与经济脱节，部门间各自为政，缺乏从创新战略出发的统筹协调机制。在政策制定上体现为：产业政策、金融政策、贸易政策等经济政策没有与创新政策相互融合，经济政策制定时没有体现创新目标。在政策实施方面体现为：各级领导部门之间缺乏有效配合，各级部门对创新活动的有效监督不足。

3. 市场环境不完善

营造有利于创新发展的市场环境对促进创新至关重要。目前中国市场环境尚不完善，在一定程度上对创新的发展产生了一定阻力。主要表现在培育和推广应用高端制造产品的基础设施不完善、相关技术标准制定滞后、市场竞争秩序不规范等问题。垄断现象在部分基础性行业成为常态，垄断企业不仅通过挤占其他创新型企业的市场而获得超额利润，还扼杀了整个行业的创新活力。对知识产权保护的法律意识近几年得到强化，但仍存在"侵权易、维权难"现象，很多企业

习惯于通过仿造、"挖人"等办法跟风发展、同质化竞争，挤占进行创新研发企业的利润。

4. 让市场发挥资源配置决定作用体制机制尚需完善

中国产业政策的实施对政府宏观调控的依赖性较大，尚未充分发挥市场的作用。政策存在时滞性和覆盖的广泛性，应该充分发挥市场机制的优势，筛选出真正有创新能力的企业给予支持。中国尚未形成以企业为主体的资源配置模式。根据国家统计局的调查数据（详见表 6-11），2017 年全国规模以上工业企业中有 R&D 活动企业所占比重为 27.4%，政府研发投入中投给企业的只有 13.47%，仅占全部研发投入的 3.44%。在人才配置上，长期以来中国高等院校毕业生特别是优秀人才的首要就业选择多为政府部门、垄断性国有企业、高等院校和科研机构，而企业特别是制造业企业并非其第一选择。特别是近年来，随着外部环境改变，企业发展压力加大，这一趋势更为明显。

表 6-11　2012—2017 年中国反映企业创新支持力度的指标　（单位：%）

	2012 年	2013 年	2014 年	2015 年	2016 年	2017 年
有 R&D 活动企业所占比重	13.70	14.83	16.90	19.20	22.95	27.40
企业从政府部门获得的研发资金占全部研发投入的比重	4.63	4.51	4.20	4.26	3.70	3.44
企业从政府部门获得的研发资金占政府研发投入的比重	16.35	16.36	16.02	15.38	14.32	13.47

资料来源：《中国工业企业科技活动统计年鉴》《中国科技统计年鉴》，部分数据经笔者计算。

综上所述，通过供给侧结构性改革，中国经济在要素质量和配置效率、企业发展水平和创新能力、产业结构优化升级三个层面都有所改善。但是，在人才技术等生产要素、企业和产业创新能力、体制机制政策环境等方面仍存在诸多创新短板，亟须进行改善。

第七章　以创新推进供给侧结构性改革的总体思路和对策建议

深入推进供给侧结构性改革，必须要发挥创新的引领作用。要发展现代科研和教育体系，培养高端创新人才，为供给侧结构性改革提供技术和人才储备；要推进"大众创业、万众创新"向纵深发展，充分动员全社会的创新主体，为经济发展提供新动能；要围绕重点产业进行集中投入和集中攻关，实现关键技术和核心产业的重大突破；要进一步理顺体制机制，全面完善适应创新的制度环境，打造良好的创新创业生态系统。通过产品创新、技术创新、商业模式创新、制度创新等发展经济增长新动力，进一步优化产业结构、提高产业效益，促进经济的持续健康发展。

一　以创新推进供给侧结构性改革的总体思路

以创新推进供给侧结构性改革，本质上就是要通过创新增强有效供给能力，不断满足和创造新需求。从要素、企业、产业三个层面来讲，要坚持提升科技创新有效供给能力、着力培育发展创新型企业、促进产业创新发展的总体思路，不断强化供给侧结构性改革基石，始终抓牢供给侧结构性改革主体，进而完成供给侧结构性改革的各项任务目标。

（一）提升科技创新有效供给能力，筑牢供给侧结构性改革基石

科技创新是以创新推进供给侧结构性改革的源头，要从科研组织模式、科技成果转化、重大技术攻关三个方面着手，大力提升科技创新有效供给能力，强化供给侧结构性改革基石。第一，重构定位明晰、富有活力的科研组织模式。通过改革对科研人员和科研成果的评价机制，改革经费支持和科研组织模式，突出中长期目标考核和重大任务导向，健全和强化基础研究和战略性前沿领域研究的持续稳定支持机制，加快推进各类制度建设，明确高校、现代科研院所等各类创新主体责任，重构国家科技创新体系。第二，大力促进科技成果转移转化。支持建设一批区域性的技术转移中心，建设全国或区域性的科技成果信息网络。鼓励企业与高等院校、科研机构以产学研结合等形式，共建国家工程（技术）研究中心、国家工程实验室等产业技术开发平台。开展技术转移试点工作，探索和积累推进科研机构和高等院校的技术转移经验和措施。第三，强化重大技术的研究攻关。创新国家重大技术发展项目组织实施的机制和模式，积极探索建立社会主义市场经济条件下集中力量办大事的新的机制和组织模式。建立健全有效解决重大技术发展争议的评估和决策机制。加强技术标准和相关法律法规的制定工作，加快研究提出重大技术领域相关产品市场准入、监管的技术经济标准。

（二）着力培育发展创新型企业，抓牢供给侧结构性改革主体

企业是以创新推进供给侧结构性改革的主体，要从政策支持、市场竞争秩序保障、"双创"发展三个方面考虑，着力培育发展创新型企业，抓牢供给侧结构性改革主体。第一，加大对企业（特别是处于战略新兴产业的企业）技术创新的政策支持。从政策实施的便利性和考核机制等方面着手，进一步完善企业研发投入抵扣政策。制定政府采购政策实施细则，明确政府采购自主品牌的比例，完善招投标机

制，同时建立相应跟踪、评价和监督机制。加强对企业引进人才的支持，推动产学研结合，引导和推动创新要素向企业集聚。第二，建立激励企业创新的市场竞争秩序。强化知识产权司法保护的主导作用和基本保障。突破行业垄断和市场分割的制约，减少产业准入前置审批，依法加强事中事后监管，形成有利于转型升级、鼓励创新的产业政策导向，为创新者营造更加开放、平等的环境。逐步理顺资源、能源、劳动力等市场要素的价格形成机制，让依靠创新、实施差别化竞争的市场主体获得更大的优势。第三，推动"大众创业、万众创新"向纵深发展。进一步加大对初创企业财税、金融等政策扶持。支持高速成长型创业企业发展。支持科研院所人员和海外留学回国人员创业，特别支持技术创业。支持创业服务平台建设，进一步完善创业服务业产业链。

（三）促进产业创新发展，实现供给侧结构性改革重要目标

产业结构优化升级是创新推进供给侧结构性改革的重要目标，要从增强核心竞争力、提升创新能力和产品质量等方面着手，促进产业创新发展，实现供给侧结构性改革的重要目标。增强高端装备和生产性服务业核心竞争力。要努力推动高端装备创新发展和促进生产性服务业专业化发展，坚决树立"中国装备、装备中国"的信念，下决心突破关键技术瓶颈制约，打造一批"大国重器"。着力提升制造业创新能力。通过深入落实创新驱动发展战略，统筹科技创新和制度供给，充分发挥先进制造产业投资基金作用，用市场化方式整合利用好一切创新资源，打造一批覆盖前沿、智力密集、具有较强引领辐射功能的制造业创新策源地。着力提升产品和服务的质量。深入落实质量强国战略，开展质量提升行动，全面提高产品和服务质量，创造产业品牌。最终达到切实提高中国产品高端化水平和大力提升知识密集型产业占比的重要目标。

二 以创新推进供给侧结构性改革的对策建议

以创新推进供给侧结构性改革，要不断强化人才、技术等相关要素基础，进一步明确企业的创新主体地位，激发各类市场主体活力，在大力培育和发展新兴产业的同时积极促进重点产业创新发展，坚持推进产业结构优化升级，通过制度创新切实为以创新促改革提供体制机制保障。

（一）不断强化以创新促改革的要素基础

1. 强化人才引领作用，大力夯实人力资源基础

紧紧围绕经济转向高质量发展阶段的要求，着力解决当前中国面临的人力资源供求结构性矛盾，积极应对人口结构老龄化趋势，深化教育体制改革和人才培养体制改革，着力提升劳动力质量和配置效率，努力实现中国由人口大国向人才强国的转变。

一是补齐技能型人才供给短板。对接产业转型升级和市场需求，调整职业教育发展定位，优化学校和专业布局，深化办学体制改革和育人机制改革，打破身份界限，鼓励和支持社会各界特别是企业积极支持职业教育，着力培养跟得上产业发展步伐、满足市场需求的技能型人才。适应新技术革命和产业变革需要，支持高等院校、职业学校和企业联合办学，加强对人工智能、高端装备制造等领域人才的培养。

二是加强人才创新能力和创新性思维培养。按照创新型人才的培养要求，深化教育体制改革，调整教学体系和课程设置，完善和推行初高中学业水平考试和综合素质评价，创新教育教学方法，鼓励学校开展启发式、探究式、讨论式、参与式教学，推进分层教学、走班制、学分制、导师制等教学管理制度改革。

三是强化人力资源全球视野和国际化水平。进一步优化政策环境，吸引海外留学人员和华侨华人以多种方式参与祖国建设。完善外国人永久居留制度，放宽技术技能型人才取得永久居留资格的条件，探索实行技术移民并逐步形成完善有效的政策体系。实行更有吸引力的政策措施，支持外国人才申报和参与国家级科研项目，吸引海外高层次优秀科技人才和团队来华工作。

四是重塑创新人才评价和培养的良性机制。切实改变片面将论文、专利、资金数量作为人才评价标准的做法，建立健全以创新能力、质量、贡献为导向的科技人才评价体系。完善科技奖励制度，让优秀科技创新人才得到合理回报，释放各类人才创新活力。探索建立科研成果所有权分配机制，保障科研人员成果转化收益权。改革职称评定和薪酬管理制度，取消指标配额限制。营造良好创新环境，加快形成有利于人才成长的培养、使用、激励、竞争机制。更加严格有效保护知识产权，维护创造发明人的合法权益。

2. 瞄准新一轮科技革命方向和国家重大需求，着力提供高质量的技术供给

经过多年的努力，中国科技创新能力整体水平大幅提升，技术引进的空间也越来越小。必须深入实施创新驱动发展战略，面向世界科技前沿、面向经济主战场、面向国家重大需求，加快各领域科技创新，着力增强原始创新能力，加快实现科技创新从"数量型"向"质量型"的转变。

一是加强关键核心技术攻关。按照"分清轻重缓急、聚焦重大、紧迫先行"的原则，加快研究提出"国家关键核心技术清单"。创新实施机制和组织模式，进行分类施策。对近期需要实现产业化的重大技术，具体实施由相关行业主管部门负责，主要项目应由企业牵头组织承担，积极探索"企业为主导＋科研院所和高校为主力＋政府支持＋开放合作"的组织模式，打好"歼灭战"。对需要长周期持续投入的前沿重大技术研究，以新的机制和模式组建若干国家级研究中

心，把不同专业的相关科学家、技术专家集聚起来，下决心打"持久战"，实现集成创新和协同创新。加强产学研合作和军民协同，组织实施一批关键核心技术攻坚工程，突破一批"卡脖子"的关键核心技术。

二是加强基础研究和应用基础研究。要加大基础研究投入，在重大创新领域组建一批国家实验室，着力提高基础研究水平。鼓励自由探索，加强学科体系建设，完善基础研究体制机制，组织实施国际大科学计划和大科学工程，努力使中国基础研究进入世界领先水平，实现前瞻性基础研究、引领性原创成果重大突破。

三是强化产业共性技术供给。定期开展企业共性技术需求普查，引导行业和企业的技术发展方向，为科技计划项目设计提供依据。建立联合研发机制，支持建设一批政产学研多方参与的产业共性和关键技术研发机构。

（二）进一步明确企业的创新主体地位

推进"大众创业、万众创新"向纵深发展，需要进一步明确企业的创新主体地位，不断健全以企业为主体、市场为导向、产学研深度融合的创新机制。逐步形成以企业为主体的协同创新模式，发挥其集聚和吸引效应，集中各种技术创新要素，提高技术产出效率。

一是加大对企业技术改造和创新的支持力度。提高企业研发投入税前抵扣比例，取消境外研发经费加计扣除限制。针对国内公司委托全资控股境外研发子公司开展研发的经费，取消加计扣除金额比例限制，鼓励企业吸引和利用国际科研人才和资源。提高企业新购进设备、器具等固定资产一次性计入当期成本费用的金额，引导企业加快清洁化、智能化技术改造。制定财税鼓励政策，对有重大技术创新突破的企业进行奖励或者予以税收减免优惠，让企业看到实实在在的实惠。加强政府采购政策对创新产品的支持。凡是企业可以承担的技术创新项目一律由企业承担，充分激发企业技术创新的动力。

二是引导产学研融合创新。定期开展企业共性技术需求普查，建立联合研发机制，支持建设一批政产学研多方参与的产业共性和关键技术研发机构。鼓励各领域行业龙头企业通过与科研院所、高等院校联合设计、合作开发等方式建立以企业为主导的技术创新和产业化平台。支持高等院校、职业学校和企业联合办学，加强对人工智能、高端装备制造等领域人才的培养。

三是建立企业创新公共技术服务平台。面向企业创新，建立一批国家和省级实验室，开展设备出租和技术转让服务，通过建设网上技术交易市场，为企业灵活使用技术创新成果或接受技术转移提供平台。

四是加强高科技企业参与国际化的信息咨询服务。为企业提供对外贸易目的国投资政策、贸易规则等方面的辅助信息和咨询服务，帮助高科技企业了解合作国法律法规，强化国际化进程中的合规经营，提高企业管理和控制合规风险的能力。

五是鼓励企业通过在海外开设研究机构等方式突破技术封锁。通过与美欧日等国高技术公司合办企业、与风险资本共同研发技术、直接设立境外研发机构等方式，鼓励企业吸引和利用国际科研人才和资源，突破美方技术封锁，获取产业升级前沿核心技术。

（三）坚持推进产业结构优化升级

1. 大力培育和发展新兴产业

推动产业结构转型升级，转变传统经济发展方式，培育新兴业态发展，是在经济发展新常态下中国实施供给侧结构性改革的必然选择（姚宏伟，2015）。根据《"十三五"国家战略性新兴产业发展规划》对战略新兴产业的描述，"新兴产业"主要指的是信息技术、高端装备、新材料、生物、新能源汽车、新能源、节能环保、数字创意等相关产业。需要积极培育其发展壮大，使其在国民经济中占据更加重要的位置。第一，要加强适应新兴产业的基础设施构建，全面推进"互联网+"行动,促进信息技术与社会经济领域全面融合,以信息技术带动传统产业行业升级改造。第二,要围绕《中国制造2025》,加快智能制造、大飞机、卫星应用、轨道交通装备、海洋工程装备、新材料等产业的发展。第三,要着力发展生物制药、生物医学工程、生物农业技术应用、生物新能源等,促进生物工艺和生物产品在更大范围内运用和推广。第四,要适应消费体验化、智能互动的趋势,创新数字文化产业理念、技术和装备,注重增强人文色彩和传统文化继承,引领数字经济发展。第五,加强对战略新兴产业的超前规划,加快对尖端领域的探索,加大对核心技术和设备的投入,以前瞻性为新兴产业的发展创新和行业引领争取空间,在战略必争领域形成独特优势和领先地位。第六,需要促进新兴业态融合集聚发展,通过打造一批新兴产业发展集聚区和新兴产业特色集群,促进新兴技术和新兴理念的融会贯通,完善新兴产业的发展链条和发展环节,从而形成新兴业态相互融合、相互促进、相互补充的良好生态。

2. 加强重点产业的创新发展转型

要以创新推动供给侧结构性改革,必须要牢牢抓住矛盾的主要方面,围绕重点行业产业集中开展创新发展转型行动。这也是中国集中力量占领世界产业技术高地、保持国家未来发展安全的必然选择。通过产业发展实际和国家战略需要,制订重点产业创新发展计划,有步骤、有规划、有目标地集中进行核心技术和体制机制攻关,以最优质的资源投入、最有力的人才供给,集中提升重点产业的核心竞争力。根据《战略性新兴产业重点产品和服务指导目录》(2016年版),中国的重点产业主要包括:新一代信息技术产业、高端装备制造产业、新材料产业、生物产业、新能源汽车产业、新能源产业、节能环保产业、数字创意产业及相关服务业[①]。实施以上重点产业创新发展转型行动计

[①] 《中华人民共和国国家发展和改革委员会公告2017年第1号》,2017年4月12日,中人民共和国商务部网站,http://www.mofcom.gov.cn/article/b/g/201704/20170402556443.shtml。

划，可以有效引导全社会的资源投向，抓住有利时机开展产业技术发展转型攻关，推动产业结构转型，推进供给侧结构性改革深入发展。

重点产业创新发展转型行动计划

1. 高端装备制造业

开展高端装备制造业创新发展转型行动计划，一是要着力增强自主创新能力。要迎难而上，在长期无法取得突破的领域，运用国家宏观政策开展调整，组织力量进行攻关。在延续高端装备制造向大型作业型设备发展的同时，也注重装备制造向精密性、自动化发展，迎接"机器人时代"。二是要全面拓展行业发展市场，延长产业发展链条，把高端装备制造和新材料产业、智能化应用产业结合起来，以装备制造创新带动相关行业发展创新。三是在国家开展的大型工程中，要和高端装备制造产业进行紧密联系，给予相关企业更多参与实践和攻关的机会，让科研活动在生产活动中发现突破点，找准创新点。此外，要加快建设高端装备制造产业联盟，紧密各大科研机构和产业企业的联系，使得技术要素得以在行业内自由流动，相互补充，推动技术进步和产品革新。

2. 生物医药产业

实施生物医药产业创新发展转型行动计划，一是要严格"新药"标准，确立目标导向，提高生物制药产业创新的含金量。二是要完善创新药物上市审批的程序、明确创新评定标准，科学优化新药审批和市场准入制度，加快新药从研发到投放市场的转换效率。三是要完善药品定价机制，鼓励创新药物纳入基本药物目录和医保目录，完善医院药品招标制度，为新药投放市场提供便利。四是在生物医药产业创新过程中，要充分凝聚创新要素，引导创新能力强的医药企业集聚，开展联合攻关，向世界性难题开展专题研究。五是要鼓励开放式创新和部分研发外包，加速创新要素在国际上、地区间的流动速率，把生物医药技术要素转化为市场经济发展要素。

3. 新能源产业

开展新能源产业创新发展转型行动计划，一是要分类发展新能源产业，在光伏、风能、核能、热能等核心产业内重新建立产业发展体系，走技术创新发展路线，避免子行业之间的"内耗"。二是要完善新能源产业的发展政策，制定具有针对性的产业投入方案，引导社会资源进行指向性投入，争取取得核心性突破。三是要营造良好的市场营运环境，特别是要平衡好新能源产业发展和传统能源产业发展的利益，加快新能源产业的市场占领份额，促进技术研发和产业应用。四是要发展一批新能源产业技术研发和应用的示范平台和示范企业，在汽车、居民用电、工业能源升级等方面率先开展社会化应用，在产业推广中逐步建立起新能源产业的产业链条，培育以企业为主体的产业发展体系。五是要着力提升产业创新能力，通过大胆引用国外先进人才和核心技术，带动国内科研院所和研发中心的成长，带动核心产业创新发展的人才队伍建设。

4. 电子信息产业

实施电子信息产业创新发展转型行动计划，一是要进一步协调产业政策，特别是中央政府要对整个行业发展政策做一个系统梳理，达到各有侧重、相互配合、资源集中的效果，提高政策的投入和产出效率。二是要加快产业组织模式创新，完善信息产业在技术创新、开展应用、占领市场等方面的发展机制，使一切资源要素符合市场化原则运行。三是要构建现代产业创新服务体系，加强公共部门的管理服务创新，提高服务效率和服务质量，契合

> 信息产业创新发展需要。四是要加大对高端技术和科技人才引进的财政投入，改革完善对产业发展人才的评价和管理机制，整体提高产业创新的积极性和主动性。五是要形成以企业为主体的产业创新发展转型模式，系统改善市场资源的配置效率，使整个行业发展具有竞争性，以市场竞争促进企业成长。六是要加快电子信息产业子产业的融合发展，以移动通信、大数据、物联网、云计算等核心产业为主战场，加快技术协作和产业融合，促进电子信息产业的发展壮大。

（四）切实加强以创新推改革的体制机制保障

1. 建立适应科技高质量发展的新型科研体制

要全面深化科技体制改革，破除一切制约科技创新的思想障碍和制度樊篱，其中关键要推动科研院所和高等院校改革，让大学回归大学，科研机构回归科研，加快建立现代科研院所制度和现代大学制度，加快实现科技创新从"数量型"向"质量型"的转变。一是大力实施科研机构改革。推动科研院所和高等院校改革，一方面，积极推行增量改革，采取"新增投入+新的机制"方式，新组建一批科研院所、国家实验室等，集聚一批热爱科学研究的国内外优秀科研人员，积极发展壮大新型科研机构，以增量带动存量。另一方面，大力推进存量改革，推动现有科研院所分类改革，重点支持公益类科研机构发展，同时将大部分非公益类科研机构推向市场。二是重点建立符合科研规律、科学合理的薪酬制度和评价制度，以及能进能出、能上能下的人事制度。切实改变片面将论文、专利、资金数量作为人才评价标准的做法，建立健全以创新能力、质量、贡献为导向的科技人才评价体系。完善科技奖励制度，让优秀科技创新人才得到合理回报，释放各类人才创新活力。探索建立科研成果所有权分配机制，保障科研人员成果转化收益权。改革职称评定和薪酬管理制度，取消指标配额限制。营造良好创新环境,加快形成有利于人才成长的培养、使用、激励、竞争机制。使科研人员能够坐得下"冷板凳"、潜心研究、"十年磨一剑",研发一批具有原创性、颠覆性的重大创新成果。三是加快建立高效协同的科技成果转化制度和技术转移制度。建立高等院校、科研单位技术转移报告制度,建立健全与市场经济相适应的技术专利拍卖、使用许可付费和以技术要素参股分红等制度,保护自主知识产权成果创造者、所有者的正当权益,推动高等院校、科研单位的科研成果产业化模式向对企业技术转移转变。支持"军转民""民参军"齐步走,全面推进军民标准融合,建立国家军民技术成果公共服务平台和国家军民两用技术交易中心,促进军民科技成果双向转化。要推动科技创新资源统筹,加强科研平台共建共用,促进科技基础资源的军民互通共享。

2. 建立支持科技创新的新型举国体制

中国技术引进的空间越来越小,必须深入实施创新驱动发展战略,面向世界科技前沿、面向经济主战场、面向国家重大需求,探索全面化、系统化的新型举国体制,组织实施一批关键核心技术攻坚工程,突破一批"卡脖子"的关键核心技术。一是创新重大技术的遴选机制。可首先由代表技术需求方的行业主管部门、协会及大企业集团和代表技术供给方的中国科学院、中国工程院提出"备选清单",然后由国家有关部门组织成立超脱利益攸关方的专家组,进行严格的科学论证,论证报告应对不同意见作出客观的分析评价,提出可供选择的比选方案,再报国务院和中央决策。选择的重大技术应定位清晰、目标明确、可考核,一般应落实到重大产品。二是创新实施机制和组织模式。进行分类施策,对近期需要实现产业化的重大技术,具体实施由相关行业主管部门负责,主要项目应由企业牵头组织承担,积极探索"企业为主导+科研院所和高校为主力+政府支持+开放合作"的组织模式,打好"歼灭战"。对需要长周期持续投入的前沿重大技术研究,以新的机制和模式组建若干国家级研究中心,把不同专业的相关科学家、技术专家集聚起来，下决心打"持久战"，实现集成创新和协同创新。对特别重大的技术攻关，为加强组织协调，可考虑借鉴"两弹一星"的方式，成立由国务院领导亲自挂帅的领导小组。三是完善重大技术研发和创新的评估考核机制和有效解决争议的决策机制。根据不同技术特点，制定分类评估标准和办法：对应用技术类研究，要加强产业化情况指标的评估；对需要进行"持久战"的重大前沿技术类研究，不能急于求成，要有耐心，拉长评估的周期，重点考核其发明专利、技术转移等指标。对于民众高度关切的转基因育种、干细胞等重大技术发展争议，应以适当方式引导社会舆论，推动争议各方加强沟通交流，在综合平衡争议大小、技术成熟度、安全控制能力等因素的情况下有序推进技术的研发和产业化。

3. 继续推进"放管服"改革和营商环境优化工作

继续推进"放管服"改革，进一步理顺政府和市场之间的关系，管住政府的手，发挥市场在配置资源上的决定性作用。第一，要加快转变政府理念，弥补认识上的不足，从推进国家治理体系和治理能力现代化的角度，深入推进政府治理现代化，充分认识现代社会政府所应该担当的角色，充分认识社会多元主体在促进社会健康发展上所起到的重要作用。第二，要加快转变政府职能，理顺政府、市场、社会之间的关系，推进政府向市场放权，减少政府直接对微观经济活动的干预，将市场能够调节好的经济活动充分交给市场，提高市场配置资源的效率和能力。第三，完善政府"权力清单""负面清单""责任清单"，把简政放权和加强监管、做好服务结合起来，不该管的事情坚决不管，该管的事情坚决管好，同时通过信息公开促进政府管理的公开透明，最大限度地减少政府权力的不正常干预，特别是有效防止寻租行为的发生。第四，要坚持在法治轨道上推进，用法律规范政府行政权力的运行，深一步规范行政审批的流程，对不符合法治精神的行政审批权力进行清理，对阻碍经济发展的行政审批予以清除。

营造良好的营商环境，第一，继续强化知识产权司法保护的主导作用，加大惩戒力度，让知识产权制度成为创新的基本保障。第二，建立包容审慎的监管体制，既要营造有利于新兴产业发展的市场环境，以包容的态度为新技术、新产品、新业态、新模式发展留出足够空间，创造更多的市场应用环境；又要审慎监管，划出安全底线，加强事中事后监管，做到放而不乱，促使新兴产业规范发展。还要提高服务水平，变革传统的市场监管方式，充分运用现代科技手段，使市场监管符合现代企业发展要求。第三，创造各类企业公平竞争的制度环境，打破行业和市场垄断。切实放开市场准入，破除"玻璃门""弹簧门"，完善生物医药等领域监管机制，为医疗健康、教育培训、生物医药、智能制造等领域创新提供更多市场空间。第四，还要积极主动融入全球科技创新网络，深化国际科技交流合作，主动布局和积极利用国际创新资源。

第八章 结论

　　本书以创新与供给侧结构性改革的关系为研究对象，以经济创新理论为基础，从要素、企业、产业三个层面剖析中国以创新推进供给侧结构性改革的基本框架。计算中国各省份全要素生产率，对创新和全要素生产率增长的关系进行实证分析，对创新和企业发展的关系进行实证分析，对创新和产业结构优化升级的关系进行实证分析，对创新城市深圳进行案例分析。最后结合美德日韩四国经验，根据中国目前的创新短板，从人才要素、创新创业、重点产业、创新生态系统四个方面提出了以创新推进供给侧结构性改革的政策建议。在前文研究的基础上，将主要结论总结如下。

一　研究对象的概念界定

　　本书中所提到的创新概念，主要是指新的技术、新的产品、新的业态、新的企业组织方式（包括生产方式和经营管理模式）等及其实现商业化和规模化应用的活动。供给侧结构性改革的概念，可以理解为"供给侧＋结构性＋改革"的有机统一。推进供给侧结构性改革需要以提高要素质量和配置效率为基石，以提升市场主体发展水平和素质为关键，以实现产业结构优化升级为核心任务。本书中的供给侧结构性改革可以理解为从国民经济的供给侧着手，针对由于结构失衡所带来的非均衡状态，在发挥市场调节作用的同时，运用整体性、系统性的改革手段，促进国民经济中的产业、企业、要素等各方面结构的动态优化，从而实现经济的高质量、可持续发展。

二　创新与供给侧结构性改革的关系

推进供给侧结构性改革根本要靠创新。创新是推进供给侧结构性改革的现实路径选择、根本动力以及推进供需两侧共同发展的有效手段。具体来说，新一轮科技革命和产业变革已经蓬勃兴起，生产工具向智能化、数字化、网络化跃升，知识、技术、智力、数据等高能生产要素潜力突破，信息技术革命、生物技术革命、新能源革命深入，都决定了以创新把握新科技革命的机遇符合供给侧结构性改革的时代背景；淘汰落后生产力，突破束缚生产力发展的障碍，激发市场主体创新活力，发展新的生产力，决定了以创新解放和发展生产力可以满足供给侧结构性改革的现实需求；新常态下的经济发展必须通过加快技术进步、提高人力资本素质、改革产业组织模式来促进全要素生产率的提升，培育经济发展的新动能，因此以创新促进高质量增长有助于实现供给侧结构性改革的阶段目标。由此可见，创新是推进供给侧结构性改革的现实路径选择。技术创新是提升有效供给能力的核心动力，制度创新是优化要素配置的关键动力，以数字经济为依托的产业组织创新是实现供需有效衔接的重要动力。因此，创新是推进供给侧结构性改革的根本动力。创新既能创造新要素、新产品、新技术、新企业、新制度、新产业等新供给，又能释放由于产业技术限制而无法满足的潜在需求，带动新需求的产生，因而是推进供需两侧共同发展的有效手段。

三 以创新推进供给侧结构性改革的基本分析框架

以创新推进供给侧结构性改革，主要包括夯实要素基础、激发主体活力、带动产业结构优化升级三个层次。具体来说，在要素层面，要通过创新优化要素配置结构、提高全要素生产率、强化供给体系的基础设施网络支撑；在市场主体层面，要通过创新提升市场主体的发展水平和素质、形成市场主体多样化协同发展的新格局；在产业层面，要通过创新加快发展壮大战略性新兴产业、大力提升传统产业质量和效益。

四 以创新推进供给侧结构性改革的实证研究结论

运用计量经济模型，对上述基本框架进行实证研究，证明了在中国创新对提高全要素生产率、促进企业发展和优化产业结构的显著正向作用，结果符合预期，与理论结论相一致。其中，创新对企业效益和产业内技术结构升级的影响具有即期效应，对 TFP 增长及产业间结构优化的影响具有滞后效应。同时，模型估计结果还证明了，对于高技术产业和处于战略新兴产业的企业的发展来说，创新的作用尤为重要，要处理好市场作用、自身发展和政府支持的关系，积极发挥创新的促进作用。此外，实证结果也再一次验证了制度环境、开放水平等因素对中国全要素生产率、企业发展和产业结构优化升级的积极作用，对于以创新推进供给侧结构性改革的总体思路和对策建议提供了一定借鉴。

从创新城市深圳的案例来看，其以创新促改革取得了较好的成效，要素结构、企业结构、产业结构都得到了优化，供给体系质量大幅提升。总结深圳的经验和做法，以人才为核心要素、以企业为改革主体、以高技术产业为支撑、打造极具吸引力的创新创业生态环境等，都为在全国范围内以创新推进供给侧结构性改革提供了很好的借鉴和示范。

五 中国以创新推进供给侧结构性改革的总体思路和对策建议

通过对目前数据和实际情况的研究分析，中国的供给侧结构性改革取得了一定的实质效果，但是在创新方面仍存在一系列短板。具体包括中国产业整体技术基础薄弱且自主创新能力不足、企业创新投入和积极性不足，人才、资金、技术等生产要素对创新的支撑不够，创新的体制机制政策等环境有待完善等。同时，美德日韩四国通过创新促进措施推进供给侧和结构性相关改革积累了大量经验，其中提高要素生产率、降低企业成本、调整产业结构、合理界定政府和市场关系、打造创新战略的国家顶层设计等做法对中国来说具有一定的借鉴意义。基于上述研究结果，最终提出中国以创新推进供给侧结构性改革的总体思路和对策建议。要坚持提升科技创新有效供给能力、着力培育发展创新型企业、促进产业创新发展的总体思路，不断筑牢供给侧结构性改革基石，始终抓牢供给侧结构性改革主体，进而完成供给侧结构性改革的各项任务目标。具体来说，要不断强化人才、技术等相关要素基础，进一步明确企业的创新主体地位，激发各类市场主体活力，在大力培育和发展新兴产业的同时积极促进重点产业创新发展，坚持推进产业结构优化升级，通过制度创新切实为以创新促改革提供体制机制保障。

六 展望

中国的供给侧结构性改革是一项长期实践，需要后期继续进行长期观察才能更好地检验创新的推动作用，从而给出更加科学合理的建议。此外，对于不同的区域或者产业，由于发展阶段和产业特点不同，以创新推动供给侧结构性改革产生的效果不同，进而采取的举措也应不同。因此，在后续研究中，可针对不同区域和产业分别进行，以期得出更深入和更有针对性的结论。

参考文献

白俊红、江可申、李婧，2009，《应用随机前沿模型评测中国区域研发创新效率》，《管理世界》第10期。

蔡昉，2016，《从中国经济发展大历史和大逻辑认识新常态》，《数量经济技术经济研究》第8期。

蔡跃洲、付一夫，2017，《全要素生产率增长中的技术效应与结构效应——基于中国宏观和产业数据的测算及分解》，《经济研究》第1期。

蔡跃洲、李平，2014，《新中国历次重大科技规划与国家创新体系构建——创新体系理论视角的演化分析》，《求是学刊》第41期。

曹琼等，2013，《基于熵权TOPSIS法的农业科技创新能力评价——以湖北省为例》，《南方农业学报》第10期。

常修泽、戈晓宇，1989，《企业创新论》，《经济研究》第2期。

陈大龙、王莉静，2010，《我国制造业企业自主创新动力因素分析及作用机理研究》，《现代管理科学》第10期。

陈东琪，2017，《通向新增长之路——供给侧结构性改革论纲》，人民出版社。

陈国宏、邵赟，2001，《技术引进与我国工业技术进步关系研究》，《科研管理》第3期。

陈继勇、盛杨怿，2008，《外商直接投资的知识溢出与中国区域经济增长》，《经济研究》第12期。

陈劲，2008，《日本型产学官合作创新研究——历史、模式、战略与制度的多元化视角》，《科学学研究》第 4 期。

陈晶莹，2010，《企业技术创新动力的研究综述》，《现代管理科学》第 3 期。

陈琳，2001，《企业技术创新的制度环境分析——对企业技术创新激励机制的系统思考》，《经济体制改革》第 5 期。

陈龙，2016，《供给侧改革的国际镜鉴与引申》，《重庆社会科学》第 9 期。

陈龙，2016，《供给侧结构性改革：宏观背景、理论基础与实施路径》，《河北经贸大学学报》第 37 期。

陈南旭，2016，《中国技术引进与工业结构优化》，博士学位论文，兰州大学。

陈少兵，2016，《产业视角下深圳的供给侧结构性改革》，《开放导报》第 5 期。

陈曦，2013，《创新驱动发展战略的路径选择》，《经济问题》第 3 期。

陈曦、刘继光，2017，《研究综述：供给侧结构性改革的理论基础和现实问题》，《中国经贸导刊》（理论版）第 12 期。

陈效林，2016，《创新是供给侧结构性改革的关键》，《新重庆》第 8 期。

陈英，2004，《技术创新与经济增长》，《南开经济研究》第 5 期。

程皓、阳国亮、欧阳慧，2017，《供给侧结构性改革背景下的中国制造业发展研究》，《广西师范学院学报》（哲学社会科学版）第 38 期。

程惠芳、陆嘉俊，2014，《知识资本对工业企业全要素生产率影响的实证分析》，《经济研究》第 49 期。

程郁、陈雪，2013，《创新驱动的经济增长——高新区全要素生产率增长的分解》，《中国软科学》第 11 期。

党玮、王海瑞、李国俊，2015，《华东地区区域自主创新能力的评价研究——基于灰色聚类分析和全局主成分分析》，《工业技术经济》第 8 期。

董哲、曲启佳，2010，《经济增长原因文献综述》，《合作经济与科技》第 20 期。

杜传忠、郭树龙，2012，《经济转轨期中国企业成长的影响因素及其机理分析》，《中国工业经济》第 11 期。

杜伟，2005，《企业技术创新动力的基本构成分析及现实启示》，《软科学》第 4 期。

樊纲、王小鲁、马光荣，2011，《中国市场化进程对经济增长的贡献》，《经济研究》第 9 期。

樊士德，2009，《结构主义经济学研究动态述评与中国经济结构》，《社会科学战线》第 6 期。

范柏乃，2003，《国家高新区技术创新能力的评价研究》，《科学学研究》第 6 期。

方敏、胡涛，2016，《供给侧结构性改革的政治经济学》，《山东社会科学》第 6 期。

冯根福、刘世爵，1983，《经济结构经济学初探》，《财经理论与实践》第 3 期。

冯南平、杨善林，2012，《产业转移对区域自主创新能力的影响分析——来自中国的经验证据》，《经济学动态》第 8 期。

冯志峰，2016，《供给侧结构性改革研究的逻辑进路》，《天津行政学院学报》第 6 期。

冯志军、陈伟，2013，《技术来源与研发创新全要素生产率增长——基于中国区域大中型工业企业的实证研究》，《科学学与科学技术管理》第 3 期。

付宏、毛蕴诗、宋来胜，2013，《创新对产业结构高级化影响的实证研究——基于 2000—2011 年的省际面板数据》，《中国工业经济》

第 9 期。

傅元海、沈坤荣，2010，《外资企业生产本地化程度的影响因素研究》，《审计与经济研究》第 3 期。

傅元海、唐未兵、王展祥，2010，《FDI 溢出机制、技术进步路径与经济增长绩效》，《经济研究》第 6 期。

干春晖、郑若谷、余典范，2011，《中国产业结构变迁对经济增长和波动的影响》，《经济研究》第 5 期。

高蓓，2016，《结构性改革：德国经济稳定发展的法宝》，《中国财经报》第 3 期。

高德步，2017，《将供给创新作为供给侧结构性改革的核心动力》，《前线》第 4 期。

高虎城，2016，《坚决捍卫合法权利 维护多边贸易体制》，《人民日报》12 月 12 日。

龚雯、许志峰、王珂，2016，《七问供给侧结构性改革——权威人士谈当前经济怎么看怎么干》，《人民日报》1 月 4 日。

龚轶等，2013，《技术创新推动下的中国产业结构进化》，《科学学研究》第 31 期。

龚轶、王铮、顾高翔，2015，《技术创新与产业结构优化——一个基于自主体的模拟》，《科研管理》第 8 期。

辜胜阻、刘传江，1998，《技术创新与产业结构高度化》，《武汉大学学报》（哲学社会科学版）第 6 期。

顾海，2000，《经济增长中技术创新动力因素分析》，《学海》第 4 期。

郭斌，2006，《规模、R&D 与绩效：对我国软件产业的实证分析》，《科研管理》第 1 期。

郭杰、李杰，2016，《我国产学研协同创新对科技成果转化率的影响》，《经济视角》第 5 期。

国家行政管理学院经济学教研部，2016，《中国供给侧结构性改革》，人民出版社。

韩敬云,2017,《制度创新与中国供给侧结构性改革》,中央民族大学出版社。

何德旭、姚战琪,2008,《中国产业结构调整的效应、优化升级目标和政策措施》,《中国工业经济》第5期。

何郁冰、曾益,2013,《开放式自主创新对产业国际竞争力的影响——基于中国制造业2000—2010年面板数据》,《科学学与科学技术管理》第3期。

洪银兴,2011,《科技创新与创新型经济》,《管理世界》第7期。

洪银兴,2013,《关于创新驱动和协同创新的若干重要概念》,《经济理论与经济管理》第5期。

洪银兴,2013,《论创新驱动经济发展战略》,《经济学家》第1期。

洪银兴,2016,《准确认识供给侧结构性改革的目标和任务》,《中国工业经济》第10期。

胡鞍钢、周绍杰、任皓,2016,《供给侧结构性改革——适应和引领中国经济新常态》,《社会观察》第4期。

胡珊珊、安同良,2008,《中国制药业上市公司专利绩效分析》,《科技管理研究》第2期。

胡希宁,2016,《供给经济学与我国的"供给侧"改革》,《理论视野》第1期。

胡毅等,2014,《战略性新兴产业创新驱动发展的关键要素研究》,《科技促进发展》第6期。

胡志强、喻雅文,2017,《技术创新效率对企业IPO后长期绩效的影响研究——基于创业板高科技企业样本的实证研究》,《北京工商大学学报》(社会科学版)第5期。

黄静波,2008,《技术创新、企业生产率与外贸发展方式转变》,《中山大学学报》(社会科学版)第3期。

黄茂兴、李军军,2009,《技术选择、产业结构升级与经济增长》,

《经济研究》第44期。

黄群慧，2016，《论中国工业的供给侧结构性改革》，《中国工业经济》第9期。

黄泰岩，2017，《在发展实践中推进经济理论创新》，《经济研究》第1期。

吉生保、周小柯，2010，《中国医药制造业研发效率研究——基于HMB生产率指数的经验证据》，《财经论丛》第6期。

季晓南，2017，《使国企在供给侧改革中发挥带动作用》，《经济日报》9月29日。

贾康，2016，《供给侧如何结构性改革》，《中国报道》第12期。

贾康，2017，《从我国社会主要矛盾的转化看供给侧结构性改革》，《经济》第23期。

贾康、苏京春，2016，《论供给侧改革》，《管理世界》第3期。

黎文靖、郑曼妮，2016，《实质性创新还是策略性创新？——宏观产业政策对微观企业创新的影响》，《经济研究》第4期。

李柏洲、苏屹，2010，《发明专利与大型企业利润的相关性研究》，《科学学与科学技术管理》第1期。

李后建、刘思亚，2015，《银行信贷、所有权性质与企业创新》，《科学学研究》第7期。

李后建、张剑，2017，《企业创新对产能过剩的影响机制研究》，《产业经济研究》第2期。

李兰，2016，《影响中国企业创新的主要因素及政策建议》，载吴敬琏等著《供给侧改革——经济转型重塑中国布局》，中国文史出版社。

李培楠、赵兰香、万劲波，2014，《创新要素对产业创新绩效的影响——基于中国制造业和高技术产业数据的实证分析》，《科学学研究》第4期。

李平、蔡跃洲，2014，《新中国历次重大科技规划与国家创新体系构建——创新体系理论视角的演化分析》,《求是学刊》第 5 期。

李小平,2007,《自主 R&D、技术引进和生产率增长——对中国分行业大中型工业企业的实证研究》,《数量经济技术经济研究》第 7 期。

李晓伟,2009,《技术创新与制度创新的互动规律及其对我国建设创新型国家的启示》,《科技进步与对策》第 17 期。

李燕萍、彭峰,2012,《国际贸易、自主研发与高技术产业生产率增长》,《经济评论》第 1 期。

李映照、潘昕,2005,《高科技企业研发支出与经营绩效的关系实证研究》,《财会月刊：综合版》第 2 期。

李政、杨思莹,2015,《创新投入、产业结构与经济增长》,《求是学刊》第 4 期。

厉以宁,2017,《持续推进供给侧结构性改革》,《中国流通经济》第 31 期。

厉以宁,2017,《要对当前的创意、创新、创业有新认识》,《中国房地产》第 2 期。

梁平、梁彭勇、黄馨,2009,《中国高技术产业新效率的动态变化——基于 Malmquist 指数法的分析》,《产业经济研究》第 3 期。

林春艳、孔凡超,2016,《技术创新、模仿创新及技术引进与产业结构转型升级——基于动态空间 Durbin 模型的研究》,《宏观经济研究》第 5 期。

刘程军、蒋天颖、华明浩,2015,《智力资本与企业创新关系的 Meta 分析》,《科研管理》第 1 期。

刘敏慧,2009,《技术创新与我国企业竞争优势的提升》,《黑龙江对外经贸》第 9 期。

刘彭芝、周建华、张建林,2013,《整体构建大中小学创新人才培养新模式的研究与实践》,《教育研究》第 1 期。

刘世锦,2015,《供给侧改革的重点是要素市场改革》,《中国经济时报》第 12 期。

刘世锦, 2016,《供给侧改革的主战场是要素市场改革》,《智慧中国》第 9 期。

刘伟, 2016,《经济新常态与供给侧结构性改革》,《管理世界》第 7 期。

刘向荣, 2016,《供给侧结构性改革的马克思主义政治经济学分析》,《岭南学刊》第 2 期。

刘尧飞、沈杰, 2016,《经济转型升级背景下供给侧改革分析》,《理论月刊》第 4 期。

刘元春, 2016,《论供给侧结构性改革的理论基础》,《人民日报》2 月 25 日。

刘志彪, 2017,《振兴实体经济的战略思路和关键举措》,《新疆师范大学学报》(哲学社会科学版) 第 5 期。

柳卸林, 2006,《二元的中国创新体系》,《科学学与科学技术管理》第 2 期。

卢现祥, 2017,《供给侧结构性改革: 从资源重新配置追赶型经济转向创新驱动型经济》,《人文杂志》第 1 期。

芦苇, 2016,《新常态下科技创新的困境与出路》,《经济问题》第 6 期。

陆国庆, 2011,《中国中小板上市公司产业创新的绩效研究》,《经济研究》第 2 期。

吕光桦等, 2011,《考虑空间相关性的我国区域研发全要素生产率测算——基于 1999—2008 年省际空间面板数据》,《科学学与科学技术管理》第 4 期。

罗永泰、任洪源, 2014,《滨海新区科技型企业创新驱动发展路径研究》,《天津师范大学学报》(社会科学版) 第 4 期。

马晓河, 2017,《供给侧结构性改革的理论基础与实现途径》,《机械工业标准化与质量》第 1 期。

马晓河，2017，《中国经济新旧增长动力的转换》，《前线》第4期。

马晓河等，2017，《推进供给侧结构性改革的基本理论与政策框架》，《宏观经济研究》第3期。

马颖，2002，《论发展经济学的结构主义思路》，《世界经济》第4期。

毛蕴诗、李田、吴斯丹，2008，《从广东实践看我国产业的转型、升级》，《经济与管理研究》第7期。

毛蕴诗、温思雅，2012，《基于产品功能拓展的企业升级研究》，《学术研究》第5期。

毛蕴诗、郑奇志，2012，《基于微笑曲线的企业升级路径选择模型——理论框架的构建与案例研究》，《中山大学学报》（社会科学版）第52期。

梅永红，2010，《创新驱动的体制思考》，《理论视野》第4期。

南岭，2016，《创新驱动的深圳样本——观察的维度》，《深圳信息职业技术学院学报》第4期。

欧阳慧、阳国亮、程皓，2016，《供给侧结构性改革与企业创新活力研究》，《广西师范学院学报》（哲学社会科学版）第37期。

潘雄锋、刘凤朝，2010，《中国区域工业企业技术创新效率变动及其收敛性研究》，《管理评论》第2期。

潘宇瑶，2016，《自主创新对产业结构高级化的驱动作用研究》，博士学位论文，吉林大学。

潘越、潘健平、戴亦一，2015，《公司诉讼风险、司法地方保护主义与企业创新》，《经济研究》第3期。

潘镇、戴星星、李健，2017，《政治基因、市场化进程与企业创新的可持续性》，《广东财经大学学报》第4期。

戚汝庆，2012，《中国光伏产业创新系统研究》，华中科技大学出版社。

齐红倩、耿鹏，2012，《我国区域自主创新与政府行为的溢出效应研究》,《吉林大学社会科学学报》第 3 期。

齐讴歌、王满仓,2012,《技术创新、金融体系与产业结构调整波及》,《改革》第 1 期。

秦元森,2014,《高新技术企业创新资金配置战略制定及策略研究》,哈尔滨理工大学出版社。

渠海雷、邓琪,2000,《论技术创新与产业结构升级》,《科学学与科学技术管理》第 2 期。

任保平、郭晗,2013,《经济发展方式转变的创新驱动机制》,《学术研究》第 2 期。

任泽平,2016,《日本供给侧改革的成效与缺憾》,《金融市场研究》第 5 期。

任泽平等,2016,《供给侧改革背景下资本市场突破性发展可期》,《上海证券报》第 3 期。

沈坤荣、耿强,2001,《外国直接投资、技术外溢与内生经济增长——中国数据的计量检验与实证分析》,《中国社会科学》第 5 期。

沈坤荣、金刚,2016,《以提升全要素生产率为重点推进供给侧结构性改革》,《南京财经大学学报》第 3 期。

盛朝迅、黄汉权,2017,《构建支撑供给侧结构性改革的创新体系研究》,《中国软科学》第 5 期。

孙建,2011,《中国区域创新内生俱乐部收敛研究:空间过滤与门槛面板分析》,《科学学与科学技术管理》第 7 期。

孙军,2008,《需求因素、技术创新与产业结构演变》,《南开经济研究》第 5 期。

孙玮、王九云、成力为,2010,《技术来源与高技术产业创新生产率——基于典型相关分析的中国数据实证研究》,《科学学研究》第 7 期。

孙焱林、温湖炜,2017,《我国制造业产能过剩问题研究》,《统计研究》第 34 期。

谭清美、房银海、王斌，2015，《智能生产与服务网络条件下产业创新平台存在形式研究》，《科技进步与对策》第 23 期。

唐德祥、孟卫东、许雄奇，2009，《科技创新投入影响经济增长的内在机制——基于中国实际经济运行的经验证据（1978—2005）》，《数理统计与管理》第 28 期。

唐未兵、傅元海、王展祥，2014，《技术创新、技术引进与经济增长方式转变》，《经济研究》第 7 期。

陶长琪、齐亚伟，2010，《中国全要素生产率的空间差异及其成因分析》，《数量经济技术经济研究》第 1 期。

王艾青、安立仁，2005，《我国经济要素投入与经济增长的关系研究评述》，《统计与信息论坛》第 1 期。

王昌林，2014，《进一步理清实施创新驱动发展战略的思路》，《全球化》第 11 期。

王昌林等，2017，《供给侧结构性改革的基本理论：内涵和逻辑体系》，《宏观经济管理》第 9 期。

王昌林等，2017，《供给侧结构性改革的基本理论：内涵和逻辑体系》，《宏观经济管理》第 9 期。

王核成，2001，《R&D 投入与企业成长的相关性研究》，《科学管理研究》第 3 期。

王华，2013，《大客户供应链融资的难点与对策》，《上海金融报》第 6 期。

王进富、黄鹏飞，2015，《共同演化视角下创新驱动发展协同动力与路径选择》，《改革与战略》第 4 期。

王君彩、王淑芳，2008，《企业研发投入与业绩的相关性——基于电子信息行业的实证分析》，《中央财经大学学报》第 12 期。

王磊，1998，《在增长中提高投资效率》，《投资研究》第 9 期。

王明明、党志刚、钱坤，2009，《产业创新系统模型的构建研究——以中国石化产业创新系统模型为例》，《科学学研究》第 2 期。

王青、孙守湖，2004，《经济增长中技术创新、管理创新与制度创新贡献的定量分析》，《数理统计与管理》第 4 期。

王小鲁、樊纲，2004，《消费条件模型和各地区消费条件指数》，《经济研究》第 5 期。

王小鲁、樊纲、刘鹏，2009，《中国经济增长方式转换和增长可持续性》，《经济研究》第 1 期。

王晓芳、权飞过，2016，《供给侧结构性改革背景下的创新路径选择》，《上海经济研究》第 3 期。

王雅丽，2016，《供给侧结构性改革：产业革命的视角》，《华南师范大学学报》（社会科学版）第 6 期。

王一鸣，2015，《通过供给侧改革重塑发展动力》，《人民日报》12 月 28 日。

王一鸣、陈虎，2017，《企业创新主体建设与跨越"中等收入陷阱"》，《中国发展》第 17 期。

王玉冬、池晶、秦元森，2013，《黑龙江省高新技术企业创新资金优化配置策略》，《中国高新技术企业》第 2 期。

王昱、成力为，2013，《缓解融资约束路径选择对创新投入的影响》，《科学学与科学技术管理》第 10 期。

韦倩、王安、王杰，2014，《中国沿海地区的崛起：市场的力量》，《经济研究》第 8 期。

魏杰、杨林，2015，《经济新常态下的产业结构调整及相关改革》，《经济纵横》第 6 期。

魏下海、王岳龙，2010，《城市化、创新与全要素生产率增长——基于省际面板数据的经验研究》，《财经科学》第 3 期。

文海漓，2017，《创新变革与供给侧改革》，《全国流通经济》第 8 期。

吴敬琏，2008，《中国经济转型的困难与出路》，《上海教育》第 15 期。

吴晓松，2012，《国家创新体系对企业创新能力及创新绩效影响研究》，昆明理工大学出版社。

吴延兵，2006，《R&D 与生产率——基于中国制造业的实证研究》，《经济研究》第 11 期。

吴延兵，2008，《自主研发、技术引进与生产率——基于中国地区工业的实证研究》，《经济研究》第 8 期。

吴永林、赵佳菲，2011，《北京高技术企业技术创新能力评价分析》，《企业经济》第 3 期。

夏斌武，2015，《自主创新与高技术产业生产率增长的关系研究》，浙江财经大学出版社。

夏天，2010，《创新驱动过程的阶段特征及其对创新型城市建设的启示》，《科学学与科学技术管理》第 2 期。

肖林，2016，《全球治理改革与中国供给侧改革的协同》，《科学发展》第 10 期。

肖林，2016，《中国特色社会主义政治经济学与供给侧结构性改革理论逻辑》，《科学发展》第 3 期。

肖美伊，2017，《战后日本经济发展中的劳动力短缺问题研究》，博士学位论文，吉林大学。

肖仁桥、钱丽、陈忠卫，2012，《中国高技术产业创新效率及其影响因素研究》，《管理科学》第 5 期。

肖文，2016，《科技进步与中国经济发展方式转变》，人民出版社。

肖文圣，2014，《我国创新驱动战略及驱动力研究》，《改革与战略》第 30 期。

谢地、郁秋艳，2016，《用马克思主义政治经济学指导供给侧结构性改革》，《马克思主义与现实》第 1 期。

谢越，2005，《吉林省企业技术创新能力的评价研究》，硕士学位论文，吉林大学。

邢会、臧丽娟、许畅然，2016，《共生视角下自主创新与战略性新兴产业成长作用机理研究——以河北省为例》，《企业经济》第7期。

邢琦，2014，《自主创新与我国产业结构优化升级关系简述》，《企业导报》第5期。

徐冬林，2005，《创新对产业结构高级化的影响》，《当代经济》第5期。

徐淑云，2017，《生产要素与供给侧结构性改革》，《复旦学报》（社会科学版）第59期。

许和连、成丽红，2016，《制度环境、创新与异质性服务业企业TFP——基于世界银行中国服务业企业调查的经验研究》，《财贸经济》第10期。

许梦博，2016，《经济发展转型中的财政职能创新研究》，《人民论坛·学术前沿》第14期。

许小年，2016，《供给侧政策与互联网金融创新》，"规范发展·决胜未来——2016中国互联网即溶发展新机遇高峰论坛"。

薛二勇，2012，《协同创新与高校创新人才培养政策分析》，《中国高教研究》第12期。

闫海洲，2010，《长三角地区产业结构高级化及影响因素》，《财经科学》第12期。

严成樑、龚六堂，2009，《熊彼特增长理论：一个文献综述》，《经济学》（季刊）第3期。

阎化海、刘新民，2004，《企业创新的三维因素及与绩效的关系》，《企业活力》第12期。

阎化海、刘新民，2004，《企业创新的三维因素及与绩效的关系》，《区域经济评论》第12期。

杨剑波、郭小群，2008，《R&D内生经济增长理论综述与引申》，《改革》第1期。

杨晶，2017，《依靠深化改革做强做优做大国有企业　更好发挥在供给侧结构性改革中的带动作用》,《行政管理改革》第 4 期。

杨轲等,2016,《深圳推动供给侧结构性改革的举措》,《人民论坛》第 7 期。

杨雅慧,2016,《我国供给侧结构性改革及展望》,《中国市场》第 24 期。

杨勇、李忠民,2017,《供给侧结构性改革背景下的要素市场化与工业全要素生产率——基于 31 个地区的实证分析》,《经济问题探索》第 2 期。

姚宏伟,2015,《战略性新兴产业的学理因由、作用机理及推进策略》,《河北工业大学学报》(社会科学版)第 2 期。

姚平、姜日木,2012,《技术创新、制度创新与资源型城市产业转型——基于生命周期的视角》,《科学管理研究》第 6 期。

尹德志,2013,《基于国家创新驱动发展研究》,《科学管理研究》第 3 期。

尤权,2016,《把创新贯穿于供给侧结构性改革全过程》,《中国经贸导刊》第 9 期。

游士兵、王梦荻、王今朝,2017,《解构全要素生产率:对供给侧的一种诠释》,《黑龙江社会科学》第 2 期。

于明洁、郭鹏,2012,《基于典型相关分析的区域创新系统投入与产出关系研究》,《科学学与科学技术管理》第 6 期。

于喜展、隋映辉,2009,《基于生命周期的资源产业转型与科技创新互动研究》,《内蒙古社会科学》(汉文版)第 5 期。

于晓曦、孙英隽,2011,《技术创新对区域经济增长的动力机制分析》,《企业经济》第 7 期。

郁鸿胜,2016,《供给侧结构性改革的关键是要提高全要素生产率》,《上海企业》第 4 期。

袁征,2017,《浅析出口贸易对我国环境的影响》,《中国商论》第 32 期。

张晨，2016，《以中国特色社会主义政治经济学指导"供给侧结构性改革"》，《政治经济学评论》第7期。

张东驰、罗教讲、张晓楠，2017，《创业企业家的社会网络对企业创新绩效的影响研究——以苏州高新企业调研数据为例》，《苏州大学学报》（哲学社会科学版）第5期。

张海洋，2005，《R&D两面性、外资活动与中国工业生产率增长》，《经济研究》第5期。

张嘉怡，2016，《促进企业研发创新的税收优惠政策研究》，中央财经大学出版社。

张建伟，2012，《技术创新的经济转型效应——基于中国数据的实证研究》，博士学位论文，华东师范大学。

张建星、陈效林，2016，《创新是供给侧结构性改革的关键》，《中国经济周刊》第48期。

张军、吴桂英、张吉鹏，2004，《中国省际物质资本存量估算：1952—2000》，《经济研究》第10期。

张军、许庆瑞，2014，《知识积累、创新能力与企业成长关系研究》，《科技创新导报》第11期。

张来武，2013，《论创新驱动发展》，《中国软科学》第1期。

张磊、王淼，2008，《西方技术创新理论的产生与发展综述》，《科技与经济》第1期。

张蕾，2013，《中国创新驱动发展路径探析》，《重庆大学学报》（社会科学版）第19期。

张丽华、林善浪，2010，《创新集聚与产业集聚的相关性研究》，《科学学研究》第4期。

张为杰、李少林，2016，《经济新常态下我国的供给侧结构性改革：理论、现实与政策》，《当代经济管理》第38期。

张先进，2017，《创新驱动：中国供给侧结构性改革的动力与保障》，《改革与战略》第5期。

张晓涛、李京航，2017，《创新能力对天生国际化企业绩效的影响——来自我国创业板上市公司的证据》，《科技进步与对策》第 13 期。

张秀武、林春鸿，2014，《产业集群内技术创新扩散的空间展开分析及启示》，《宏观经济研究》第 11 期。

张银银、邓玲，2013，《创新驱动传统产业向战略性新兴产业转型升级：机理与路径》，《经济体制改革》第 5 期。

张玉明、王春燕，2017，《企业创新要素视角下供给侧改革实施路径研究》，《科技进步与对策》第 34 期。

章立军，2006，《创新环境、创新能力及全要素生产率——基于省际数据的经验证据》，《南方经济》第 11 期。

赵冬初，2009，《自主创新与经济发展方式转变》，《云南社会科学》第 2 期。

赵放，2003，《论技术和制度的关系及其在经济增长中的作用》，《当代经济研究》第 1 期。

赵洪进、曾玲平，2010，《技术创新对区域经济增长的动力机制》，《中国集体经济》第 34 期。

赵建英、梁嘉骅，2006，《影响企业创新力的内部生态因子分析》，《中国软科学》第 11 期。

赵玲，2016，《关于供给侧结构性改革问题研究综述》，《湖北经济学院学报》（人文社会科学版）第 13 期。

赵佩，2017，《创新驱动：供给侧结构性改革的根本动力》，《中国集体经济》第 31 期。

赵彦云、刘思明，2011，《中国专利对经济增长方式影响的实证研究：1988—2008 年》，《数量经济技术经济研究》第 4 期。

赵志耘，2016，《以科技创新引领供给侧结构性改革》，《中国软科学》第 9 期。

郑新立等，2015，《实施创新驱动发展战略和建设创新型国家的提出及现状分析》,《经济研究参考》第 14 期。

中国企业家调查系统,2015,《新常态下的企业创新:现状、问题与对策——2015·中国企业家成长与发展专题调查报告》,《管理世界》第 6 期。

周密、刘秉镰,2017,《供给侧结构性改革为什么是必由之路?——中国式产能过剩的经济学解释》,《经济研究》第 2 期。

周叔莲、王伟光,2001,《科技创新与产业结构优化升级》,《管理世界》第 5 期。

周忠民,2016,《湖南省科技创新对产业转型升级的影响》,《经济地理》第 36 期。

朱卫平、伦蕊,2004,《高新技术企业科技投入与绩效相关性的实证分析》,《科技管理研究》第 5 期。

[美]罗纳德·哈里·科斯,1994,《论生产的制度结构》,盛洪、陈郁译校,上海生活·读书·新知三联书店。

[美]迈克尔·波特,2012,《国家竞争优势》,李明轩、邱如美译,中信出版社。

[美]钱纳里等,1989,《工业化和经济增长的比较研究》,吴奇、王松宝等译,陶文达、徐宽等校,上海生活·读书·新知三联书店。

[美]约瑟夫·熊彼特,1990,《经济发展理论》,何畏、易家详译,商务印书馆。

[日]技术革新系统委员会,2001,《旨在促进产学官协作》,《工作报告》第 11 期。

Acemoglu, Daron and Simon Johnson, 2003, "Reversal: How 1492 Changed the World", *Journal of Economic History*.

Acemoglu, Daron and Veronica Guerrieri, 2008, "Capital Deepening and Non Balanced Economic Growth", *Journal of Political Economy*,

Vol. 116.

Adams, J. D. and A. B. Jaffe, 1996, "Bounding the Effects of R&D: An Investigation Using Matched Establishment-Firm Data", *Journal of Economics*, Vol. 27, No. 4.

Adams, J. D. and A. B. Jaffe, 1996, "Bounding the Effects of R&D: An Investigation Using Matched Establishment-Firm Data", *Journal of Economics*, Vol. 27, No. 4.

Adams, Richard, John Bessant and Robert Phelps, 2006, "Innovation Management Measurement: A Review", *International Journal of Management Reviews*, Vol. 1.

Aghion, P. and P. Howitt, 1992, "A Model of Growth through Creative Destruction", *Econometrica*, Vol. 60, No. 2.

Aghion, P. and P. Howitt, 1992, "A Model of Growth Through Creative Destruction", *NBER Working Papers*.

Aiello, F. and P. Cardamone, 2009, "R&D Spillovers and Firms' Performance in Italy Evidence from a Flexible Production Function", *Social Science Electronic Publishing*, Vol. 34, No. 1.

Altenburg, T., 2006, "Governance Patterns in Value Chains and their Development Impact", *The European Journal of Development Research*, Vol. 18, No. 4.

Antonelli, C., 2002, *The Economics of Innovation, New Technologies and Structural Change*, London: Routledge.

Arthur, W. B., 1989, "Competing Technologies, Increasing Returns and Lock-In by Historical Events", *Economic Journal*, Vol. 99, No. 394.

Atkinson, Richard C. et al., 1996, "Universities and the Knowledge-Based Economy", *Environment and Planning C-Government and Policy*, Vol. 25, No. 6.

Bernstein, J. I., 2001, "Costs of Production, Intra-and Inter industry

R&D Spillovers: Canadian Evidence", *Canadian Journal of Economics*, Vol. 21, No. 2.

Bernstein, J. I. , 1988, "Costs of Production, Intra- and Inter-Industry R&D Spillovers: The Canadian Evidence", *Canadian Journal of Economics*, Vol. 21, No. 2.

Burgelman, Robert, Clayton Christensen and Steven Wheelwright, 1998, *Strategic Management of Technology and Innovation*, McGraw-Hill Higher Education.

Burns, T. and G. M. Stalker, 1961, "The Management of Innovation".

Carlsson, B. , 1989, "The Evolution of Manufacturing Technology and Its Impact on Industrial Structure: An International Study", *Small Business Economics*, Vol. 1, No. 1.

Chamanski, A. and S. J. Waag, 2001, "Organizational Performance of Technology-Based Firms—The Role of Technology and Business Strategies", *Enterprise and Innovation Management Studies*, Vol. 2, No. 3.

Charmanski, Alexandre, 2001, "Organization Performance of Technology-Based Firms-the Role of Technology and Business Strategies", *Enterprises & Innovation Management Studies*, Vol. 9.

Christina, Romer, 1986, "The Instability of the Prewar Economy Reconsidered: A Critical Examination of Historical Macroeconomic Data", *Journal of Economic History*.

Cuddington, John T. and Diana L. Moss, 2001, "Technological Change, Depletion and the U. S. Petroleum Industry: A New Approach to Measurement and Estimation", *American Economic Review*.

Cuneo, P. , and J. Mairesse, 1984, "Productivity and R&D at the Firm Level in French Manufacturing", in Z. Griliches ed. *R&D, Patents and Productivity*, Chicago: University of Chicago Press.

Dan Galai and Ronald Masulis, 1996, "The Option Pricing Model and the

Risk Factor of Stock", *Journal of Financial Economics*, Vol. 12.

Deng, Z., B. Lev, and F. Narin, 1999, "Sciences and Technology as Predictors of Stock Performance", *Financial Analysts Journal*, Vol. 55, No. 3.

Dilling-Hansen, M. et al., 2000, "The Impact of R&D on Productivity: Evidence from Danish Firm-Level Data", *International Advances in Economic Research*, Vol. 6, No. 2.

Dilling-Hansen, M., T. Eriksson and E. S. Madsen, 2000, "The Impact of R&D on Productivity: Evidence from Danish Firm-Level Data", *International Advances in Economic Research*, Vol. 6, No. 2.

Dolata, U., 2009, "Technological Innovations and Sectoral Change: Transformative Capacity, Adaptability, Patterns of Change: An Analytical Framework", *Research Policy*, Vol. 38, No. 6.

Dorothy Leonard-Barton, 1992, "Core Capabilities and Core Rigidities: A Paradox in Managing New Product Development", *Strategic Management Journal*, Vol. 10, No. 5.

Emmanuelle Conesa, Giovanni Dosi, 1998, "Organizational Dynamics and the Evolutionary Dilemma between Diversity and Standardization in Mission-Oriented Research Programmes: An illustration", *Working Papers*, Vol. 44, No. 1.

Englander, A. S. and A. Mittelstadt, 1988, "Total factor productivity: Macroeconomic and structural aspects of the slowdown", *OECD Journal: Economic Studies*, Vol. 10, No. 10.

Ernst, H., 2001, "Patent Applications and Subsequent Changes of Performance: Evidence from Time-Series Cross-Section Analyses on the Firm Level", *Research Policy*, Vol. 30, No. 1.

Evenson, R. E. and Z. Griliches, 1990, "Technology, Education and Productivity: Essays in Applied Econometrics", *American Journal of*

Agricultural Economics, Vol. 72, No. 4.

Freeman, Chris and Luc Socte, 1997, *The Economic of Industrial Innovation*, London Pinter.

Freeman, Christopher and Luc Soete eds., 1987, *Technical Change and Full Employment*, Oxford: Basil Blackwell.

Garner, Nam and Ottot, 2002, "Determinants of Corporate Growth Opportunities of Emerging Firms", *Journal of Economics and Business*, Vol. 3.

Greunz, L., 2004, "Industrial Structure and Innovation-Evidence from European Regions", *Journal of Evolutionary Economics*, Vol. 14, No. 5.

Griliches, Z. and J. Mairesse, 1984, "Productivity and R&D at the Firm Level", *NBER Working Papers*.

Griliches, Z., 1964, "Research Expenditures, Education, and the Aggregate Production Function", *American Economic Review*, Vol. 54, No. 6.

Griliches, Z., 1979, "Issues in Assessing the Contribution of Research and Development to Productivity Growth", *Bell Journal of Economics*, Vol. 10.

Groshby, M., 2000, "Patents, innovation and growth", *Economic Record*, Vol. 76, No. 234.

Grossman, Gene M. and Elhaman Helpman, 1991, "Quality ladders in the theory of growth", *Review of Economic Studies*, Vol. 58, No. 1.

Hall, B. H. and J. Mairesse, 1995, "Exploring the relationship between R&D and productivity in French manufacturing firms", *Journal of Econometrics*, Vol. 65.

Harhoff, Dietmar, 1998, "R&D and Productivity in German Manufacturing Firms", *Economics of Innovation & New Technology*, Vol. 6, No. 1.

Helpman, E. Innovation, 1993, "Imitation and Intellectual Property Rights", *Econometrica*, Vol. 61, No. 6.

Higón, D. A., 2007, The impact of R&D spillovers on UK manufacturing TFP: "A dynamic panel approach", *Research Policy*, Vol. 36, No. 7.

Horst, Hanusch and Andreas Pyka, 2007, "Principles of Neo-Schumpeterian Economics", *Cambridge Journal of Economics*, Vol. 31, No. 2.

Hoye, Thomas R., 1994, "Conformational Considerations in 1 – Oxaquinolizidines Related to the Xestospongin/Araguspongine Family: Reassignment of Stereostructures for Arauspongines B and E", *The Journal of Organic Chemistry*.

Jalle, J. T., 2010, "How to Measure Innovation? New Evidence of the Technology Growth Linkage", *Research in Economics*, No. 64.

Johnson, Joel T. et al., 2001, "Is a Cause Conceptualized as a Generative Force?: Evidence from a Recognition Memory Paradigm", *Journal of Experimental Social Psychology*, Vol. 37, No. 5.

Kawai, Masahiro, 2000, "East Asian Economic Recovery and Structural Reform", *World Bank Working Paper*, Vol. 6.

Kevin, Z., 2006, "Innovation, Imitation, and New Product Performance: The Case of China", *Industrial Marketing Management*, Vol. 3.

Kim, T. et al., 2009, "Effects of Patents on Productivity Growth in Korean Manufacturing: A Panel Data Analysis", *Pacific Economic Review*, Vol. 14, No. 2.

Kongsamut, P., S. Rebelo and D. Xie, 2001, "Beyond Balanced Growth", *Review of Economic Studies*, Vol. 68.

Lach, S., 1995, "Patent and Productivity Growth at the Industry Level: A First Look", *Economics Letters*, Vol. 49, No. 1.

Lai, Wen-Hsiang and Pao-Long Chang, 2010, "Corporate Motivation and

Performance in R&D Alliances", *Journal of Business Research*, Vol. 63, No. 5.

Lanjouw, J. O. and Ashoka Mody, 1996, "Innovation and the International Diffusion of Environmentally Responsive Technology", *Research Policy*, Vol. 25.

Levien, R. and S. Zervos, 1987, "Stock Markets, Banks, and Economic Growth", *The American Economic Review*.

Lin, Bouwen, Yikuan Lee and Shih-Chang Hung, 2006, "R&D Intensity and Commercialization Orientation Effects on Financial Performance", *Journal of Business Research*, Vol. 59, No. 6.

Lorentz, A. and M. Savona, 2008, "Evolutionary micro-dynamics and changes in the economic structure", *Journal of Evolutionary Economics*, Vol. 18, No. 34.

Lucas, Robert E., 1988, "On the Mechanics of Economic Development", *Journal of Monetary Economics*, Vol. 22, No. 1.

Mairesse, Jacques and Bronwyn H. Hall, 1996, "Estimating the productivity of research and development: an exploration of GMM methods using data on French and United States manufacturing firms", *NBER Working Papers*, Vol. 4, No. 2.

Mank, D. A. and H. E. Nystrom, 2001, "Decreasing Returns to Shareholders From R&D Spending in the Computer Industry", *Engineering Management Journal*, Vol. 13, No. 3.

Mansfield, E. H., 1965, "Bending, Buckling and Curling of a Heated Elliptical Plate", *Proceedings. Mathematical, Physical, and Engineering Sciences*, Vol. 288, No. 1414.

Meyer, M. H. and J. M. Utterback, 1993, "The Product Family and the Dynamics of Core Capability", *Sloan Management Review*.

Michael, S. Dahl and Toke Reichstein, 2007, "Are You Experienced?

Prior Experience and the Survival of New Organizations", *Industry & Innovation*, Vol. 5.

Ngai, L. R. and C. A. Pissarides, 2007, "Structural Change in a Multi-Sector Model of Growth", *The American Economic Review*, Vol. 97.

North, Douglass C., 1968, "Sources of Productivity Change in Ocean Shipping, 1600 – 1850", *Journal of Political Economy*, Vol. 76, No. 5.

Pakes, Ariel and Zvi Griliches, 1980, "Patents and R&D at the firm level: A first report", *Economics Letters*, Vol. 5, No. 4.

Pavitt, K., 1984, "Sectoral Patterns of Technical Change: Towards a Taxonomy and a Theory", *Research Policy*, Vol. 13, No. 6.

Peneder, M., 2003, "Industrial structure and aggregate growth", *Structural Change and Economic Dynamics*, Vol. 14.

Peneder, Michael, 2003, "Industrial Structure and Aggregate Growth", *Structural Change and Economic Dynamics*, Vol. 14, No. 4.

Peters, B., 2008, *Innovation and Firm Performance: An Empirical Investigation for German Firms*, Heidelberg: Physica-Verlag.

Porter, M. E., 2007, *Competitive Advantage of Nations: Creating and Sustaining Superior Performance*, New York: Free Press.

Riding, A. and G. Haines, 2001, "Loan guarantees: Costs of default and benefits to small firms", *Journal of Business Venturing*, Vol. 16, No. 6.

Romer, H. R., 1990, "The Motion of a Superconducting Loop in a Homogeneous Magnetic Field: the Harmonic Oscillator Equation in an Unfamiliar Setting", *European Journal of Physics*, Vol. 11, No. 2.

Romer, P. M., 1990, "Endogenous Technological Change", *Journal of Political Economy*, Vol. 98, No. 5.

Rouse, W., B. Thomas and K. Boff, 1998, "Knowledge Maps for Knowledge Mining: Application to R&D/Technology Management", *IEEE Transactions on Systems, Man and Cybernetics, Part C.: Applications and Reviews*, Vol. 28, No. 3.

Schneider, P. H., 2005, "International Trade, Economic Growth and Intellectual Property Rights: A Panel Data Study of Developed and Developing Countries", *Journal of Development Economics*, Vol. 78, No. 2.

Schumpeter, Joseph Alois, 1935, *The Analysis of Economic Change*, Kessinger Publishing.

Sengupta, J., 2014, *Theory of Innovation a New Paradigm of Growth*, Springer press.

Solow, Robert M. and D. Hamberg, 1956, "Economic Growth and Instability", *Economic development*.

Sutton, M., P. Warwick, A. Hall and C. Jones, 1999, "Carbonate Induced Dissolution of Uranium Containing Precipitates under Cement Leachate Conditions", *Journal of Environmental Monitoring*, No. 2.

Sveikauskas, Leo, 1982, "Contribution of R&D to Productivity Growth," *The Monthly Lab. Review*.

Tushman, Michael L. and Philip Anderson, 1986, "Technological Discontinuities and Organizational Environments", *Administrative Science Quarterly*, Vol. 31, No. 3.

Verspagen, Bart, 1995, *R&D and Productivity: A Broad Cross-Section-Cross-Country Look*, Maastricht University Press.

Yang, C. H., 2006, "Is Innovation the Story of Taiwan's Economic Growth?" *Journal of Asian Economics*, Vol. 17, No. 5.

后　　记

本书从构思到成书，几经修改，终成其稿。但是正如前面提到的，供给侧结构性改革是一个宏大的课题，涉及经济社会发展的方方面面，改革的具体要求也会随形势发生变化。在书稿校正之际，国内外发展环境和经济形势也正在发生深刻变革，很多影响并未在书中体现。本书内容只是针对一个阶段、从创新的角度对推进供给侧结构性改革进行了剖析与建议，希望可以为经济社会发展提供有益案例。

在书稿即将付梓之际，心情久久不能平静，思绪万千。这篇书稿既为我前一阶段的学习和研究工作画上句号，更代表着新征程的开始；既承载了我本人的心血，更凝聚了来自领导、老师、同事、同学、家人、朋友们的支持和关怀。在此，谨对所有曾经帮助、关心、支持和鼓励我的人表示感谢。衷心感谢我的导师王昌林研究员。从选题的立意与构思、具体研究工作的开展、相关研究成果的取得，直到书稿的撰写和修改，都得到了王老师的悉心指导，为我授业解惑，让我深怀感恩。王老师高瞻远瞩、学识渊博、治学严谨、宽厚仁和，在科学研究中敏锐的洞察力、扎实的理论功底以及对学科前沿的把握，让我满怀敬意。在此，向王老师表示最真切的感谢和祝福。同时，也要特别感谢敬爱的各级领导和老师们给予的无私支持和指导。他们渊博的知识、严谨的学风每每让我深受启发。感谢身边的同事、同学和朋友们对我研究工作的关心和帮助，他们给了我很多有益的建议，他们敏捷的思维和对科研工作的激情也时刻感染着我。在此，还要特别感谢家人对我的无限支持与关爱,让我得以坚持、坚守、坚信。浩渺行无极,扬帆但信风。于学术之路,我方才起步,虽前路漫漫,幸有良师益友相伴。博学之,审问之,慎思之,明辨之,笃行之,我必不忘初心,继续前行。

最后,特别感谢中国社会科学出版社对本书出版的大力支持!